LE VIN

DE LA VIGNE À LA DÉGUSTATION

JOANNA SIMON

Préface de MARLÈNE VENDRAMELLI, chef sommelière à l'hôtel Le Bristol

Photographies de IAN O'LEARY

SOLAR

préface

Voici un livre que j'aime. Et qu'il me fait plaisir de préfacer. Car Joanna Simon, avec toute sa sensibilité, nous entraîne dans les arcanes d'un monde encore jalousement gardé par les hommes. Afficher sa passion pour le vin n'a jamais été chose facile pour une femme.

Aujourd'hui, heureusement, il en va autrement.

On voit (enfin) les femmes prendre leur juste place parmi les professionnels du vin à tous les niveaux. Elles sont maintenant vigneronnes, techniciennes, journalistes, œnologues, sommelières... et traitent d'égal à égal avec les hommes. Non qu'elles soient meilleures qu'eux ! Mais elles apportent au monde du vin une nouvelle dimension toute de rigueur, de persévérance, de douceur, de patience... des atouts qui confèrent à cet ouvrage son originalité et son caractère novateur.

C'est l'amour du vin qui a guidé sa rédaction, un amour que l'auteur nous propose de partager. Avec nombre de vérités bien assenées qu'il fait bon lire. Le message est éloquent : « Écoutez ce que disent vos sens, faites preuve de finesse, de sensibilité et surtout soyez vous-même », comme je l'ai été dès que j'ai commencé à m'intéresser à cet univers complexe et enchanteur, il y a quelques années déjà. Naquit alors en moi une grande passion qui n'a jamais cessé de m'animer depuis. Bien plus, elle croît et se nourrit d'elle-même chaque jour.

Je suis certaine que ce livre si attachant apportera à ses lecteurs... et ses lectrices, qui ne manqueront pas de s'y reconnaître, les mêmes joies et les mêmes bonheurs que ceux que j'ai éprouvés à sa lecture.

Nul doute qu'il les fera progresser sur les chemins d'une connaissance qui exige que l'on aille toujours plus loin.

MARLÈNE VENDRAMELLI
Chef sommelière à l'hôtel Le Bristol

À Benet, Alice, Emma, Joy et Heloise,
et en mémoire de Michael Hoare

A Dorling Kindersley Book

Titre original :
The Sunday Times Book of Wine

Publié en 2001 par Dorling Kindersley,
un département de The Penguin Group,
80 Strand, Londres WC2R ORL

TRADUCTION-ADAPTATION
Michel Beauvais
Étienne Schelstraete

RÉALISATION
Bookmaker, Paris

CONSULTANT
Pierre Anglade

MAQUETTISTE
Béatrice Leroy

Intérieur de l'ouvrage
Conception graphique : Toni Kay, Sonia Charbonnier
Direction artistique : Derek Coombes, Carole Ash
Photographies : Ian O'Leary (sauf crédits, voir page 224)
Iconographie : Georgina Lowin, Franziska Marking
Photogravure : GRB Editrice, Vérone, Italie

Couverture de l'ouvrage
Photographies : Ian O'Leary / © Dorling Kindersley
Gravure : Point 4, Paris

ISBN : 2-263-03328-9
Code éditeur : S03328
Dépôt légal : septembre 2002
1re édition

Imprimé et relié chez Artes Graficas Toledo, Espagne
Achevé d'imprimer en août 2002

sommaire

préface 3
introduction 6

les styles du vin 8
les cépages 28
la dégustation des vins 58
les différents vins 74
les mets et le vin 92
viticulture et vinification 110
acheter du vin 134
conserver et servir le vin 148
les vins du monde 162

glossaire 218
index 220
remerciements 224

introduction

Quel amateur de vin n'a pas un jour ressenti cet excitant et déconcertant vertige que provoquent l'alignement de bouteilles ou une carte des vins aux noms plus attirants les uns que les autres ? Le vin que votre palais et vos sens attendent est ici, quelque part. Reste à le débusquer, à l'identifier. Là commence une véritable chasse aux trésors.

Vous pouvez choisir une bouteille, lire les différentes informations sur l'étiquette et goûter le vin. Pour avoir été un jour séduit par un cépage, vous serez peut-être tenté de rechercher des vins issus du même cépage et originaires d'autres régions ; la mention du vieillissement en fûts de chêne vous rassurera ; à moins que ce ne soit le nom d'un vignoble qui emporte votre décision.

Vous référer à la provenance du vin est l'une des solutions les plus traditionnelles. En France, en particulier, une A.O.C. offre toutes les garanties de qualité et de sérieux, non seulement pour les grandes régions, Bordeaux, Bourgogne, Rhône… mais aussi pour les mentions d'A.O.C., entre-deux-mers, châteauneuf-du-pape… Mais encore faut-il, pour cela, posséder un minimum de connaissances dans ce domaine.

Cet ouvrage n'a d'autre but que de vous aider à lire une étiquette, à explorer et découvrir de nouveaux vins, à identifier vos goûts et à les affiner. Il est conçu pour tous les amateurs de vin, novices ou confirmés. Certains d'entre vous se contenteront du chapitre consacré à l'achat et à la constitution d'une cave, ainsi qu'aux différents réseaux de commercialisation. D'autres voudront s'assurer que le vin qu'ils ont choisi s'accordera bien avec le plat qu'ils s'apprêtent à déguster, ou encore qu'ils servent correctement le vin. Pour être sûr de ne pas vous tromper, privilégiez les accords traditionnels de vins secs et frais, comme le muscadet ou le chablis, avec des fruits de mer, ou de vins capiteux et profonds comme les côtes-du-rhône, ou bien les vins du Sud-Ouest avec des plats de viande. De même, contrairement à la coutume, évitez de servir du vin rouge avec le fromage et privilégiez les blancs, tel le chardonnay avec les fromages à pâte molle ; exception à la règle, osez le banyuls avec le roquefort ! Pour la température, méfiez-vous de la tendance actuelle de

servir les saumur-champigny ou les sancerres beaucoup trop frais, ou de la notion de « chambré » pour les grands bourgognes, qui doivent être servis à 16 ou 17 °C. D'autres encore entreront dans cet ouvrage par le biais des sensations, des arômes et des saveurs qu'ils attendent d'un vin.

Comment le vin acquiert-il son bouquet ? Comment a-t-il été élaboré ? Quels arômes êtes-vous en mesure d'attendre en débouchant telle ou telle bouteille ? Vous trouverez les réponses à ces questions dans cet ouvrage.

Quelle que soit votre manière d'aborder le vin, n'oubliez surtout pas que pour mieux le connaître, rien ne vaut la dégustation : il faut le humer, le goûter, le savourer pour qu'il se révèle à vous. Alors, de grâce, plongez-vous sans retenue dans cet ouvrage : lisez-le, regardez les illustrations, mais le verre à la main…

NOTE DE L'AUTEUR

À l'instar de tous les sujets spécialisés, l'œnologie – la science des vins – a développé un vocabulaire propre. Celui-ci précise et clarifie parfois les différents aspects de cette science, mais pour le simple amateur ce vocabulaire technique et commercial apparaît parfois comme un infranchissable obstacle à la découverte des vins. Pour cette raison, je me suis efforcée d'éviter ce jargon. Je n'ai pu cependant m'en dispenser totalement. C'est pourquoi, chaque expression technique fait l'objet d'une explication. Le chapitre concernant la dégustation comporte un glossaire sur les arômes et les saveurs et celui sur l'achat des vins une présentation des étiquettes. Ce même souci de faciliter l'accès à la diversité des vins m'a poussée à désigner les productions de l'Australie, de la Nouvelle-Zélande, de l'Afrique du Sud, de l'Amérique, comme les vins du Nouveau Monde et, par opposition, celles de l'Europe comme les vins de l'Ancien Monde. D'aucuns jugeront cette désignation discutable, mais il me semble tout de même plus simple d'utiliser ces deux expressions plutôt que d'énumérer à chaque fois les pays qui les composent.

Blanc, rouge ou rosé, sec ou doux, léger ou corsé, effervescent, muté… la gamme des vins offre un choix presque infini de styles.

les styles du vin

vif, sec, léger

Des vins blancs pâles, jeunes et légers, aux arômes délicats, sans trace de chêne, à la finale vive et rafraîchissante constituent le style dominant en Europe.

Pour beaucoup d'Européens, le climat de la Californie et des pays de l'hémisphère Sud n'est pas suffisamment frais pour permettre l'élaboration de tels vins. Mais la majorité des producteurs de ces régions répondent que, de toute façon, ils n'ont aucune intention de s'adonner à de tels projets.

Les vins légers, clairs et un peu tendres répondent au goût européen, même si la recherche d'arômes plus solides et plus affirmés semble traduire une tendance générale. Et ces vins frais, souvent subtils, méritent largement leur place, non seulement pour leurs qualités intrinsèques, mais aussi parce qu'ils représentent tout un patrimoine.

Des vins comme le muscadet, en particulier le muscadet-sur-lie et le chablis, relativement alcoolisés mais aux arômes discrets, sont traditionnels avec les fruits de mer servis en plateau.

Beaucoup de vins de ce type, en particulier italiens – comme le soave, le frascati ou l'orvieto secco –, et aussi des vins de pays de la Gascogne, accompagnent avec bonheur des plats eux-mêmes légers et frais : pâtes, salades, hors-d'œuvre, et poissons de rivière ou de mer, en particulier de roche. En outre (à l'exception de certains vins allemands très secs), ils se laissent parfaitement boire sans accompagnement solide et conviennent à l'apéritif.

Le Nouveau Monde ne connaît pas ce type de vin frais et subtil. Toutefois, la Hunter Valley, en Australie, qui cherche à créer son propre style, produit des vins qui se révèlent légers et plutôt perlants. Le sémillon local, qui ne titre pas plus de 11°, est maigre et mordant dans sa jeunesse, avant d'évoluer vers un style velouté, une robe jaune paille et des arômes onctueux de pain grillé.

vins et cépages

France : muscadet-sur-lie et gros-plant ; vins de pays des côtes de Gascogne, du Gers et du comté de Toulouse ; certains bergeracs et bordeaux blancs tranquilles ; bourgogne aligoté ; vins de la Loire tels cheverny et quincy ; coteaux-d'aix

Italie : soave, frascati, orvieto, bianco di custoza, verdicchio ; et aussi le pinot grigio (bon marché) et beaucoup de blancs siciliens

Allemagne : trocken et halbtrocken de qualité QbA ou kabinett, et aussi les nouveaux styles « classic » et « selection »

Portugal : vinho verde, traditionnel et sec

Australie : hunter semillon, quand il est jeune

blancs

aromatique ou floral, sec ou mi-doux

Qu'ils soient légers ou assez corsés, ces vins blancs sont caractérisés par leurs arômes floraux, épicés ou fruités.

vins et cépages

Allemagne : cépages riesling et scheurebe, surtout les kabinett et les spätlese, en particulier ceux de la Moselle, du Rheingau et du Palatinat

France : gewurztraminer, riesling, tokay-pinot-gris et muscat-d'alsace ; muscats secs ; viogniers du Languedoc et de la vallée du Rhône

Italie : pinot grigio et traminer aromatico du Haut-Adige

Argentine : torrontes

Angleterre : blancs medium-dry (demi-secs)

Dans les vins de ce type, les arômes, puissants et profonds, jaillissent littéralement du verre. Ce sont les arômes primaires qui donnent au vin sa complexité et sa structure. En effet, c'est parmi les vins les plus légers que l'on compte quelques-uns des plus parfumés et des plus généreux en bouche. Ainsi les grands vins allemands, parmi lesquels les rieslings doux de la Moselle classés kabinett et spätlese, ont parfois un titre alcoométrique faible, de l'ordre de 7 ° (parfois même moins), tout en offrant un superbe bouquet d'arômes floraux et fruités. Comme la plupart des vins de cette catégorie, ils ont aussi une bonne acidité, ce qui est important en Allemagne, car elle permet à la fois de contrebalancer la douceur du fruit et de conserver la typicité des vins produits – qui à défaut seraient ternes (tels le liebfraumilch et autres blancs de faible qualité).

En dehors de l'Allemagne, l'Alsace est le sanctuaire de ces vins de cépage dans leur version originelle, mais il faut aussi mentionner les blancs aromatiques du Haut-Adige, dans les Alpes italiennes, de même que les muscats secs français, les torrontes argentins, les irsai oliver hongrois et certains des viogniers de pays les moins riches et les plus vifs.

Qu'ils soient légers ou corsés, ces blancs sont rarement marqués par le chêne. Très aromatiques, ou plutôt parfumés, ils ne sont généralement pas vieillis en fûts neufs, mais plutôt en fûts usagés, parce qu'ils n'ont nul besoin de gagner en bouquet ni de s'assouplir ou de s'approfondir. Pour un cépage aussi aromatique, parfumé et exotique que le gewurztraminer, le chêne serait une pure hérésie.

Les blancs aromatiques font d'excellents apéritifs et accompagnent fort bien les plats : les vins allemands se marient à la cuisine chinoise et à des salades, et les blancs d'Alsace aux mets légèrement épicés.

aromatique ou minéral, moyennement corsé

Des vins blancs secs, souvent sans trace de chêne, parfois âcres, avec un zeste de fruit vert ou d'agrume, mais jamais doux.

Secs et incisifs, ces blancs ont un fond d'acidité vivifiant, idéal pour accompagner les fruits de mer, les poissons et les fromages de chèvre, avec, surtout en France, quelque chose de minéral. Un fruit vif et pénétrant évite toute saveur acide ou verte.

On trouve des vins de ce type dans le monde entier, mais le cépage roi est le sauvignon blanc. Avec ses notes de fleurs et de fruits blancs, il fait merveille à Marlborough (Nouvelle-Zélande) et dans les régions de Sancerre et de Pouilly-Fumé, et de plus en plus, également, au Chili (dans la vallée de Casablanca) et en Afrique du Sud. Les sauvignons de la région de Bordeaux sont plus souples et moins intenses, et ceux de Touraine plus légers et plus végétaux. Bien qu'il ne soit pas issu de sauvignon, le superbe savennières pur, vif et de longue garde partage, avec les autres vins de la Loire, ce style. On peut également retenir l'aligoté, frais, vif et sans agressivité, de même que le chablis.

Les sauvignons australiens ne sont pas très convaincants, pas plus que les californiens, non boisés ; en revanche, pour accompagner les plats asiatiques épicés, l'Australie produit des rieslings secs et appétissants, aux notes de citron vert, en particulier dans l'Eden Valley et la Clare Valley. L'Allemagne offre les rieslings halbtrocken et trocken spätlese et les nouveaux styles secs. Le Portugal propose le fernão pires, l'Espagne le rueda (qui contient souvent du sauvignon) et l'albariño, issu des Rías Baixas du Nord-Ouest, et la Grèce l'assyrtiko ainsi que quelques autres cépages aromatiques et frais.

vins et cépages

Nouvelle-Zélande, Afrique du Sud et Chili : sauvignon blanc

France : sancerre, menetou-salon et pouilly-fumé ; sauvignons du Bordelais, de Bergerac et des côtes de Duras ; touraine, savennières et aligoté de Bourgogne

Australie : riesling

Allemagne : halbtrocken et trocken spätlese, et les nouveaux styles « classic » et « selection »

Autriche : riesling et grüner veltliner

Espagne : albariño et rueda

Portugal : fernão pires

Grèce : assyrtiko et autres blancs

Angleterre : blancs dry (secs)

corsé, complexe

Les vins blancs puissants, profonds et boisés sont très répandus. Ils sont principalement issus du chardonnay, mais il existe de nombreux autres cépages.

vins et cépages

Nouveau Monde : chardonnays

France : bourgognes, dont le chablis ; vins de pays d'Oc et costières-de-nîmes ; hermitage, châteauneuf-du-pape et condrieu ; graves et pessac-léognan ; certains vins du Bugey ; vins du Jura ; la clape

Espagne : chardonnays de Navarra et de Somontano ; rioja blanc

Italie : chardonnay des Pouilles (Puglia)

Californie : viognier

Australie : viognier, sémillon, marsanne et verdelho

Afrique du Sud : chenin blanc fermenté en barrique

Cette catégorie est celle des grands bourgognes blancs – riches mais secs, onctueux avec parfois des notes de beurre ou de noisette – qui ont servi de modèles à toute la planète, en particulier à la Californie et à l'hémisphère Sud. Sous un climat chaud, les vins avec leurs arômes de fruits tropicaux, de confiture et de chêne sont tout aussi épanouis mais de moins longue garde que les bourgognes blancs. Les vins originaires des régions plus fraîches, comme les collines d'Adélaïde en Australie ou la vallée de Casablanca au Chili, ont une meilleure potentialité de garde et se rapprochent bien des originaux. Ce groupe compte aussi les premiers crus et grands crus de chablis, dont certains ne voient jamais le chêne neuf. Le bon chablis, avec ses notes minérales, est un vin puissant, rond, vif, équilibré, onctueux, aux multiples facettes.

D'autres vins répondent aux mêmes critères, en particulier les côtes-du-rhône, même s'ils ne sont pas issus des mêmes cépages : châteauneuf-du-pape, hermitage et condrieu, de longue garde, opulents et riches, ainsi que les vins californiens et australiens issus du viognier. L'Australie offre aussi des marsannes et des verdelhos très corsés, ainsi que des sémillons riches et citronnés, surtout dans la Barossa Valley. C'est encore le sémillon que l'on trouve dans les grands bordeaux blancs des Graves et de Pessac-Léognan, qui développent une bouche profonde, crémeuse, aux nuances de céréales. Les meilleurs riojas blancs, en Espagne, suivent la même voie.

rosé

Ni blanc ni rouge, le rosé contient-il le pire ou le meilleur de chacun ? Insipide, trop doux, trop acide… ou sec, vibrant et rafraîchissant ?

La réponse se laisse deviner : le rosé est un peu tout cela, et même, dans quelques cas, il peut être le meilleur des vins. Son principal problème, à l'heure actuelle, c'est son image, car il est loin d'avoir un passé exemplaire : alors que la qualité des blancs et des rouges s'était déjà largement redressée, celle du rosé était encore habitée par ses vieux démons. Le vin était vinifié à la va-vite par des vignerons qui auraient mieux fait de produire du rouge, ou issu de régions théoriquement spécialisées, mais conservant des pratiques médiocres et dépassées. Mais aujourd'hui, le rosé n'est plus ce qu'il a été bien souvent !

Aujourd'hui les meilleurs rosés secs et très fruités sont souvent issus du grenache (garnacha en Espagne), du cabernet sauvignon, du merlot, de la syrah… Le Languedoc cultive les quatre cépages et souvent assemble la syrah et le mourvèdre, alors que les bordeaux arrondis et séveux sont issus du cabernet franc, du cabernet sauvignon et du merlot. Dans les côtes du Rhône, Tavel, Lirac et Gigondas produisent des rosés corpulents, secs et épicés. S'il n'y a pas de quoi crier au miracle devant le rosé de Provence ordinaire, on trouve de très beaux bandol, cassis et bellet. Il y a également de magnifiques rosés de Sancerre. Hors de France, l'Espagne fait des rosados séduisants, surtout le navarra. La production hongroise est avantageuse sous le rapport qualité/prix et quelques rosés australiens se montrent foncés et exubérants.

vins et cépages

France : vins de pays d'Oc ; bordeaux ; tavel, lirac et gigondas ; bandol, cassis et bellet ; sancerre ; palette ; baux-de-provence ; rosés de Loire

Espagne : surtout navarra

Hongrie : cabernet-sauvignon

Australie : rosé

rosé

effervescent

Il existe des vins effervescents de toutes sortes… mais le marché est évidemment dominé par le roi champagne – et par ses nombreux imitateurs.

Le bon champagne – car il en est parfois de tristes et âcres, qui ne font pas honneur à son nom – est à la fois délicat et incisif, avec des notes de biscuit et de brioche, quelquefois un côté laiteux, et surtout une fraîcheur fondamentale. Ces traits sont dus aux méthodes de vinification et au climat de la Champagne, l'une des régions viticoles les plus septentrionales d'Europe, où le raisin mûrit difficilement.

Hors de France, la quasi-totalité des pays qui ont repris ses cépages et ses méthodes de production bénéficient d'un climat plus chaud. S'ils ne développent pas la finesse et la profondeur de leur modèle, leurs vins offrent évidemment un fruit plus épanoui et une acidité plus faible, et ils plaisent davantage à ceux qui trouvent le champagne trop âpre. Ils sont en outre moins chers – et quelques-uns, notamment en Australie, offrent un bon rapport qualité/prix.

Dans certaines régions assez fraîches de l'Australie (y compris la Tasmanie), de la Nouvelle-Zélande et de la Californie, et même, d'une manière limitée, dans le sud de l'Angleterre, quelques producteurs élaborent des vins dont la qualité n'est pas trop éloignée de celle du champagne. Et ce n'est pas un hasard si Moët, Roederer et Deutz détiennent des intérêts dans leurs entreprises.

La France offre d'autres vins effervescents, plus abordables que le champagne et vinifiés selon la méthode champenoise, mais parfois issus d'autre cépages : crémant-de-limoux, crémant-de-bourgogne, crémant-d'alsace, crémant-du-jura et crémant-de-die, et saumur.

L'Espagne possède aussi sa version, le cava, produit surtout dans le Penedès, qui avec sa saveur de pomme et ses notes minérales est plus souple, plus simple et moins onéreux que le champagne, et connaît un succès certain outre-Atlantique. L'Allemagne a également élaboré la sienne, le sekt, souvent léger et doux. L'Italie exporte ses moscatos doux, au goût de raisin et faibles en alcool (l'asti est le plus connu), et le prosecco, plus sec (équivalent du cava), mais ces quelques vins vinifiés comme le champagne sont principalement bus en Italie.

Un mot du vin rouge effervescent. Le lambrusco basique a fait sa réputation, mais il faut essayer aussi ceux d'Australie, riches, épanouis et épicés, et l'authentique lambrusco sec, malheureusement rarement exporté.

vins et cépages

France : champagne ; crémant et blanquette-de-limoux ; crémant-de-bourgogne ; crémant-d'alsace ; saumur et vouvray pétillants ; crémant-du-jura ; clairette-de-die ; crémant-du-bugey

Australie et Nouvelle-Zélande : surtout les étiquettes mentionnant le chardonnay, le pinot noir, le blanc de blancs ou un millésime ; également le shiraz effervescent australien

Californie : surtout le millésimé et le blanc de blancs

Espagne : cava

Italie : prosecco

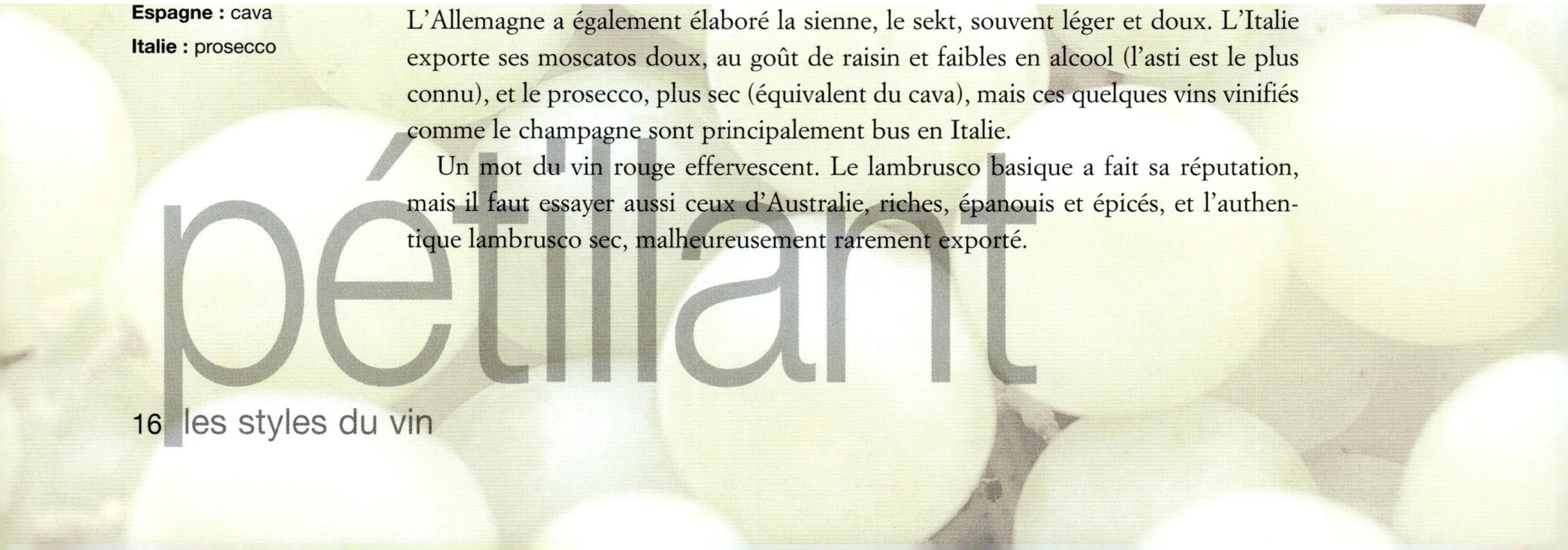

pétillant

Un très bon champagne est vif, délicat, aromatique, et présente un chapelet de bulles d'une grande finesse.

frais, fruité, peu tannique

Ce style est celui des vins simples, séveux, sans trace ou presque de chêne, à boire dans l'année ou très jeunes.

vins et cépages

France : beaujolais ; sancerre, menetou-salon, gamay-de-touraine, anjou rouge, saumur-champigny, chinon, bourgueil et saint-nicolas-de-bourgueil ; vins de pays des Cévennes ; pinot noir d'Alsace et du Jura

Alors que la mode est partout aux vins profonds et corpulents, les rouges légers et rafraîchissants n'ont pas dit leur dernier mot. Ils sont coulants, notamment à table, et on les sert un peu frais, avant qu'ils aient un an de cave.

La vedette en est évidemment le beaujolais. Les dix crus du Beaujolais et les beaujolais-villages proposent de belles versions de ce style. La Loire également, avec les pinots noirs de Sancerre et de Menetou-Salon, et les gamays et cabernets-francs de Touraine, d'Anjou et de Saumur (sans parler des chinon, bourgueil et saumur-champigny). L'Alsace et le Jura ont aussi leurs pinots noirs. De nombreux vins de pays prétendent à ce style, bien que les vins de pays d'Oc, surtout composés de cabernet sauvignon et de syrah, soient un peu plus corpulents. Par ailleurs, certains vins de pays ne tiennent pas leurs promesses.

Le nord de l'Italie offre le bardolino, le valpolicella générique, le dolcetto, le barbera ordinaire et beaucoup de vins du Trentin et du Haut-Adige (merlot, lagrein, caldaro et autres). En Espagne et au Portugal, les vins bon marché sont souvent souples et séveux, bien que le style léger, frais et non boisé ne soit pas dans le goût traditionnel du pays. La Hongrie produit le kékfrankos, et l'Allemagne le limberger (entre autres).

Le rouge léger n'a guère de succès dans le Nouveau Monde, mais les vins les moins chers exportés par l'Argentine, le Chili, l'Afrique du Sud, l'Australie et la Californie – avec ou sans mention du cépage – sont faits pour être bus sans attendre.

rouges

corsé ou assez corsé

Des vins généreux, boisés mais pas trop… Dans cette catégorie entrent de grands rouges français et quelques autres classiques du reste du monde.

Les choses ont changé. Un peu partout sur la planète, les vins deviennent plus corpulents et plus pleins ; et nombre d'entre eux qui hier étaient « assez corsés » sont devenus aujourd'hui franchement « corsés ». Cette catégorie, représentée dans tous les pays, offre de nombreux crus et une large gamme aromatique.

En France, elle regroupe la majorité des bourgognes et des bordeaux rouges – bien que ces derniers, dans un petit millésime, puissent être légers et herbacés –, et l'on peut en dire autant des appellations de bergerac, buzet et côtes-de-saint-mont. Certains vins ambitieux du Midi, notamment du Languedoc-Roussillon, sont puissants et épicés, mais la majorité des corbières, fitou, minervois, côtes-du-ventoux, côtes-du-lubéron et autres appartiennent à ce type de vins.

L'Italie recèle beaucoup de vins de ce style, dont la majorité des chiantis génériques (non étiquetés riserva, ni chianti classico, c'est-à-dire des vins de domaine haut de gamme), le barbera d'asti et le montepulciano d'abruzzo. En Espagne, la majorité des rioja, valdepeñas, somontano et navarra appartiennent à ce type.

Sous les climats plus chauds qui règnent en Californie et en Australie, le cabernet sauvignon et le merlot, les deux principaux cépages du bordeaux rouge, donnent en général des vins plus mûrs, plus lourds et plus boisés ; en revanche, les cabernets et les merlots néo-zélandais, grâce à un climat plus frais, sont plus proches d'un bon millésime de bordeaux, de même que les cabernets et les merlots du Chili, moins chers, et de nombreux vins de l'est de l'Europe.

vins et cépages

France : bordeaux, buzet ; bourgogne ; fitou, minervois, côtes-du-lubéron ; duras ; crozes-hermitage ; hermitage ; saint-joseph

Italie : chianti ; barbera d'asti ; montepulciano d'abruzzo

Espagne : rioja ; valdepeñas ; navarra ; somontano

plein, puissant, souvent épicé

Ces vins rouges sont corpulents, souvent épicés et boisés, généreux et pulpeux en bouche. Certains sont tanniques dans leur jeune âge, d'autres déjà évolués.

vins et cépages

Nouveau Monde :

- Shiraz, grenache et mourvèdre australiens
- Syrah, zinfandel et merlot californiens
- Cabernet-sauvignon chilien
- Malbec argentin
- Pinotage sud-africain

France : côtes-du-rhône avec châteauneuf-du-pape, cornas et côte-rôtie ; meilleurs-corbières, saint-chinian et collioure (Languedoc-Roussillon) ; bandol ; madiran ; lirac ; coteaux-d'aix ; vins de pays d'Oc

Italie : primitivo ; barolo et barbaresco ; brunello di montalcino ; amarone di valpolicella

Espagne : ribera del duero ; toro ; priorato ; jumilla ; garnacha et monastrell

Portugal : alentejo

Depuis quelques années ce style de vins s'est beaucoup développé, reflétant à la fois l'évolution générale du goût et de la vinification et les progrès du Nouveau Monde. Avant que des vins tels que le cabernet-sauvignon californien et le shiraz australien entrent en scène, la troupe des rouges massifs et charpentés ne comptait guère que le châteauneuf-du-pape, l'hermitage, le cornas, le bandol, le côte-rôtie, le barolo, le brunello di montalcino et l'amarone di valpolicella.

Aujourd'hui ils ont été rejoints par de nouveaux venus du monde entier, et parfois même dépassés – du moins en ce qui concerne le taux alcoométrique : alors que 13,5 ° était le maximum pour les vins de table normaux (non mutés), 14 ° n'est pas rare à l'heure actuelle, et certains cépages – grenache, primitivo et zinfandel – donnent même régulièrement plus.

Cette caractéristique, de même que le côté épanoui et la « douceur » typique en bouche, provient tout simplement d'une meilleure maturité des grains, surtout sous les climats de la Méditerranée et du Nouveau Monde, alors que par le passé les vignerons n'osaient pas attendre. Plus mûr et riche en sucre, le raisin a une acidité plus faible et des tanins plus tendres, et il donne un vin plus plein et plus ouvert.

Certains cépages ont un caractère à la fois doux et épicé bien spécifique – shiraz, grenache, primitivo, zinfandel, malbec (surtout en Argentine), carmenère et pinotage. Qui plus est, les fûts de chêne neufs apportent leurs propres arômes épicés et vanillés, ainsi qu'une bouche plus riche et plus lisse.

Ces vins corsés et épicés se marient fort bien aux saveurs fortes, en particulier à la cuisine méditerranéenne et aux grillades, y compris de poissons en papillotes. Les grands vins européens, plus tanniques, sont plus à leur place parmi les gibiers et les viandes en sauce.

Un taux alcoométrique élevé n'est pas un gage de qualité. Au contraire, il peut **masquer le caractère typique** et **épicé** d'un vin.

doux, moelleux et liquoreux

Somptueux et opulents, on boit ces vins seuls mais aussi avec du foie gras, des desserts et du fromage.

vins et cépages

France : sauternes, barsac, loupiac, monbazillac, saussignac, dans le Bordelais et le Sud-Ouest ; coteaux-du-layon, bonnezeaux, quarts-de-chaume et vouvray moelleux dans la vallée de la Loire ; pinot gris, riesling et gewurztraminer sélection de grains nobles en Alsace ; jurançon moelleux ; vin-de-paille du Jura ; muscat-de-beaumes-de-venise, muscat-de-rivesaltes et autres muscats ; hermitage et condrieu liquoreux

Allemagne : trockenbeerenauslese, beerenauslese et eiswein

Autriche : trockenbeerenauslese, beerenauslese, ausbruch, strohwein et eiswein

Hongrie : tokay aszú et tokay aszú eszencia

Italie : recioto di soave

Australie, Nouvelle-Zélande et Californie : sémillons et rieslings botrytisés

Canada : icewine

Les vins moelleux et liquoreux proviennent de vendanges généralement blanches, du sémillon en particulier dans le cas du sauternes, et sont obtenus sans addition d'alcool. Ils contiennent jusqu'à 40 g de sucre par litre, et parfois beaucoup plus pour les vins liquoreux. Cette présence de sucre et de glycérol leur donne un aspect sirupeux et une saveur très agréable, aux arômes de fleurs et de fruits dans leur jeunesse. Avec l'âge, ils prennent un corps et une race uniques au monde. Si les plus renommés sont le sauternes et le barsac, les vins de la Loire, quarts-de-chaume et bonnezeaux sont également exceptionnels ; tout comme les sélections de grains nobles d'Alsace, certains vins d'Allemagne et d'Autriche, le tokay de Hongrie et les sémillons et rieslings botrytisés du Nouveau Monde. Tous ces vins sont obtenus à partir de raisins très mûrs ou atteints de pourriture noble par le *Botrytis cinerea*.

Les vins liquoreux peuvent aussi être élaborés à partir de raisins surmaturés ou passerillés, comme pour le vin-de-paille dans le Jura, le recioto de Soave, en Italie, ou le strohwein en Autriche. Cette méthode consiste à utiliser des raisins desséchés par l'air ; le processus s'accompagne d'un enrichissement en sucre et peut se produire sur pied, sur un lit de paille, ou par suspension des grappes à des fils de fer sous abri.

Les jurançon, pacherenc, coteaux-du-layon, jura, hermitage-laupiac et sainte-croix-du-mont sont des vins moelleux. L'icewine du Canada et l'eiswein d'Allemagne sont issus de raisins gelés qui laissent au pressage un moût concentré.

Les vins doux naturels blancs sont des vins mutés par adjonction d'alcool neutre (*voir page 25*), très aromatiques avec leurs senteurs de fleurs, d'agrumes, de miel ou de cire d'abeille. Ils sont issus des muscats des vignobles de Rivesaltes, Lunel, Mireval, Frontignan et Beaumes-de-Venise.

doux

aromatique, sec, muté

Les vins très secs et bouquetés, mutés par ajout d'alcool, ne sont pas à la mode actuellement, mais ils demeurent de grands apéritifs.

vins et cépages

Espagne : xérès – fino, manzanilla, amontillado, oloroso et palo cortado ; montilla sec

France : vin jaune du Jura

Hongrie : tokay szamorodni sec

Portugal : porto blanc sec

Australie et Afrique du Sud : vins secs du type xérès

Madère : sercial et verdelho

Le xérès fino, produit au sud de l'Espagne et appelé « pale dry sherry » par les Anglo-Saxons, est le plus connu des vins mutés secs, bien que dans son pays d'origine la manzanilla soit plus populaire. Tous deux ont un goût fort et vif de levure mais la seconde, qui vient de la côte, au sud-ouest de Jerez, est un peu plus légère, salée et encore plus sèche. Plus foncés et ayant un goût de noix, les xérès oloroso et amontillado sont secs eux aussi, mais la pratique veut qu'ils soient adoucis, et ainsi émasculés, pour certains marchés d'exportation. Il vaut mieux boire le véritable xérès sec, notamment le palo cortado, rare, sec et extrêmement riche.

Parmi les vins proches du xérès, aujourd'hui moins recherché, le montilla est encore produit au nord de Málaga, mais il n'a pas toujours la qualité des précédents. En France, le vin jaune du Jura est un véritable seigneur dans ce style ; le szamorodni sec de Hongrie s'en rapproche quelque peu. L'Australie et l'Afrique du Sud produisent aussi des vins de ce type pour la consommation locale, et certains sont très bons. Le porto blanc est parfois sec, mais il n'a que rarement le goût prononcé d'un xérès sec.

Le madère entre aussi dans cette catégorie sous deux formes : le sercial est peut-être le vin à la saveur la plus forte ; le verdelho est un peu plus doux et fruité, avec une note d'abricot. Les madères secs plus ordinaires, à la différence des précédents, sont moins complexes en bouche.

foncé, doux, muté

Ces vins de liqueur, doux et colorés, ne s'épanouissent qu'après un long séjour en fût. Le porto et le banyuls en sont les plus beaux fleurons.

Le meilleur porto est le « vintage port », qui n'est vinifié que les bonnes années et qui reste au moins dix ans en cave. Le porto single-quinta, vinifié dans les années où l'on ne fait pas de vintage, lui ressemble beaucoup. Le late-bottled vintage (LBV), moins riche et moins complexe, n'est pas fait pour la garde, à l'exception du LBV Traditional. Le ruby est plus jeune et plus simple que le LBV.

Le porto tawny, après une longue maturation sous bois, et non en bouteilles, prend une claire couleur brique (fauve), un goût moelleux de noix, et doit être servi un peu frais. Le véritable indique son âge sur son étiquette : dix ans, parfois vingt, ou plus encore !

L'Australie offre un vin muté unique : somptueux et riche, doux, visqueux et brun, ce breuvage a tout du gâteau à la crème liquide ! On l'appelle « liqueur muscat » ou « liqueur tokay ».

Les madères authentiquement doux sont le bual et le malmsey – encore plus mielleux. Les marsalas doux italiens sont parfois complexes, avec le goût du fruit. L'Espagne produit le xérès pedro ximénez (PX) et quelques olorosos très vieux, très doux et très riches, et le málaga, un classique à ne pas oublier.

Les vins doux naturels français sont issus de cépages nobles : muscat grenache, maccabeo et malvoisie, et élevés en cuves inox, en fûts de bois, ou en bonbonnes pour les meilleurs. Au cours de la fermentation, on les mute par adjonction d'alcool. Ces vins peuvent être bus jeunes ou plus vieux. Au cours du vieillissement (entre 1 an et 30 mois pour les banyuls, et 8 à 10 ans pour les rancios), ils prennent leur teinte tuilée ou ambrée caractéristique et développent des arômes complexes et capiteux d'amande grillée, de fruit sec, de pruneau confit, de vanille. Les plus beaux sont produits par les vignerons de Banyuls (notamment le banyuls grand cru), Rasteau, Collioure, Maury et Rivesaltes.

vins et cépages

Portugal : porto – vintage, single-quinta, LBV et traditional LBV, tawny

France : banyuls

Australie : liqueur muscat et tokay

Madère : bual et malmsey

Italie : marsala superiore, garibaldi dolce

Espagne : xérès pedro ximénez et oloroso ; málaga

vins tanniques, non tanniques

On trouve des tanins dans le thé très fort, auquel ils donnent alors un goût déplaisant qui fait grimacer, et aussi dans le vin ! Les tanins, qui viennent de la peau, des pépins et des rafles du raisin, sont surtout perceptibles dans les vins rouges de garde alors qu'ils sont encore jeunes. Cela signifie que les grands bordeaux, le barolo ou l'hermitage sont amers, durs et âpres dans leur enfance.

Sous un climat chaud, les tanins sont moins agressifs qu'en région tempérée, et c'est pourquoi les vins du Nouveau Monde sont moins tanniques que ceux d'Europe. Toutefois, pour répondre au goût du public, ces derniers se sont beaucoup assagis sur ce plan. La force des tanins dépend également du cépage ; les variétés à peau épaisse – cabernet sauvignon, syrah, tannat, nebbiolo – sont plus tanniques que le pinot noir et d'autres cépages à peau fine. Les vins blancs contiennent aussi des tanins, mais en quantité très faible.

vins jeunes, vins vieux

De nos jours, les gens achètent volontiers une bouteille le matin pour la boire le jour même, au déjeuner, ou dans les jours qui suivent. Nous buvons des vins plus jeunes que ceux dont se délectaient nos ancêtres parce qu'il y a moins de caves aujourd'hui, mais aussi parce que beaucoup de vins sont préparés pour être consommés rapidement : ils sont plus souples, moins tanniques, plus ouvertement fruités, et nombre d'entre eux ont une texture veloutée et les arômes séduisants, de vanille et de pain grillé, du chêne neuf. C'est pourquoi un vin vieux et mûr, au fruit exubérant, laisse souvent pantois le néophyte. Chez les vins vénérables, ces arômes et ces goûts primaires ont été remplacés par quelque chose de plus complexe, un pot-pourri de fruits secs, de compotes d'automne, de notes fondues de cèdre, de café, d'épices, de tabac, de cuir, de réglisse, de truffe, etc. De tels vins demandent de la patience, mais le jeu en vaut la chandelle !

Un grand nombre de cépages, cultivés sur des sols et sous des microclimats très variés, donne naissance à une gamme de vins étonnamment diverse.

les cépages

chardonnay

Célébré et à la mode, le chardonnay est le cépage le plus apprécié des consommateurs, mais il fait aussi la joie des viticulteurs et des vinificateurs.

ARÔMES ET CÉPAGE

BEURRE Cet arôme provient du raisin et aussi d'une technique de vinification particulière.

PÊCHE L'un des nombreux arômes fruités du chardonnay, lié surtout au climat.

NOIX Typique des grands chardonnays californiens. En France c'est un défaut, le signe d'une oxydation du vin.

PAIN GRILLÉ Ces arômes typiques proviennent du chêne. La vinification les accuse plus ou moins.

Les viticulteurs aiment le chardonnay parce qu'il n'est pas difficile à mener. Il s'adapte à presque tous les climats et sols, il résiste bien aux maladies et donne de bons rendements. Il s'est établi dans les zones les plus septentrionales de la viticulture (où une protection contre le gel lui est indispensable), en particulier à Chablis, au nord de sa patrie la Bourgogne, et en Champagne, où il est le seul cépage blanc. Mais il se sent aussi à l'aise dans les régions chaudes du Nouveau Monde – Napa Valley, Mendoza, Barossa Valley.

Les vinificateurs, pour leur part, apprécient ce cépage noble parce qu'il se vinifie bien. Contrairement au riesling ou au sauvignon blanc, qui ne leur offrent guère de choix quant au style du vin, le chardonnay est aimable. Bien qu'il donne des vins riches et puissants, le raisin n'a pas par lui-même d'arôme très marqué, ce qui fait que le vinificateur peut l'orienter en fonction de la demande du marché.

Si l'on se demande ce qui, dans le chardonnay, attire les faveurs du consommateur, la réponse est simple : le plaisir ! D'autres vins sont parfois d'un abord difficile ; le chardonnay, lui, est toujours ouvert et facile à boire – c'est en particulier le cas des vins actuels du Nouveau Monde, si fruités. Et même un bon bourgogne débouché avant d'avoir atteint sa maturité se laisse boire sans peine : il révèle simplement l'ébauche d'un grand vin.

Le chardonnay du Nouveau Monde est plein, épanoui, fruité et lisse, avec un taux d'alcool élevé qui lui donne de la rondeur et une impression de douceur : étant donné sa faible acidité, il est presque incapable de se montrer âpre ou agressif. Ses arômes fruités vont du citron et de la pomme (sous climat frais) au melon et à la pêche, et même à l'ananas et aux fruits tropicaux. En Bourgogne, le fruit est mieux maîtrisé et plus conforté. C'est le cas du chablis, qui a aussi un côté minéral.

En outre, le chardonnay fait bon ménage avec le chêne. Sa fermentation ou son élevage dans du bois neuf ou presque neuf donne des arômes de vanille et de pain grillé au vin jeune, et, après vieillissement, un bouquet plus complexe, du fait de la conservation de la lie, et une texture plus riche. Mais le chêne influence aussi… le prix. C'est pourquoi on se contente souvent d'ajouter des copeaux de chêne dans les cuves du Nouveau Monde (pratique interdite en France), pour susciter des arômes boisés (« aromatisation »). Certains chardonnays connaissent une seconde fermentation, dite désacidification, qui leur apporte souplesse et onctuosité ; d'autres prennent de la richesse et un goût de beurre ou de noisette en vieillissant sur lies (levures mortes). Ce cépage s'accommode décidément de tout !

OÙ ?

La Bourgogne, y compris Chablis, est sa patrie – qu'il soit ou non originaire du village bourguignon de Chardonnay ! Depuis les années 1960, il conquiert le monde du vin, du Chili jusqu'en Chine, de l'Angleterre au Pérou.

STYLES

Vins blancs secs ayant du corps, souvent influencés par le chêne – quels que soient le prix et la qualité. Les vins du Nouveau Monde sont plus fruités et boisés, les bourgognes plus racés – le chablis étant plus minéral. Les chardonnays du Frioul et du Haut-Adige sont plus légers, plus vifs et plus floraux.

QUAND ? AVEC QUOI ?

Si les meilleurs bourgognes blancs vieillissent dix ans, un chardonnay se boit généralement dans les quatre ans. L'accord mets et vins dépend du style de vin : les plus pleins peuvent accompagner la viande grillée et certaines viandes blanches, mais ils s'accordent principalement avec le poisson et le fromage.

AUTRES NOMS

Morillon, et feinburgunder en Autriche.

ARÔMES
ET CÉPAGE

GROSEILLE À MAQUEREAU Typique en Loire avec d'autres fruits blancs, mais dominant en Nouvelle-Zélande.

HERBE Tous les vins de sauvignon, surtout les français, fleurent bon l'herbe coupée.

FEUILLE DE GROSEILLIER On peut évoquer aussi le cassis. Arôme des vins de Loire.

PIERRE À FUSIL C'est l'arôme vif caractéristique de certains sancerres et du pouilly-fumé.

sauvignon blanc

Un parfum de fruits blancs, d'herbe coupée, de feuilles de groseillier à fleurs ou d'orties, de pierre à fusil.

Il est possible aussi que vous détectiez des fragrances d'asperge ou de haricot vert mais, dans ce cas, cela signifie que votre sauvignon n'est pas des plus fameux – encore qu'un parfum viscéral (pipi de chat) ne soit pas un défaut, mais un caractère du vin. En tout cas, ce cépage est incontestablement l'un des plus typés. Outre ses arômes « verts », frais et pénétrants, il offre une bonne acidité revigorante. Si celle-ci lui fait défaut – ce qui est le cas sous climat chaud –, il devient terne.

Pendant longtemps, son exigence de fraîcheur l'a tenu éloigné du Nouveau Monde : il est resté le cépage de Sancerre, de Menetou-Salon, de Quincy et de Pouilly-Fumé. Cependant, vers la fin des années 1980, il a fait son apparition à Marlborough, en Nouvelle-Zélande, sous un aspect évidemment plus fruité, sans la note de pierre à fusil des bords de Loire, mais avec de l'intensité et de la franchise en bouche – à tel point que certains critiques assurent préférer le marlborough aux sauvignons blancs français ! Le cépage a également pris pied en Afrique du Sud et dans la région de Casablanca, au Chili.

Si les arômes du sauvignon blanc conservent leur netteté, cela tient au fait que ce cépage ne prend pas très bien le chêne (contrairement au chardonnay) et n'aime guère s'assembler aux autres variétés. Sur ce point, toutefois, le bordeaux est une exception notable, puisque les grands blancs des Graves et de Pessac-Léognan fermentent et vieillissent sous chêne neuf, et qu'ils sont en général issus d'un mélange de sauvignon et de sémillon. Le fumé-blanc californien voit lui aussi le chêne, mais il n'a guère d'adeptes hors des États-Unis.

Le sauvignon n'évolue guère, d'autant plus qu'on ne le laisse pas vieillir. On le boit en général dans l'année ou dans les deux ou trois ans qui suivent sa mise en bouteilles, parce qu'il ne se bonifie guère. Il arrive souvent qu'il décline et passe après cette durée : il perd son acidité minérale et sa fraîcheur, et ne gagne rien pour compenser. Évidemment certaines bouteilles, nanties d'arômes particulièrement intenses et concentrés, sont capables d'atteindre les dix ans, mais cela est si rare que mieux vaut ne pas courir le risque.

OÙ ? Deux régions essentielles : la Loire, surtout Sancerre et Pouilly-Fumé, et Marlborough (Nouvelle-Zélande). Autres régions : Bordeaux et Bergerac, Rueda (Espagne), Styrie (Autriche), Chili (surtout Casablanca), Afrique du Sud et Californie.

STYLES Vif, sec et revigorant ; plus fruité et plus alcoolisé en Nouvelle-Zélande. Rarement vieilli sous chêne sauf pour quelques grands bordeaux (assemblage avec le sémillon) et en Californie.

QUAND ? AVEC QUOI ? À boire jeune, sauf s'il s'agit de grands bordeaux sous chêne. Accompagne le poisson, les fruits de mer, certaines viandes blanches peu relevées et les fromages de chèvre. Très agréable et charmant à l'apéritif.

NE PAS CONFONDRE Le sauvignonasse, ou sauvignon vert, est une variété inférieure, parfois présentée comme sauvignon blanc au Chili ; quand au savagnin, c'est un cépage du Jura.

ARÔMES
ET CÉPAGE

POMME Le riesling allemand classique, surtout en Moselle, exhale un arôme prenant de pomme fraîche.

CITRON VERT De belles notes de zeste sont typiques de la Clare Valley et de l'Eden Valley, en Australie.

MIEL Les rieslings doux, surtout allemands, sont typiquement onctueux et épanouis.

PÉTROLE Les grands rieslings allemands développent cette odeur, qui n'est pas un défaut.

riesling

Cépage noble par excellence, le riesling est renommé dans le monde entier. Il donne le meilleur en Alsace et en Allemagne, mais aussi en Australie.

Le riesling est l'un des cépages blancs les plus prestigieux du vignoble alsacien, où il peut exprimer tout son potentiel dans un terroir aux sols variés mais à dominantes granitiques et sur des coteaux bien exposés. De plus, le climat chaud de l'arrière-saison, permettant de le vendanger vers la mi-octobre, favorise sa maturation et l'expression d'arômes complexes et caractéristiques. Les vins de riesling sont amples, parfaitement équilibrés entre le fruité (agrumes et fruits blancs) et le minéral, avec une pointe d'acidité qui leur apporte de la fraîcheur et même de la vivacité. Il n'est pas étonnant que ce cépage soit le plus planté dans tout le vignoble alsacien et qu'il figure dans l'encépagement des AOC alsace et alsace grand cru. C'est un vin qui peut être bu jeune, mais que l'on peut et que l'on doit laisser vieillir, surtout lorsqu'il est issu de vendanges tardives ou de sélections de grains nobles : on goûtera alors l'un des plus beaux vins liquoreux qui soient.

Sous le climat allemand, frais à point, le riesling donne des vins extraordinairement intenses, superbement légers, élégants et fruités, capables grâce à leur acidité de vieillir longtemps en gardant toute leur fraîcheur. Ces vins arborent des styles très divers, depuis les rieslings modernes, très secs, jusqu'aux trockenbeerauslese, délicieusement sirupeux grâce à l'aide de *Botrytis cinerea*, le champignon responsable de la pourriture noble.

Le degré alcoométrique du riesling est lui aussi très variable. Les demi-doux classiques allemands (kabinett, spätlese, auslese, etc.) ne dépassent parfois pas 8 °, alors que les nouveaux vins secs atteignent 12 °, comme d'ailleurs les rieslings autrichiens. En Australie, ces vins montent parfois jusqu'à 14 °, même si la norme est plus basse, en particulier pour les meilleures régions à riesling de l'Eden Valley et de la Clare Valley.

Les rieslings australiens déploient un frais bouquet citronné, et prennent des nuances de pain grillé (sans voir le chêne). L'Australie produit aussi de bons vins doux moelleux, botrytisés, tandis que la Californie et la Nouvelle-Zélande font des rieslings vendanges tardives doux, et que le Canada élabore des icewines très concentrés et doux.

Du riesling sont issus également quelques vins médiocres, breuvages pris à tort pour du riesling ou qui s'en sont approprié le nom, tels le liebfraumilch et autres vins allemands bon marché, aqueux et sucrés. De même, les ternes vins d'Europe de l'Est, autrefois nommés spelt riesling et aujourd'hui étiquetés laski rizling ou olaszrizling, n'ont rien à voir avec le cépage d'origine.

OÙ ?

Alsace ; toute l'Allemagne, mais surtout en Moselle-Sarre-Ruhr, Nahe, Rheingau, Hesse rhénane et Palatinat ; Autriche, notamment Wachau ; Australie, surtout Clare Valley et Eden Valley.

STYLES

Presque tous en Allemagne, du très sec au très doux et du très léger et peu alcoolisé au corsé. De bons vins doux en Australie et des icewines au Canada. En Alsace, les vins développent un côté acidulé, fruité (agrumes), avec des notes minérales et un nez très parfumé.

QUAND ? AVEC QUOI ?

Le riesling doit être bu jeune, mais pour les meilleurs on peut soit se montrer pressé, soit attendre assez longtemps. Excellent apéritif, un bon riesling accompagne de nombreux plats qui mettent en échec les autres vins, en particulier ceux de la cuisine chinoise et les préparations légèrement épicées.

NE PAS CONFONDRE

Tous les types de rizling.

ARÔMES
ET CÉPAGE

MENTHE Note typique de certains vins d'Australie du Sud et de l'État de Washington.

CASSIS En général présent chez les vins jeunes, mais moins marqué à Bordeaux que dans le Nouveau Monde.

BOIS Le boisé et le fumé sont les arômes principaux des vins du Médoc et des Graves (bordeaux).

CHOCOLAT Une garantie de qualité (entre autres), surtout pour les vins du Nouveau Monde.

cabernet sauvignon

Le cabernet sauvignon est au vin rouge ce que le chardonnay est au blanc : peu exigeant, et très prisé pour ses qualités mondialement reconnues.

Plébiscité par les pionniers du Nouveau Monde depuis les années 1960, le cabernet sauvignon a plongé ses racines dans pratiquement toutes les régions viticoles de la planète. Mais ce globe-trotter a pourtant sa patrie, le Bordelais, où sa réputation a été établie par les crus classés du Médoc et des Graves, et par les vins fins et de longue garde de châteaux comme Lafite, Latour et Margaux.

S'il n'est pas aussi accommodant que le chardonnay, le cabernet sauvignon est cependant très tolérant quant aux conditions de culture. Mûrissant tard, sous un climat froid, il n'arrive pas à totale maturité et donne des vins maigres, « verts » et herbacés. Il est rare en Allemagne et doit être bien soigné en Nouvelle-Zélande. À l'inverse, sous climat trop chaud, il produit des vins aux saveurs simples.

Hors de ces zones, le cabernet sauvignon, sous tous les cieux, est fidèle à lui-même. Un pauillac, avec ses arômes de sous-bois, de minéral et de boîte à cigares, est très différent d'un coonawarra (élevé dans le Sud australien), avec ses notes massives de sirop de cassis, de menthe et de clou de girofle. Toutefois, malgré les différences régionales, le cépage a une personnalité bien définie.

C'est en partie une question d'arôme : le cassis, qui vire aux fruits noirs plus sucrés dans les régions chaudes ; le boisé et le minéral à Bordeaux ; la menthe et l'eucalyptus, fréquents dans la Coonawarra ou à Langhorne Creek dans l'État de Washington ; le poivre vert, typique des climats plus frais ; le chocolat et la girofle ou la réglisse des contrées plus chaudes… Mais cela est lié aussi à la structure, l'impression en bouche, propres à ce type de cépage.

Les grains de cabernet sauvignon sont petits, à peau épaisse, foncée et bleutée, et donnent naissance à des vins très colorés, tanniques et de longue garde en raison de la proportion des pépins et de la peau par rapport au jus. Doués d'arômes marqués et d'une charpente tannique, ils sont armés pour être élevés sous chêne, lequel leur donne des notes de vanille, de pain grillé, d'épices, de chocolat, de noix de coco…

L'assemblage compte aussi. Même quand il est en vedette, le cabernet sauvignon est souvent associé à des cépages plus souples et plus séveux, tels le cabernet franc et le merlot à Bordeaux. Dans le Nouveau Monde, il joue le plus souvent en solo (avec brio comme dans les vins du pays d'Oc) mais, de plus en plus, dans un souci de complexité, les producteurs suivent la mode de Bordeaux.

OÙ ?

Sa patrie est le Bordelais mais il a conquis de nombreuses contrées : régions des vins de pays d'Oc, Toscane, Australie, États-Unis (Californie et État de Washington), Chili, Argentine, Afrique du Sud, Nouvelle-Zélande et, mais avec moins de bonheur, Bulgarie et Roumanie.

STYLES

Rouges secs, assez corsés ou très corsés, souvent marqués par le chêne, parfois tanniques dans leur jeunesse. On trouve toutes les qualités, mais elles sont de haut niveau à Bordeaux et en Californie.

QUAND ? AVEC QUOI ?

Grand potentiel de garde : 8 à 20 ans pour les grands bordeaux. Les cabernets du Nouveau Monde sont prêts à être dégustés dès leur diffusion, mais les meilleurs se bonifient sur 4 à 8 ans. Des vins qui accompagnent en particulier les viandes rouges et le gibier à poil.

ARÔMES
ET CÉPAGE

FRAMBOISE Présente dans le grand bourgogne comme dans le pinot noir basique et fruité du Nouveau Monde.

FRAISE DES BOIS Arôme très séduisant du pinot noir de Bourgogne et d'Alsace.

ROSE OU VIOLETTE Notes florales subtiles qui distinguent surtout les grands bourgognes.

TRUFFE Le bouquet du bourgogne à maturité mêle truffe, venaison, et même des arômes de cour de ferme.

pinot noir

Les vignerons ont beaucoup pesté contre le pinot noir. Pourtant ils restent fidèles à ce cépage difficile, inconstant – et terriblement tentant.

Sous toutes les latitudes, les vignerons veulent cultiver le pinot noir, parce que c'est le cépage du bourgogne rouge, celui qui « fait » le Romanée-Conti, le chambertin, le Clos-de-Vougeot et tous les autres grands crus de la Côte-d'Or – de même que le chardonnay « fait » les grands bourgognes blancs. Toutefois, alors que ce dernier s'adapte partout, le pinot noir est regardant quant au climat, au sol, aux façons culturales, aux méthodes de vendange et de transport jusqu'au cuvier. Comme on dit en Bourgogne, il y a bien autre chose dans le vin que le cépage.

On peut travailler le pinot noir pour obtenir une robe assez profonde et de bons tanins, mais il donne plus volontiers des rouges assez peu colorés, avec une acidité et des tanins relativement faibles. Il se marie bien au chêne français, judicieusement dosé, mais pas aux saveurs robustes et épicées du bois américain. Sous climat trop froid ou dans les mauvaises années, il produit des vins maigres et pâles. Quand il fait trop chaud, et c'est souvent le cas pour les vins du Nouveau Monde, il prend des notes lourdes de confiture. Mais quand tout va bien, il déploie les parfums les plus séduisants et la plus soyeuse des textures. Framboise, myrtille et cerise se mêlent à la rose, à la violette et à l'encens, avec des touches d'épices orientales. Avec le temps, en Bourgogne, une partie du fruit laisse la place à des arômes plus riches et plus profonds, de venaison et de truffe, à un goût de terroir pratiquement inconnu du Nouveau Monde.

Les bourgognes rouges les plus fins de la côte de Nuits ont souvent besoin de quelques années pour atteindre leur maturité, mais ils s'y maintiennent ensuite longtemps ; en revanche, les autres vins de pinot noir, comme dans la vallée de la Loire, sont le plus souvent prêts à boire dès la mise en bouteilles et sont moins durables que le cabernet-sauvignon de qualité équivalente.

Dans le reste du monde, les meilleures régions de pinot noir sont l'Oregon et les zones fraîches de Californie (telles que Carneros, Russian River Valley, Santa Maria), ainsi que la Nouvelle-Zélande (dont Martinborough, Marlborough et Central Otago). L'Australie réussit assez bien dans les régions fraîches de Victoria (par exemple Yarra) et de Tasmanie, mais, comme en Champagne, elle utilise surtout le cépage pour des vins pétillants. L'Afrique du Sud et le Chili ont fait des tentatives.

En Europe, hors la France, le pinot noir est sérieusement installé en Allemagne (sous le nom de spätburgunder) et en Autriche (spätburgunder ou blauburgunder).

OÙ ? Bourgogne, mais les Bourguignons doivent garder un œil sur les meilleures tentatives de Californie, d'Oregon, de Nouvelle-Zélande et d'Australie, sans parler des vins de la Loire et d'Alsace.

STYLES Moyennement corsé, avec une robe rouge pas trop soutenue, un bouquet séduisant, un fruit frais et du velouté. Les vins bon marché de pinot noir sont rares – et fort médiocres. En revanche, les vins très coûteux sont nombreux – mais ils valent leur prix.

QUAND ? AVEC QUOI ? Le pinot noir doit en général être bu jeune, et seuls les grands bourgognes ont un bon potentiel de garde. Il se comporte fort bien seul, mais accompagne aussi les gibiers et les viandes, et c'est le meilleur rouge pour accompagner le poisson.

AUTRES NOMS Spätburgunder (Allemagne et Autriche), blauburgunder (Autriche et Suisse), pinot nero (Italie), burgund mare (Roumanie).

ARÔMES
ET CÉPAGE

PETITS FRUITS Mûre en Argentine, cassis, framboise dans les côtes du Rhône.

POIVRE NOIR Typique dans le nord du Rhône et les vignobles frais du Victoria (Australie).

ÉPICES Sous climat chaud, le shiraz donne des arômes épicés, rehaussés (en Australie) par un séjour sous le chêne.

CHOCOLAT De riches arômes chocolatés sont typiques des vins de climat chaud, en France et en Australie.

syrah/shiraz

Pendant longtemps, qu'il ait été appelé syrah ou shiraz, ce cépage a été méconnu. Mais les choses ont changé durant la dernière décennie.

Les vins colorés, corsés et épicés sont à la mode et la syrah triomphe. Près de la Méditerranée et dans le Nouveau Monde, les vignerons en ont planté et se sont mis à en dorloter les vieux ceps, délaissés à la grande époque du cabernet sauvignon. La patrie de la syrah est le nord de la vallée du Rhône, où elle donne des vins musclés, foncés, tanniques et de longue garde, tels l'hermitage et le cornas, et aussi le côte-rôtie, plus parfumé. En Australie, dans la Barossa Valley, on trouve de belles plantations de vieilles vignes : sur une vaste surface, elles ont l'aspect de buissons mal alignés qui semblent entretenus à la diable, mais elles produisent de petites quantités de raisin très concentré qui aboutira à des vins fort différents de ceux des côtes du Rhône.

Plus alcoolisés, ces vins ont un goût de petits fruits (cassis, mûre et framboise), avec des nuances d'herbes aromatiques, une bonne bouffée épicée de poivre fraîchement moulu, et même, souvent, des notes de fumée, de goudron ou de caoutchouc brûlé (ça paraît curieux, mais c'est délicieux !). Avec l'âge, le vin s'assouplit et développe des arômes complexes de venaison, parfois de cuir.

Chez les shiraz vieilles vignes de la Barossa Valley, les notes de petits fruits sont plus épanouies et plus pleines, avec une belle vague de chocolat qui tapisse la bouche, parfois une nuance de menthe, et le caractère épicé, souligné par l'élevage sous chêne, est plus doux et plus exotique. Les vins sont intenses et se bonifient superbement, comme le prouve le fameux penfolds grange. Le shiraz est également cultivé depuis longtemps dans une autre région australienne à climat chaud, la Hunter Valley ; il s'est en outre implanté plus au sud, dans les vignobles plus frais du Victoria, en Australie, où il donne des vins poivrés – qui évoquent les syrahs des côtes du Rhône.

Toutefois, la syrah ne produit pas que des vins chers. En Australie, où elle est redevenue le cépage rouge le plus planté, elle donne aussi de nombreux vins ordinaires, lisses, épicés, aux notes de cassis. En outre, elle est assemblée au cabernet sauvignon pour des vins de toute qualité, et produit aussi des rouges effervescents, corsés, généreux et épicés.

Récemment on a planté de la syrah, comme cépage complémentaire, dans le sud de la France, notamment dans le Languedoc. La variété est présente aussi dans les rouges traditionnels comme les corbières et dans des vins de pays portant la mention « syrah » (ou même « shiraz ») sur l'étiquette. Elle est aussi de plus en plus plantée en Afrique du Sud, en Californie, au Chili et en Argentine.

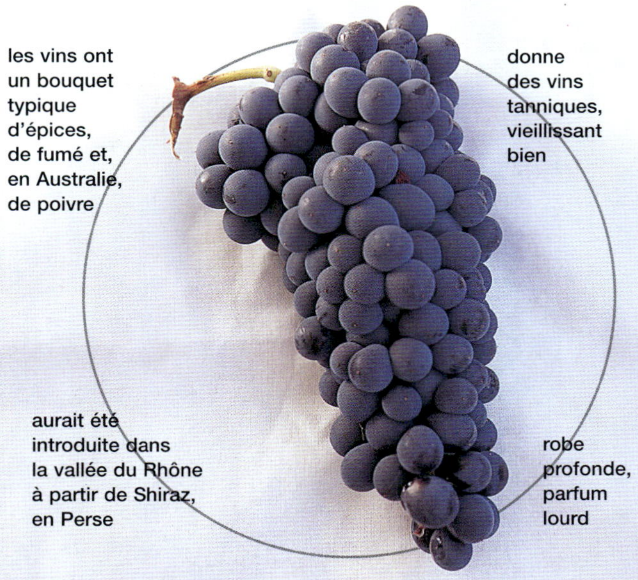

OÙ ?

Vallée du Rhône, surtout sa partie septentrionale ; sud de la France, surtout le Languedoc ; toute l'Australie, mais surtout la Barossa Valley ; partout ailleurs si le climat est assez chaud.

STYLES

Rouges corsés et épicés, musclés et tanniques, dans la vallée du Rhône ; plus gras et plus épanouis en Australie. Également, des vins plus simples, plus fruités et plus abordables. La syrah est assemblée avec le cabernet-sauvignon en Australie et présente en tant que cépage complémentaire dans presque tous les rouges du Languedoc.

QUAND ? AVEC QUOI ?

Les meilleurs côtes-du-rhône demandent une longue garde, mais le crozes-hermitage et le saint-joseph peuvent être bus après quelques années de bouteille. Le meilleur shiraz australien peut être bu à sa diffusion, mais il vieillit bien. Les vins plus ordinaires ne doivent pas attendre. Les vins les plus corsés conviennent aux saveurs fortes : venaison, plats en sauce, fromages.

NE PAS CONFONDRE

La petite syrah de Californie et du Mexique.

AUTRE NOM

- ALVARINHO, au Portugal, où il donne le vinho verde

AUTRES NOMS

- PINEAU de la Loire
- STEEN en Afrique du Sud

albariño

L'Espagne ne compte pas beaucoup de bons cépages blancs : l'albariño de Galice n'en a que plus d'intérêt. Il est à la mode et son prix est assez élevé.

L'albariño donne des vins à l'acidité plaisante, relativement alcoolisés et riches, avec des notes de pêche assez sèches. Certaines années, il évoque une version plus aromatique et métallique du viognier, mais avec l'avantage d'une meilleure acidité, ce qui est appréciable à table, surtout avec les fruits de mer. En général, les vins ne sont pas élevés sous le chêne, mais ils pourraient l'être ; de même, on les boit souvent jeunes bien qu'ils sachent vieillir. On les trouve surtout dans les Rías Baixas, où le mot « albariño » figure en gros sur l'étiquette, et dans la région du vinho verde, au nord-ouest du Portugal.

chenin

Un cépage qui joue sur toute la gamme : vins tranquilles, du terriblement sec au délicieusement doux, vins effervescents, et quelques-uns des blancs les plus aptes à une longue garde.

Parmi les cépages français, le chenin n'a pas toujours bonne réputation. Quand le raisin n'est pas très mûr, quand il est trop abondant ou mal manipulé, il peut produire des vins âpres. En Anjou et en Touraine, il donne quelques blancs superbes, vifs et floraux, aux notes d'abricot et de pomme, de pâte d'amande, de paille et de miel. Les vins vont du sec, à Savennières, au demi-sec, au moelleux, au liquoreux, et les coteaux-du-layon (touchés par la pourriture noble) sont délicieusement onctueux. Ailleurs dans le monde, surtout en Afrique du Sud et en Californie, le chenin donne une grosse production de blancs des plus ordinaires, mais quelques vignerons du Cap dorlotent leurs vieilles vignes à petit rendement pour obtenir de remarquables vins fermentés en fût de chêne.

cépages blancs

colombard

Ce cépage donne des vins acides et alcoolisés, mais il est idéal pour la distillation du cognac et de l'armagnac.

Ce n'est que dans les années 1980, lors de la crise du marché de l'armagnac, que les producteurs ont eu l'idée de faire du vin de table avec le colombard. Les méthodes modernes de vinification ont donné des blancs légers, vifs et fruités, et le vin de pays des côtes de Gascogne a rencontré un succès inattendu – et international. Le colombard sert aussi de cépage d'appoint dans certaines appellations du Bordelais. Il est également cultivé dans la Central Valley californienne, au climat chaud, et en Afrique du Sud, où il donne des vins de table simples et fruités. En Australie, il est surtout assemblé.

AUTRE NOM

- TRAMINER, en Europe

gewurztraminer

Cépage très aromatique, le gewurztraminer engendre un vin au bouquet original et à la typicité affirmée qui le rend aisément reconnaissable.

Jaune d'or, plein, faiblement acide et légèrement huileux en bouche, le gewurztraminer déploie un bouquet reconnaissable entre mille : litchi, pétale de rose, loukoum, parfois gingembre. On retrouve aussi le miel dans les vins issus de vendanges tardives et les vins botrytisés (sélections de grains nobles). S'il est cultivé aussi en Allemagne, en Autriche, en Italie (Haut-Adige), en Suisse et en Europe orientale, il n'y donne jamais de vins aussi riches et aromatiques, aussi majestueux qu'en Alsace. Le Nouveau Monde est dans l'ensemble trop chaud pour lui, mais quelques tentatives en Oregon et dans l'État de Washington (États-Unis), ainsi qu'en Nouvelle-Zélande et au Chili, montrent qu'il fait merveille si le climat est assez frais.

grüner veltliner

Il est présent en Hongrie et en République tchèque, mais c'est surtout le cépage le plus cultivé et le plus important en Autriche.

Ce cépage génère le vin blanc que l'on boit en carafe dans les tavernes de Vienne sous le nom de heurige, et sa réputation n'est pas toujours excellente. Toutefois, depuis quelques décennies, des vins de Wachau, de Kremstal et de Kamptal, capables de vieillir, ont fait preuve de distinction. Par sa structure, le vin se rapproche du riesling, mais les arômes sont différents : le poivre blanc, caractéristique, est ici allié à la pêche blanche et à des notes de bonnes herbes et de minéral, ou parfois encore de fumé.

AUTRE NOM

- ERMITAGE BLANC, en Suisse

marsanne

Principal cépage du châteauneuf-du-pape blanc, de l'hermitage blanc et d'autres vins de la même zone, tels le saint-joseph ou le saint-péray, la marsanne est classée recommandée dans les côtes du Rhône. Elle est également présente dans le Languedoc et, en Provence, à Cassis et aux Baux.

Ronde en bouche, relativement peu acide et se mariant bien au chêne, la marsanne a bénéficié de l'« effet chardonnay ». Avec des arômes de noisette, de jasmin et de bonnes herbes, elle se distingue surtout par son corps et sa richesse. Elle est relativement nouvelle en Californie, chez les Rhône Rangers (puisque tel est le nom des vignerons qui cultivent les cépages du Rhône), mais présente depuis longtemps dans le Victoria, en Australie, où elle donne des vins riches, élevés sous chêne, avec des notes d'agrumes et de fruits tropicaux. C'est aussi la spécialité du Valais suisse.

AUTRES NOMS
- FRONTIGNAN
- MOSCATO
- MUSKATELLER
- MOSCATEL
- MUSCADEL
- ZIBIBBO, et beaucoup d'autres

muscat

En France, il existe plusieurs muscats – à petits grains, d'Alexandrie – d'où naissent des vins très parfumés.

Les muscats légers, doux et effervescents (clairette-de-die, asti et autres moscatos italiens) ont en général un goût simple de raisin sucré et mûr, mais les secs offrent des arômes de rose ; quant à certains vins mutés, comme le beaumes-de-venise, ils déploient des senteurs d'orange et d'épices. Il existe plusieurs variétés de muscat, mais le meilleur est le muscat blanc à petits grains. Le grain peut être jaune d'or, rosé, rouge ou encore plus foncé ; cette dernière variété est appelée « brown muscat » en Australie, où elle donne les « liqueur muscats » de Rutherglen, immensément concentrés et riches. Le muscat à petits grains est présent sur la côte méditerranéenne, du Midi à l'Italie et à la Grèce, où il cohabite avec le muscat d'Alexandrie, presque aussi bon, tandis qu'en Alsace il voisine avec le muscat ottonel, nettement inférieur.

pinot blanc

Forme blanche du pinot noir, il existe en Bourgogne, mais c'est en Alsace qu'il est surtout établi à l'heure actuelle. Il y donne des vins ronds et souples, au charmant parfum d'agrumes et de fleurs – et, parfois, d'épice légère.

Dans le Palatinat, le pays de Bade et en Allemagne orientale, le pinot blanc, cultivé sous le nom de weissburgunder, donne des vins plus secs et plus gras que ceux des cépages classiques du pays, souvent élevés sous chêne et destinés à la table. En Italie et en Europe orientale, il produit surtout des blancs simples et frais, tandis qu'en Autriche il est à l'origine de bons vins blancs botrytisés ou secs. Le Nouveau Monde ne s'est pas laissé séduire, malgré quelques essais en Californie.

AUTRES NOMS
- WEISSBURGUNDER, en Autriche et en Allemagne
- PINOT BIANCO, en Italie

pinot gris

Forme grise du pinot noir, ce cépage est principalement cultivé en Alsace où il trouve sa meilleure expression.

Le pinot gris se révèle plus racé que le pinot blanc (au moins en France). En Alsace, il donne des blancs parfumés et riches, avec des notes de fumé, d'épice, parfois de miel, qui peuvent être secs, doux, ou botrytisés et liquoreux. En Italie, en revanche, les vins de pinot grigio sont très différents : un peu vifs, mais légers et neutres (ceux de Collio exceptés). Le pinot gris est largement cultivé en Europe orientale, en Autriche et en Allemagne, et il commence à marquer des points en Australie, en Nouvelle-Zélande et en Californie, après s'être bien établi dans l'Oregon.

AUTRES NOMS
- RULÄNDER et GRAUBURGUNDER, en Allemagne
- PINOT BEUROT, en Bourgogne
- MALVOISIE, dans la vallée de la Loire et en Suisse
- PINOT GRIGIO, en Italie

sémillon

Éclipsé par le sauvignon dans le Bordelais et par le chardonnay en Australie, le sémillon intervient néanmoins dans l'élaboration des vins liquoreux de Barsac et de Sauternes.

Les sémillons secs sont parfois amples et gras, avec une faible acidité : cela est idéal pour les marier aux beaux arômes du sauvignon, à Bordeaux, afin d'obtenir un vin assemblé ordinaire ou un graves fermenté en barrique et de longue garde. Mais le cépage atteint peut-être son sommet avec les grands vins liquoreux, parmi lesquels le sauternes. Sous la brume matinale et le soleil d'après-midi, il succombe, à l'automne, à la pourriture noble pour donner un breuvage doré et opulent. L'Australie produit aussi des sémillons botrytisés convaincants (plus lourds que les sauternes), mais elle utilise surtout le cépage pour le blanc sec. Le barossa est lisse et boisé, avec des notes de crème au citron. Le sémillon de la Hunter Valley est non boisé et typique : léger, anguleux, très sec et sans grand charme dans sa jeunesse, il évolue vers des notes onctueuses de grillé et de citron – et peut vivre vieux. Il est plus intensément fruité dans l'Ouest australien (plus frais), en Nouvelle-Zélande et dans l'État de Washington.

viognier

Très à la mode aujourd'hui, le viognier a un caractère difficile. Ce cépage peu fertile donne néanmoins deux des plus grands vins français.

Jusqu'aux années 1980, il était rare en dehors de son territoire d'origine, les étroites terrasses de Condrieu et du Château-Grillet dans les côtes du Rhône, où il donnait des vins secs superbes. Mais désormais on trouve aussi des viogniers en Languedoc, où des ceps ont été plantés dans les années 1990, et aussi en Australie et en Argentine. Toutefois, ces vins ne développent pas les arômes de pêche et d'abricot ni la somptuosité des originaux. Le condrieu, le château-grillet et les meilleurs viogniers de Californie sont généreux, avec un voluptueux bouquet de fleurs, de musc, de pêche, d'abricot et de gingembre, et ils sont onctueux et crémeux en bouche.

gouais blanc

Vous n'avez jamais vu ce nom sur une étiquette, vous n'avez jamais goûté un vin de gouais blanc et vous n'en goûterez sans doute jamais…

… Mais vous avez sans doute bu beaucoup de bouteilles contenant le jus d'un croisement de cette variété plutôt obscure. Les test d'ADN, effectués en Californie, ont en effet suscité une certaine émotion en montrant que le gouais acide, à peau claire, cultivé dans le centre de la France, s'était croisé avec l'un des prestigieux pinots (sans doute le noir) pour donner seize variétés nouvelles dont le gamay (beaujolais), le melon (muscadet) et même le chardonnay, cépage du bourgogne blanc, du champagne et de quelques grands vins du Nouveau Monde.

autres cépages blancs

aligoté Bon second des cépages blancs de Bourgogne, il donne des vins plus simples, plus durs et de moins longue garde que le chardonnay. Il est à son meilleur niveau à Bouzeron, et est utilisé traditionnellement pour le kir. Il est présent aussi en Europe orientale.

assyrtiko L'un des nombreux cépages grecs indigènes, capable de produire des vins de qualité, à l'acidité piquante et au bouquet d'agrume, d'abricot, d'herbes et d'épices. Il vient de Santorin, mais il est de plus en cultivé sur d'autres îles et sur le continent.

catarratto Second cépage italien pour la surface en culture, bien qu'il soit limité à la Sicile. Traditionnel pour le marsala, il est de plus en plus utilisé pour le vin de table, et parfois assemblé au chardonnay qui complète ses frais arômes de pamplemousse.

chasselas Cépage qui donne un vin plaisant en Suisse, où il est de loin le cépage dominant (sous le nom de fendant dans le Valais). Il réussit moins bien en Alsace, en Savoie et en Allemagne (sous le nom de gutedel).

clairette Cépage du sud de la France, peu acide et aux gros rendements, donnant des vins qui doivent le plus souvent être assemblés à d'autres plus vifs. Il intervient dans l'élaboration de nombreux vins blancs des côtes du Rhône et de Provence. Associé au muscat blanc à petits grains, il produit la clairette-de-die.

cortese C'est le cépage du gavi, vin du Piémont très à la mode. Parfois racé et fruité, il accompagne bien le poisson de la côte ligure, mais il est parfois surestimé et trop en vogue.

fernão pires Cépage le plus planté du Portugal, qui donne des blancs assez corsés avec une note d'épices légèrement âcre. Important pour le ribatejo et pour le bairrada blanc, sous le nom de maria gomes.

folle-blanche Cépage charentais utilisé pour produire des vins de distillation (cognac et armagnac). Sous le nom de gros-plant, elle donne un vin blanc sec et fruité dans le pays nantais.

furmint Cépage de base typé du grand tokay (botrytisé) de Hongrie, où il donne aussi naissance à de puissants vins secs. Cultivé également en Autriche, en Slovénie et en Bulgarie.

irsai oliver Cépage de table hongrois (croisement assez récent) qui, de plus en plus, donne des vins assez corsés ou légers et vifs, avec des notes de raisin et de muscat. Cultivé aussi en Slovénie (irsay).

jacquère C'est le cépage fondamental des blancs secs de Savoie et celui, en particulier, des prestigieux crus abymes, apremont et chignin. Ses vins sont légers, désaltérants, frais en bouche et marqués par le chèvrefeuille.

kerner Le plus réussi et le plus récent des nombreux croisements allemands, surtout cultivé dans le Palatinat et la Hesse rhénane, mais aussi en Afrique du Sud. Avec une maturité précoce, il donne des vins vifs et floraux et peut être rapproché du riesling.

maccabeo Important cépage espagnol, légèrement parfumé de fleurs et d'aromates, cultivé dans toute la partie nord de l'Espagne, y compris la Rioja (sous le nom de viura) et la Catalogne, où il est l'un des principaux composants du cava. Présent aussi dans le Languedoc-Roussillon et en Provence.

malvasia C'est le cépage d'un grand madère mielleux, le malmsey, mais le nom s'est appliqué aussi, à un moment ou à un autre, à divers vins – sec, doux, blanc, rouge, brun, tranquille ou effervescent. Très présent en Italie, sous diverses formes. Le malvoisie cultivé en Savoie et dans les pays de Loire est le pinot gris.

De haut en bas :
aligoté
chasselas
maccabeo
müller-thurgau

manseng, gros et petit Cépages jumeaux à fruit intense et prenant (mandarine, nectarine, coing), qui donnent le jurançon sec et doux ainsi que le pacherenc-du-vic-bilh, dans le Sud-Ouest. Le gros manseng est surtout utilisé pour les vins secs et nerveux, et la variété à petits fruits pour les doux. Présent aussi dans le Languedoc et en Californie.

melon de bourgogne Natif de Bourgogne, également appelé muscadet, c'est aujourd'hui le cépage unique du muscadet. Il réussit bien sous le climat océanique et donne des vins secs, d'une grande vivacité, à boire jeunes avec les fruits de mer.

müller-thurgau Productif, ce croisement de riesling n'a pas les qualités ni le caractère de son parent ; c'est le principal ingrédient du liebfraumilch et d'autres vins ordinaires d'Allemagne et d'Europe orientale. Il donne de meilleurs résultats en Italie, en Suisse et en Nouvelle-Zélande. Important en Angleterre.

muscadelle Cépage classé recommandé du Bordelais et du Sud-Ouest, où il est utilisé en cépage de complément, en particulier en Sauternais. Il est présent en Australie sous le nom de tokay, pour les vins bruns, onctueux et riches, les « liqueurs tokays » (vins de dessert mutés).

palomino Cépage de presque tous les xérès, mais son nom était rare, jusqu'à récemment, sur les étiquettes. Il s'est également trouvé une niche pour le vin de table aux îles Canaries. Appelé aussi listán en Andalousie.

pedro ximénez PX en abrégé. C'est le cépage des vins bruns et sirupeux utilisés pour adoucir certains xérès, les málagas mutés et riches et, tout aussi onctueux, le pur PX de Jerez. Il entre aussi dans le montilla sec ou doux, très proche du sherry.

piquepoul blanc Vieille variété languedocienne qui garde sa fraîche acidité même sous climat chaud. Elle trouve son sommet dans le piquepoul-de-pinet (coteaux du Languedoc), sec, citronné et plein.

prosecco Cépage des vins de même nom des collines de Trévise, en Italie. Ces vins sont tranquilles ou mousseux, mais les blancs souples effervescents, aux notes d'amande, sont les plus nombreux.

roussanne Cépage noble, fin et aromatique, mais assez difficile à mener et fragile. Il est utilisé pour l'hermitage blanc, le châteauneuf-du-pape blanc, et en Savoie, sous le nom de bergeron, où il produit de très beaux chignins. Présent aussi en Californie – mais une partie supposée des plantations s'est révélée être du viognier !

roussette Grand cépage de Savoie donnant des vins séveux, parfumés et vifs. Autre nom : altesse.

savagnin Ce cépage du Jura n'est représenté dans aucune autre région viticole. Peut-être bien venu du Tyrol italien, il est également appelé naturé, blanc brun ou bon blanc. C'est lui qui donne au vin jaune ses parfums complexes et généreux qui développent encore leur puissance avec l'âge. Il produit des vins de longue garde qui peuvent devenir centenaires.

scheurebe Un des plus réussis des nombreux croisements allemands, donnant des vins secs et doux à l'arôme de pamplemousse rose, et souvent une touche épicée, surtout dans le Palatinat. Sous le nom de samling 88, il produit de très bons vins doux en Autriche.

silvaner Orthographié sylvaner en Alsace et en Autriche, et largement cultivé en Allemagne et en Europe centrale. Variété à maturité précoce et acidité élevée, utilisée le plus souvent pour le vin ordinaire, mais qui peut donner un vin racé et minéral, en particulier en Franconie (Allemagne).

tocai friuliano Cépage du Frioul italien dont sont issus beaucoup de blancs floraux, parfumés et frais. Il n'a rien de commun avec le tokay-pinot-gris alsacien, mais certains experts le disent proche du furmint de Tokaj (Hongrie). D'autres affirment qu'il est largement cultivé au Chili sous le nom de sauvignonasse, que certains producteurs ont tenté de faire passer pour du sauvignon blanc.

torrontes Ce cépage espagnol, originaire de Galice, est maintenant surtout établi en Argentine. Aromatique et très proche du muscat, il donne du vin corsé et fort, cependant vif et rafraîchissant.

ugni blanc Il entre dans l'encépagement des vins blancs du Bordelais, de l'Armagnac, du Languedoc et de la Provence. Rarement mentionné sur les étiquettes, c'est pourtant l'un des cépages blancs les plus plantés, surtout pour les assemblages.

verdejo Un des rares cépages espagnols de qualité, donnant des vins capables de vieillir, avec des notes de feuillage et parfois de noisette. Il est souvent assemblé avec le sauvignon blanc.

verdelho Connu surtout pour le madère demi-sec, typiquement aromatique, il est de plus en plus cultivé en Australie pour des vins corsés aux notes de confiture de citron. Probablement est-il identique au godello de Galice, délicieux mais rare.

verdicchio Fameux pour le verdicchio dei castelli di jesi, vin blanc sec et vif, au parfum léger et aux notes d'amande et de citron, élaboré dans les Marches italiennes, avec sa bouteille si typique en forme d'amphore.

vermentino Cépage aromatique produisant des vins blancs revigorants en Sardaigne, Ligurie, Corse et Languedoc-Roussillon. Ressemble au rolle de Provence et de Corse (Calvi).

vernaccia Nom attribué à plusieurs cépages italiens, mais qui donne surtout le célèbre vernaccia di san gimignano, le blanc le plus intéressant de Toscane – et peut-être le seul qui vaille.

welschriesling Sous ce nom ou sous d'autres – laski rizling, olasz rizling, riesling italico –, ce cépage d'Europe centrale et orientale n'a rien de commun avec le grand riesling alsacien et allemand. Il donne parfois des vins légers et vifs, assez aromatiques, mais surtout les vins blancs liquoreux (botrytisés) autrichiens.

barbera

Bien qu'il soit le second, en Italie, pour la surface plantée, il n'est à l'origine que de quelques grands rouges, dont le séduisant barbera d'Alba, dans le Piémont.

Le barbera se caractérise par une acidité élevée (pour un cépage rouge) et des tanins atténués ; il donne des vins âpres, au goût de cerise et de prune, en particulier dans son Piémont natal. Il a également joué les seconds violons derrière le nebbiolo, mais les viticulteurs, notamment dans les zones du barbera d'Alba et du barbera d'Asti, le prennent maintenant plus au sérieux : ils arrondissent ses angles et lui ajoutent de la profondeur à l'aide du chêne. Le barbera est largement cultivé dans la Central Valley, en Californie, pour le rouge de table, et sur de vastes surfaces en Argentine, où sont obtenues des bouteilles en nette amélioration.

AUTRES NOMS

- BOUCHET, à Saint-Émilion
- BRETON, dans la vallée de la Loire
- MENCIA, en Galice espagnole (mais ce nom désigne aussi un autre cépage ibérique de rouge léger)

cabernet franc

En France, il arrive en neuvième place pour ce qui est de la surface d'encépagement. Outre des arômes de petits fruits, il développe parfois des notes de poivre vert et de feuille de groseillier, et il est plus léger et moins tannique que le cabernet sauvignon.

Parce qu'il mûrit plus tôt et sous climat plus froid que ses pairs, le cabernet franc est plus important sur la rive droite de la Gironde, en particulier à Saint-Émilion, où il est le cépage dominant avec le merlot. Mais ce n'est pas là son seul titre de noblesse, puisqu'il donne de grands vins rouges de Loire tels le bourgueil, le saint-nicolas-de-bourgueil, le chinon et le saumur-champigny. Il s'est imposé également au nord-est de l'Italie, en particulier dans le Frioul, où il est à l'origine de rouges assez corsés, souples, aux nuances de feuillage. Dans le Nouveau Monde, il est surtout utilisé comme cépage secondaire d'assemblage, comme à Bordeaux, mais certains producteurs commencent à lui témoigner de l'attention.

cépages rouges

gamay

Le cépage d'un vin célèbre : le beaujolais. Les collines granitiques de la vallée du Rhône donnent au gamay une intensité fraîche et un fruité vibrant de fraise qu'il ne trouve nulle part ailleurs.

Dans le Mâconnais, au nord du Beaujolais, le gamay donne le mâcon rouge et quelques bourgognes rouges basiques. On le trouve aussi, assemblé avec le pinot noir, dans le bourgogne-passetoutgrains (et également dans les vins de Dôle, en Suisse). Dans la vallée de la Loire, il produit le gamay-de-touraine, le coteaux-du-giennois, le côtes-du-forez et le côte-roannaise. En Californie et en Europe orientale, les vins étiquetés « gamay » sont en général issus de blaufränkisch ou de pinot noir.

grenache

Le cépage rouge le plus planté du monde. En France, il fait partie de l'encépagement de toutes les AOC méditerranéennes, en particulier à Châteauneuf-du-Pape et, pour l'obtention des vins doux naturels, à Maury, Banyuls et Rasteau.

AUTRE NOM

• CANNONAU, en Sardaigne

La vogue du grenache est récente et coïncide avec celle du rouge plein, épicé et fruité. Mais ce cépage (appelé garnacha en Espagne, où il est plus important encore qu'en France méridionale) n'a pas toujours ces caractéristiques, pas plus qu'il ne compte la framboise et le poivre blanc au nombre de ses arômes. Des vignes trop jeunes ou un rendement trop élevé donnent des vins alcoolisés mais pâles. La Californie et l'Australie cultivent largement le grenache pour produire de gros volumes de vins très ordinaires, mais ce dernier pays détient aussi quelques vieilles vignes du cépage à l'origine de rouges corpulents, fruités et racés. Le grenache est également une bonne variété pour le rosé (tavel).

Ci-dessous : cabernet franc, presque mûr

malbec

Ce cépage au jus très foncé et aromatique, aux tanins abondants, donne souvent au cahors son goût sévère, un peu âpre, auquel le temps apportera souplesse et vigueur.

Chez lui, à Cahors, il est surtout connu pour donner des vins assez durs, qui deviennent veloutés en vieillissant, amples en bouche, avec des tanins prononcés, quelques notes atténuées de cassis, et une belle robe rouge vif tendant parfois vers le noir. Le malbec est également présent dans le Bordelais et dans le Sud-Ouest. Certains viticulteurs californiens l'incluent aussi dans leurs vins « meritage » (assemblages de type bordeaux). Récemment, quelques producteurs néo-zélandais se sont mis à l'assembler, surtout avec le merlot, et ce avec succès. En Argentine et au Chili, le malbec donne des rouges richement fruités, épicés et pleins, aux notes de mûre et de cassis.

AUTRES NOMS

- AUXERROIS et COT, à Cahors

merlot

C'est le principal cépage du fameux Château-Petrus de Pomerol. C'est aussi un cépage à la mode et qui le mérite.

Le merlot est proche du cabernet sauvignon, mais il est peut-être plus souple et plus sensuel. Comme le cabernet il se marie bien au chêne, mais il est moins tannique, plus acide, avec des arômes de cassis plus charnus, moins incisifs. Plus fréquent que le cabernet dans le Bordelais, il prédomine dans nombre de vins (bordeaux générique, premières côtes, côtes-de-bourg…), et aussi dans le saint-émilion et le pomerol, mais il est traditionnellement considéré comme la doublure du cabernet sauvignon, auquel on l'assemble pour l'assouplir. De grands domaines de Pomerol comme le Château Petrus et le Château Le Pin lui ont donné des lettres de noblesse dans les années 1990, et le reste du monde s'est précipité pour le planter – de l'État de Washington à Hawkes Bay, de la vallée de Casablanca au Chili à celle de Coonawarra en Australie, et surtout à la Californie –, ce qui a donné lieu à des vins de toute qualité – simples et grossièrement fruités, ou complexes et onéreux.

Ci-dessous, à gauche : pied de merlot
Ci-dessous, à droite : raisin de merlot

AUTRES NOMS

- MONASTRELL, en Espagne
- MATARO, en Californie, en Australie et en Espagne

mourvèdre

Le robuste mourvèdre, à grain foncé, s'est taillé une solide réputation en Provence. Dans le reste du monde, il faisait peu parler de lui jusqu'à une époque récente.

Le mourvèdre est d'abord connu comme le cépage dominant du bandol, vin de longue garde, et de quelques autres rouges méridionaux. Son destin a changé quand, avec quelques autres, il a été recommandé comme cépage améliorateur dans le Languedoc-Roussillon, du fait de sa solide charpente et de ses arômes concentrés de venaison, de cuir et de fruits noirs. Après avoir stagné pendant longtemps en Californie et en Australie sous le nom de mataro, il a été ainsi réhabilité sous le nom de mourvèdre grâce à la vogue des cépages de la vallée du Rhône et du Midi français.

AUTRES NOMS

- SPANNA, au Piémont
- CHIAVENNASCA dans la Valteline (Lombardie)

nebbiolo

Le plus casanier des cépages : le nebbiolo n'a jamais quitté son terroir natal, un petit coin du Piémont aux collines brumeuses.

Il y est à l'honneur principalement pour le barolo et le barbaresco, deux rouges majestueux, tanniques et acides, qui ont besoin de beaucoup de temps pour dévoiler leur complexité de goudron et de truffe, de rose et de violette, de prune et de chocolat noir. Des tentatives pour l'acclimater ont été faites en Amérique du Nord et du Sud, ainsi qu'en Australie, mais sans grand succès. Toutefois, la vogue des cépages italiens est si forte en Californie et en Australie que l'on pourrait bien voir apparaître des nebbiolos plus intéressants dans un avenir proche.

pinotage

Résultant d'un croisement effectué en 1920 entre le pinot noir et le cinsaut (variété française méridionale), ce cépage spécifiquement sud-africain diffère beaucoup de ses parents.

Il n'existe pas de style pinotage parce que, jusqu'à une époque récente, ce cépage était fort dédaigné des producteurs. Les vins qu'il produit sont légers et séveux, au parfum de chewing-gum à la banane, ou plus sérieux et corpulents, tanniques et boisés, avec des notes fruitées de prune et peut-être de guimauve. Évidemment, ce goût typique ne fait pas du pinotage une variété aisément exportable, mais il constitue pour l'Afrique du Sud une réplique au shiraz australien, au zinfandel californien et au malbec argentin.

AUTRES NOMS

- SANGIOVETO, BRUNELLO, MORELLINO et PRUGNOLO GENTILE, en Toscane
- NIELLUCCIO, en Corse

sangiovese

Cépage le plus planté en Italie, le sangiovese donne leur charpente aux grands rouges toscans – chianti, brunello di montalcino, vino nobile di montepulciano, carmignano, ainsi que morellino di scansano et parrina.

Le sangiovese est théoriquement un cépage tardif, assez acide et tannique, avec un fruit de prune et de cerise, des notes de tabac et de fines herbes, et un léger goût de venaison et de cuir. Toutefois, étant donné le nombre de clones, les vins varient du simple et léger (surtout le sangiovese de Romagne) aux glorieux rouges mâcheux de Toscane. Également présent en Ombrie, où il donne le meilleur avec le torgiano, et dans les Marches, surtout avec le rosso piceno, le sangiovese donne dans le Nouveau Monde des vins plus souples et plus tendres que chez les Toscans ; la Californie, en particulier, produit quelques bonnes bouteilles – mais d'un prix élevé ! L'Argentine tente d'obtenir des résultats bien typés et l'Australie commence à s'y intéresser.

Ci-dessous, à gauche : raisin de pinotage, croisement sud-africain de pinot noir et de cinsaut
Ci-dessous, à droite : raisin de sangiovese

AUTRES NOMS

- TINTO FINO, CENIBEL, ULL DE LLEBRE, TINTO DEL PAÍS et TINTA DE TORO, en Espagne
- ARAGONEZ et TINTA RORIZ, au Portugal

tempranillo

S'il n'est pas le premier cépage d'Espagne quantitativement, il l'est certainement qualitativement.

Le plus souvent assemblé, le tempranillo constitue néanmoins la charpente du rioja comme du ribera du Douro. Il est présent aussi dans le nord et dans le centre de l'Espagne, en particulier dans les appellations navarra, penedès, costers del segre, somontano, valdepeñas et la mancha. Le raisin, à peau épaisse, donne une robe soutenue, un grand potentiel de garde et des arômes d'épices, de tabac et de fraise ; toutefois il est difficile de démêler ce qui vient du cépage de ce qui est cédé par le chêne, en général américain, dans lequel ces vins sont souvent élevés. La vanille, les épices, le pain grillé et la noix de coco – typiques du rioja – sont évidemment liés à l'élevage sous bois, de même que la couleur, relativement claire. Le tempranillo est aussi installé au Portugal, notamment dans le Douro, sous les noms d'aragonez et de tinta roriz, pour le porto comme pour le vin de table. En Argentine, il produit des vins tendres et coulants, et il pourrait bien donner de meilleurs résultats en Californie et en Australie.

zinfandel / primitivo

Il a fallu les tests d'ADN réalisés dans les années 1990 pour confirmer ce que les experts soupçonnaient : le zinfandel californien et le primitivo d'Apulie, en Italie méridionale, sont un seul et même cépage.

L'Apulie, où le primitivo est essentiel, découvrit ainsi que ce cépage pouvait s'internationaliser. Toutefois, et parce que la vigne s'adapte à l'environnement, zinfandel et primitivo ont développé chacun une personnalité propre. L'un et l'autre sont fortement aromatiques et alcoolisés (souvent plus de 15°), avec un fruit bien marqué, onctueux et épicé : plus arrondi chez le zinfandel, avec des notes de framboise fondante et parfois une nuance de porto et de confiture de mûres, tandis que le primitivo a davantage un goût de terre fraîche, avec des notes de cerise et de prune. Le style naturel du cépage, c'est donc le vin rouge corpulent et sec, mais le zinfandel est aussi vinifié en rosé demi-doux et douceâtre, appelé blush wine ou white zinfandel.

autres cépages rouges

agiorgitiko Cépage grec important, connu aussi sous le nom de saint-georges. C'est lui qui donne au nemea son velouté et son fruité, mais il est souvent assemblé à d'autres variétés, notamment au cabernet sauvignon.

aglianico Cépage italien racé d'origine grecque, bien adapté aux sols volcaniques de l'Italie méridionale. Les meilleurs vins sont l'aglianico del vulture, en Basilicate, et le taurasi de Campanie, tous deux rouges denses et de garde, richement fruités, aux notes de pierre à fusil et d'épices.

baga Cépage portugais à petit grain et peau épaisse d'où proviennent les rouges foncés, tanniques et astringents, aux notes de petits fruits, de la région de Bairrada. Il fournit aussi la base du rosé mateus, et est également présent dans les zones du Dão et du Ribatejo.

blaufränkisch Cépage cultivé en Europe centrale et méridionale (sous les noms de limberger en Allemagne et de kékfrankos en Hongrie), aux arômes fruité et poivré. Il donne des rouges excellents et boisés dans le Burgenland autrichien. Il est également assemblé avec le cabernet sauvignon et le pinot noir. Présent dans l'État de Washington sous le nom de lemberger.

bonarda Originaire de l'Italie du Nord, il est toujours très cultivé dans l'Oltrepó pavesan, en Lombardie, mais c'est aussi le cépage rouge le plus planté en Argentine, en vue de fournir des vins séveux et relativement légers (assemblés ou non).

brunello Clone ou sous-variété du sangiovese, qui donne le célèbre brunello de Montalcino, vin de garde tannique du sud de la Toscane, et une version plus tendre et plus jeune, le rosso de Montalcino.

carignan C'est le premier cépage rouge français pour la surface en culture, notamment dans le Sud où il est très présent. Les très vieilles vignes des coteaux du Languedoc donnent des vins débordants d'arômes, mais le trait principal du cépage carignan est son astringence. Dans les autres pays, il est presque toujours assemblé, mais il donne pourtant le carignano del sulcis, riche et souple, en Sardaigne, et quelques vins estimables en Californie (sous le nom de carignane).

carmenère Abandonné depuis plus d'un siècle dans le Bordelais, il avait presque disparu, mais il a fait un étonnant comeback… au Chili où, il y a quelques années, on s'est aperçu que la plus grande partie du « merlot » était en fait du carmenère, qui donne des vins plus foncés, plus riches et plus épanouis que le merlot, avec des notes de café et d'épices.

castelão / periquita Un des cépages les plus appréciés du Portugal méridional, sous des noms très divers (dont castelão francês). Il y donne des vins bien charpentés au fruit épanoui, qu'on peut boire jeunes ou, de préférence, laisser évoluer.

cinsaut Cépage robuste du Sud (Languedoc, Provence, côtes du Rhône méridionales, Corse) utilisé dans les assemblages pour apporter souplesse et bouquet à des rouges fermes, il fournit aussi du rosé en cépage unique. Cultivé pour la grosse production de rouge ordinaire en Afrique du Sud, au Maroc et au Liban.

corvina Un des nombreux bons cépages rouges italiens, en dépit de rares mentions sur les étiquettes. Il est dominant dans le valpolicella, notamment dans le puissant amarone, et dans le bardolino rouge et rosé (aka chiaretto).

De haut en bas :
blaufränkisch
carmenère
petit verdot
pinot meunier

dolcetto Cépage du Piémont important, surtout pour sa faible acidité (à la différence du barbera), d'où proviennent des vins à boire plus précocement que le très tannique nebbiolo. Les meilleurs, vifs et pleins, aux notes de cerise et d'amande, sont d'appellation dolcetto d'alba et dolcetto di dogliani.

dornfelder Bien coloré, avec un fruit suave et une bonne acidité, cet excellent croisement allemand donne ses meilleurs résultats dans le Palatinat et la Hesse rhénane.

kadarka C'était autrefois le premier cépage rouge hongrois, à l'origine du fameux sang-de-taureau (bikavér), mais son étoile a pâli au profit de celle de variétés plus résistantes, tel le kékfrankos.

lambrusco Ce nom ne désigne pas seulement le vin effervescent semi-doux, rouge ou blanc, vendu en bouteille à bouchon vissé, mais aussi un cépage d'Émilie-Romagne aux nombreuses sous-variétés. Vinifié selon la tradition, le vin peut être vif et rafraîchissant.

mavrodaphne Ce cépage grec connu surtout pour le mavrodaphne de Patras, rouge muté et doux dans le style du porto.

mavrud Cépage bulgare estimé qui donne des vins pleins, colorés et tanniques, prenant bien le chêne et de bonne garde, surtout à Assenovgrad.

mondeuse Typiquement savoyard, ce cépage rouge s'épanouit sur les terroirs caillouteux de Jongieux, Arbin, Cruet, Saint-Jean-de-la-Porte, où il donne un vin viril, de garde déjà intéressante – de 2 à 5 ans –, ce qui lui permet de bien exprimer ses notes de framboise, de cassis et de violette.

montepulciano Largement cultivé en Italie centrale, ce cépage donne des rouges corsés, costauds mais souples, dont le montepulciano d'abruzzo et le rosso cònero. Attention, il n'a rien de commun avec le vino nobile di montepulciano – de Toscane !

negroamaro Cépage très cultivé dans l'Italie méridionale, en vue de donner de la charpente à des rouges tels que les salice salentino, brindisi, copertino et squinzano – tous puissants et profonds, aux nuances de prune, de chocolat noir et de châtaigne grillée.

nero d'avola Appelé aussi calabrese, c'est le premier cépage sicilien par le volume et la qualité. Ses vins sont aromatiques et capiteux.

petit verdot Cépage bordelais traditionnel, dangereusement tardif, mais de plus en plus apprécié des grands châteaux du Médoc pour la couleur profonde, le parfum et les notes épicées qu'un petit pourcentage donne aux assemblages de cabernet. Utilisé de la même manière en Californie, et de plus en plus estimé en Espagne et dans le Riverland australien.

pinot meunier On dit aussi meunier, tout simplement. Cépage méconnu de Champagne, peu cultivé dans les autres régions de vins effervescents de méthode traditionnelle, il apporte fraîcheur et fruit au champagne.

poulsard Il est typiquement franc-comtois puisqu'on le connaît à Lons-le-Saunier, à Dole, à Besançon, dans la vallée de la Loue… Il donne des vins rouges presque orangés, à boire jeunes et frais lorsqu'il est vinifié seul.

ruby cabernet Ce croisement californien de carignan et de cabernet sauvignon, qui donne des vins basiques souvent « confiturés », est utilisé de la même manière en Afrique du Sud et en Australie.

saint-laurent Cépage purement autrichien qui, après une vinification soignée, produit des vins étrangement proches du pinot noir – et même bourguignon ! –, bien qu'il évolue plus vite.

saperavi Cépage russe très acide qui donne des rouges robustes et de longue garde en Géorgie, Ukraine et Moldavie. Saperavi et cabernet sauvignon s'assemblent bien.

tannat Cépage musclé et tannique présent dans le Sud-Ouest, surtout à Madiran mais aussi à Irouléguy, à Tursan et dans les côtes de Saint-Mont. Il est également cultivé en Uruguay, où il donne des rouges plus tendres, aux arômes de framboise et de cassis.

teroldego Cépage élégant et de qualité du Trentin italien, le teroldego rotaliano est un rouge riche aux notes de petits fruits, équilibré par une nuance amère d'amande.

touriga nacional C'est le meilleur cépage du porto – foncé, aromatique, fruité et tannique –, mais il est de plus en plus vinifié en vins rouges de table fins et de garde, dans le Douro comme dans le Dão. Cultivé aussi pour le vin de table en Australie.

trousseau De ce robuste cépage jurassien sont issus des vins à la pourpre sombre, chauds, pleins de tanins que le temps arrondit, et dont la longévité en bouteille peut atteindre deux décennies.

zweigelt Premier cépage rouge australien pour la surface cultivée, et croisement du saint-georges (pour son corps) et du blaufränkisch (pour son fruit marqué). Toujours apprécié, mais très peu planté à l'heure actuelle.

Ci-dessous : touriga national

Apprendre à identifier et apprécier les richesses des grandes bouteilles est un pas tout naturel à franchir dès lors que l'on apprécie les vins de tous les jours.

la dégustation des vins

tirer le meilleur du vin

Est-il vraiment nécessaire d'apprendre comment apprécier le vin ? Il ne suffirait donc pas de lever son verre, d'en prendre une gorgée et de savourer…

En fait, la question se pose. Boire une gorgée, ou même une franche lampée, ne suffit pas pour apprécier un vin dans toute sa complexité. Cela convient si votre verre ne contient qu'un rouge des plus ordinaires dans lequel, même avec la meilleure volonté du monde, vous ne sauriez trouver la moindre parcelle de vrai plaisir. Mais si vous buvez du vin parce que vous l'aimez vraiment et que vous trouvez qu'il apporte une autre dimension aux plats cuisinés – et je suppose que c'est le cas de tous les lecteurs de ce livre –, vous devez aller plus loin. Vous avez affaire à une boisson différente des autres, plus complexe pour le nez, la bouche et l'œil, dont les meilleures bouteilles reflètent la provenance avec précision et souvent ont le potentiel nécessaire pour s'améliorer avec l'âge.

Pour percevoir la fascinante grandeur du vin, vous devez donc tirer le meilleur parti de chaque gorgée, de chaque verre et de chaque bouteille : c'est cela qu'on appelle déguster. Il ne s'agit pas de se contraindre aux mimiques et aux bruits de

REGARDER Vue devant un fond blanc ou clair, la couleur du vin peut vous renseigner sur ses cépages, son lieu d'origine et son âge.

TOURNER En faisant tourner le vin, vous l'aérez et libérez ses arômes. La manière dont il se comporte vous renseigne sur son taux d'alcool et son âge.

HUMER Inhalez profondément, sans craindre de mettre le nez dans le verre. Concentrez-vous sur votre odorat et cherchez à identifier les arômes.

bouche des dégustateurs professionnels qui, stylo en main, se doivent d'apprécier avec précision les caractéristiques, le potentiel de garde et les possibilités commerciales de chaque vin. Il suffit de prêter une attention soutenue à ses propres sensations : autrement dit une attitude qui, intermédiaire entre vider un verre « cul sec » et la démarche de l'expert, est à la portée de tous. Bien sûr, l'expérience compte (mais c'est un plaisir de l'acquérir) et vous devrez faire l'effort de mémoriser les parfums et les goûts. Vous constaterez aussi qu'il peut être judicieux de prendre quelques notes, surtout quand vous goûterez plusieurs vins, afin de progresser plus rapidement (*voir page 72*).

LA BONNE MANIÈRE DE DÉGUSTER

Une dégustation dans les règles de l'art s'organise dans une salle dépourvue d'odeurs, avec un bon éclairage (non fluorescent) et, surtout, des verres propres et neutres pour l'odorat : au moins un verre à pied de dégustation (tulipe) par personne (au sujet des verres, *voir page 158*). Si vous utilisez un seul verre pour plusieurs vins, rincez-le, avant de passer du blanc ou rouge et à chaque changement important, avec quelques gouttes du nouveau vin, que vous devrez faire tourner dans le verre avant de le jeter. S'il s'agit d'un vin coûteux, vous pouvez utiliser un vin plus ordinaire pour cette opération, à condition qu'il ne risque pas d'éclipser le premier par son odeur. Le plus sage est de rincer le verre avec de l'eau.

Vous devez aussi prévoir un fond blanc – papier ou tissu – pour juger de la robe des vins, ainsi que des récipients – seau, bassine ou évier – pour ceux qui veulent cracher. N'oubliez pas pour le nettoyage du palais quelques bouteilles d'eau et du pain ou des craquelins, ainsi que du papier et des crayons pour les notes. Enfin, il faut un moyen de rafraîchir les vins blancs ou effervescents (sans trop les refroidir pour ne pas masquer leurs arômes) et du papier d'aluminium pour cacher les étiquettes en cas de dégustation à l'aveugle. Par ailleurs, n'oubliez pas que le vin tache : les vêtements clairs ou trop précieux sont donc déconseillés.

distractions

L'appréciation des arômes et des saveurs du vin est plus difficile lorsque d'autres sensations risquent d'affecter le nez ou la bouche.

- Odeurs de cuisine (même délicieuses), parfum, lotion après-rasage, fumée de tabac et autres odeurs fortes.
- Dentifrice, chewing-gum, chocolat, piment, curry, et tous autres aliments qui laissent un goût persistant.
- Déguster en plein air évite certes les odeurs parasites et la fumée des cigarettes, mais gomme aussi des arômes importants pour le vin. Et vous ne sentirez rien du tout à proximité d'un barbecue…

GOÛTER Prenez une gorgée en vous concentrant sur les sensations produites en bouche et sur la langue. Analysez le vin, ses arômes, ses saveurs et sa texture.

REMUER Déplacez le vin afin qu'il soit en contact avec tous les récepteurs de goût de la langue. Inspirez pour faire remonter les arômes dans la gorge.

CRACHER S'il s'agit d'une véritable dégustation, mieux vaut garder la tête claire. Crachez après chaque vin pour que vos facultés restent bien en éveil.

1 REGARDER DE HAUT EN BAS

Versez du vin dans le verre jusqu'au tiers, faites la même chose dans chaque verre si vous comparez des vins. Regardez de haut en bas pour vérifier la clarté, le brillant, la présence éventuelle de petites bulles, et pour apprécier la profondeur de la robe.

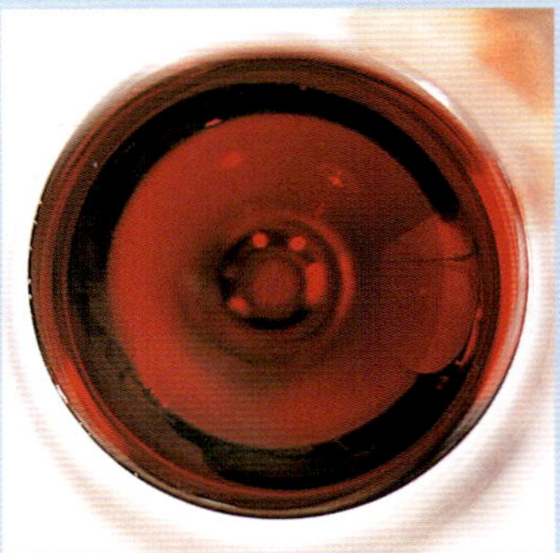

Jugez de la transparence de la robe en vérifiant si vous discernez facilement le pied du verre à travers l'échantillon de vin.

regarder le vin

L'examen visuel de la robe d'un vin est essentiel dans l'évaluation de celui-ci. Regarder le contenu de votre verre vous apportera beaucoup ou peu d'informations, mais ce ne sera jamais une perte de temps.

UN VIN LIMPIDE

Un vin en bonne condition doit être clair et limpide. Aujourd'hui, heureusement, il est rare de trouver une bouteille de vin trouble ou louche. Un bref contrôle, par le nez et la bouche, permet de s'assurer de l'absence d'éléments défectueux. Un aspect boueux est le plus souvent dû à un dépôt (pigments, tanin et tartre), mis en suspension par la manipulation, et il survient à l'occasion chez les rouges.

La mode étant à la diminution du filtrage, parfois même à son abandon, on voit de plus en plus de dépôts, et pas uniquement chez les vins vieux. Un bon assemblage australien cabernet sauvignon/shiraz de deux ans d'âge peut déjà en présenter un. Si vous détectez un goût ou une texture de boue, il faut donc suspecter ce phénomène ; versez alors la boisson avec précaution, sans aller jusqu'au fond : laissez deux ou trois centimètres dans la bouteille. L'étiquette mentionne parfois l'absence de filtrage ou la présence éventuelle d'un dépôt.

Pour les blancs, il n'est pas rare de trouver des cristaux incolores au fond du verre, ou de petites bulles, en général juste sous la surface du vin. Les premiers sont des tartres inoffensifs qui prouvent, comme le dépôt, que le vin n'a pas fait l'objet de traitements excessifs. Les bulles, tout aussi anodines, et présentes chez les vins jeunes, sont du gaz carbonique. Elles produisent en bouche un léger picotement – rafraîchissant. Un vin, blanc ou rouge, qui a tourné présente également des bulles, mais il libère alors une dissuadante odeur de vinaigre.

LA ROBE PARLE

La robe, c'est-à-dire la couleur du vin, donne une idée de son âge, de son origine, des cépages utilisés, de la fermentation, des méthodes de vinification et, par extrapolation, de sa qualité. Celle des blancs en dit généralement moins que celle des rouges, mais elle varie du presque incolore, parfois à peine animé d'un soupçon de vert (chez un jeune moselle kabinett, par exemple), à l'or le plus foncé. L'âge a son importance : un blanc fonce en évoluant, et peut même tourner au brun – mais, à ce point, à l'exception des vins mutés comme le xérès et le madère, il est en général sénile depuis longtemps.

L'origine compte aussi. Si la vigne est cultivée sous un climat froid, le vin blanc sera plus acide et plus pâle, tel le riesling de Moselle, à la robe « eau », et foncera plus lentement. À l'inverse, issu d'un climat chaud, il sera plus jaune et moins acide et évoluera plus vite, tel le

3 FAIRE TOURNER Avant de sentir le vin, faites-le tourner rapidement dans le verre et observez la manière dont il s'accroche aux parois et dont il s'écoule. Cette opération n'est pas si facile, au début, et il faut prendre garde à ne pas renverser de vin sur votre voisin. Essayez d'abord au-dessus de l'évier. Faites plutôt tourner le vin dans le sens inverse des aiguilles d'une montre si vous êtes droitier, et vice versa.

2 INCLINER LE VERRE Pour apprécier la couleur du vin – sa nuance et non pas simplement sa transparence – ainsi que la manière dont il s'éclaircit sur le bord du verre, tenez celui-ci par sa base ou son pied, de manière que la main ne rende pas le liquide plus foncé ni ne le réchauffe excessivement. Devant un fond blanc, inclinez le verre à 45° et observez le vin à travers.

chardonnay jaune de la Hunter Valley. Mais il existe des exceptions. Le raisin touché par la pourriture noble donne une couleur plus foncée. Ainsi un riesling trockenbeerenauslese est-il d'un jaune plus soutenu qu'un kabinett de même région et de même année, et un sauternes d'un bon millésime plus foncé qu'un bordeaux blanc sec équivalent.

La couleur des blancs peut encore être influencée par la fermentation et la maturation en fûts de chêne, mais un facteur de complication supplémentaire intervient alors : les vins élevés en fûts le sont souvent sur leurs lies (levures mortes), et celles-ci freinent le jaunissement.

La couleur est plus significative chez les rouges, qui à l'inverse des blancs tendent à pâlir avec l'âge, du fait que leurs pigments se déposent. Mais eux aussi finissent par prendre des tons bruns : ils évoluent lentement du rouge violacé profond de la jeunesse au rubis, au grenat, au tuilé, et finalement, quand ils passent, à un ton fauve. Par ailleurs, un vin en pleine maturité est plus foncé au centre que sur le bord – inclinez votre verre pour mieux le constater. Chez un vin très vieux, le bord est parfois presque incolore. En outre, les rouges élevés pendant longtemps en fûts perdent moins leur couleur que ceux qui vieillissent essentiellement en bouteilles. Jusqu'à une date récente, les meilleurs vins espagnols élevés sous le chêne, tels le rioja reserva ou gran reserva, étaient souvent assez pâles, mais la mode est maintenant au rioja de robe sinon vraiment foncée, du moins plus soutenue. Le porto tawny est l'archétype même du vin éclairci sous bois – le terme anglais *tawny* signifiant « fauve ». Les autres styles de porto, largement vieillis en bouteilles, sont bien plus foncés.

Pour les rouges comme pour les blancs, un climat chaud donne un ton plus foncé, ce qui explique la robe

Après avoir tourné dans le verre, un vin plein et corpulent s'écoule lentement sur les parois, formant des « jambes » ou « larmes ».

d'encre de bien des vins du Nouveau Monde. À l'inverse, un climat frais confère une robe pâle (comme en Alsace et en Allemagne). Cependant, la couleur varie aussi selon le cépage, le rendement et l'élevage. Les pigments se trouvant dans la peau des grains (chair et jus étant en général incolores), les variétés à peau épaisse – cabernet sauvignon, syrah, mourvèdre, barbera et baga du Portugal – produisent des vins foncés tandis que les raisins à peau fine (tel le pinot noir) donnent des vins plus pâles. Le vinificateur contrôle en partie la profondeur de la robe des rouges en prolongeant le séjour des peaux dans la cuve, dans le vin qui vient de fermenter, ou en ajoutant un peu de vin de presse – foncé et tannique, obtenu par pressage des peaux (voir « Dans le cellier », *page 130*). Les vins rouges de couleur soutenue sont aujourd'hui à la mode.

LA VISCOSITÉ

Faire tourner le vin dans un verre n'apprend pas énormément de choses ; toutefois, un vin qui retombe doucement en « larmes », ou en « jambes » manifestement visqueuses, est probablement assez alcoolisé et/ou doux. Lorsqu'il paraît se désagréger sur le bord, c'est sans doute qu'il est très vieux ou très léger et sec. Il arrive aussi que ce soit le détergent ou des effilochages de chiffon qui rompent la tension de la surface : dans ce cas, reportez-vous au chapitre consacré au verre (*voir page 158*).

sentir le vin

Vous pouvez obtenir davantage d'informations sur un vin avec le nez – en le sentant – qu'avec les yeux ou la bouche, mais pour cela il ne vous suffira pas d'introduire cet organe dans votre verre.

Quelques odeurs familières et rassurantes – groseille à maquereau ou cassis, par exemple – vous sautent au visage, et subitement vous avez l'impression de tout comprendre à la dégustation. Mais il arrive aussi que vous ne parveniez pas à identifier certains arômes – fruits exotiques, fleurs et fruits noirs que semblent détecter les goûteurs. Au lieu de cela, vous trouvez, même après avoir à nouveau fait tourner le vin dans votre verre, qu'il sent tout simplement le vin, et pas même le raisin.

1

CAPTER LES ARÔMES

Introduisez le nez dans le verre et inspirez. Renouvelez éventuellement l'opération une seconde fois, mais pas davantage, parce que votre nez et votre palais pourraient se fatiguer rapidement.

IDENTIFIER LES ARÔMES

Très peu de vins, à l'heure actuelle, sentent le raisin frais, sauf s'ils sont issus du muscat et si leur étiquette l'annonce.

Mettre des noms sur ceux que vous sentez demande un peu de pratique (et non pas de longues études), mais certains s'y prêtent mieux que d'autres. Ainsi, vous décèlerez aisément le litchi exubérant, la crème pour visage et le loukoum dans le gewurztraminer. De même, des vins jeunes, modernes, fruités et souvent boisés, comportant un cépage dominant tel le cabernet sauvignon ou le sauvignon blanc, sont bien souvent plus facilement accessibles. Sous climat frais, les arômes sont en général atténués, alors que l'âge, chez un vin capable de se bonifier, apporte peu à peu des odeurs complexes et fondues plus difficiles à démêler.

Pour identifier ces arômes dans votre verre, utilisez ma liste des principaux types (*voir page 66*). Elle n'a rien d'officiel ni d'exhaustif, et vous pourrez donc y ajouter de nouvelles catégories. En outre, la liste détaillée des arômes (*voir pages 70-71*) mentionne les vins les plus typiques pour chaque entrée : si par exemple vous percevez la menthe, le poivron ou le citron, vous pourrez y rechercher de quels vins ou de quels cépages il peut s'agir.

En tout cas, écoutez avant tout ce que vous disent vos sens. Ne vous laissez pas aller à citer des arômes parce vous pensez qu'ils devraient être présents. Si un mâcon blanc vous rappelle une couverture en peau de mouton avec une note de fromage blanc, il vous sera bien plus utile de mémoriser ces arômes que de vous persuader qu'il s'agit de pomme, de noix, de toast beurré ou de miel sous prétexte que c'est ce que l'on est censé y trouver. Et ne craignez pas non plus d'exprimer ce que vous percevez. Les vins sentent réellement le poivron vert, la rose, la framboise, la poire, la banane, l'herbe coupée et beaucoup d'autres fruits, légumes et substances diverses – pas tout cela en même temps, bien entendu –, parce que le raisin partage avec eux les mêmes composants chimiques. Ainsi le limonène confère-t-il un arôme citronné au sauvignon. Néanmoins, ne vous avisez pas de déclarer : « Mmm, je distingue du limonène dans le nez de ce sancerre », vous risqueriez de paraître vain, voire prétentieux…

ORIGINES DES ARÔMES

S'il est gratifiant et utile d'identifier les arômes, ce n'est pas là le seul aspect de la dégustation. Il ne s'agit pas d'établir des descriptions calquées sur celles des publicités des producteurs, mais de saisir la manière dont des arômes se mêlent pour définir un style, un caractère (lequel inclut l'âge du vin) et une qualité. Ainsi non seulement vous saurez quels types de vins vous préférez, mais aussi quels autres vous seriez susceptible d'apprécier.

Pour les reconnaître, il est bon de se rappeler que les arômes ont trois grandes origines possibles. Les premiers, ou arômes primaires, souvent fruités, floraux ou végétaux, proviennent du raisin lui-même. Les arômes secondaires, eux, résultent du processus de vinification. Les odeurs laiteuses, par exemple, sont fréquentes chez les blancs qui ont subi une fermentation malolactique (voir « Dans le cellier », *page 128*) et un élevage en barrique avec leur lie. Celles de vanille, de bois ou de pain grillé sont liées à l'utilisation du chêne neuf lors de la fermentation et/ou de l'élevage. Beaucoup de vins sont conçus pour ne pas dépasser ces deux étapes : ils doivent être bus jeunes et le temps ne les bonifie pas.

VINS VIEUX

Les arômes tertiaires, qui constituent le troisième groupe, sont plus difficiles à cerner. Ce sont ceux, complexes et fondus, que développe un vin de grande qualité en vieillissant dans sa bouteille. Les notes fruitées, toutes fraîches, du pressoir sont graduellement remplacées par des couches imbriquées d'odeurs plus profondes. Le nez n'a plus la fraîcheur et la vivacité de la jeunesse, mais il doit avoir encore un parfum franc, ni rance ni passé.

Chez les vins blancs, les arômes tertiaires les plus manifestes sont le miel (chez les secs aussi bien que chez les doux), le pain grillé (cas des vins non boisés comme le champagne ou le sémillon de la Hunter Valley), la noisette grillée et le pétrole (dans le riesling, surtout celui d'Allemagne). Chez les rouges, le fruit s'adoucit mais en prenant quelque chose de plus doux et d'automnal, avec parfois des notes de fruits secs ou de pot-pourri (fleurs séchées), et aussi de venaison et de cuir. À cette étape, les œnologues commencent à parler du « bouquet » du vin.

Ces odeurs peuvent vous paraître âcres ou même rebutantes, et vous aurez alors découvert un vin ou un style que vous n'aimez pas. Certains trouvent déplaisant le parfum de pétrole (ou de kérosène) d'un vieux et grand riesling. D'autres sont choqués par la première bouffée d'odeurs de faisandé d'un bourgogne rouge à maturité. Chez quelques vieux rouges, en particulier des bordeaux, on décèle une odeur de champignon, d'humus, de sous-bois… Ces éléments, dont aucun ne doit être dominant, composent un bouquet à facettes multiples, un ensemble de notes qui peuvent être séduisantes et

types d'arômes

- **Fruit frais** (le vin est-il généreusement fruité et y a-t-il des dominantes – fruits exotiques, agrumes ou framboise, par exemple ?)
- **Fruits secs** (raisins ou pruneaux, par exemple ?)
- **Fleurs** (rose ?)
- **Végétal** (poivron vert, herbe ?)
- **Minéral** (pierre à fusil, pierre mouillée ?)
- **Animal** (cuir, venaison ?)
- **Beurre** (ou crème fraîche ?)
- **Épices** (poivre noir ou autre ?)
- **Noix** (ou amande, ou noisette ?)
- **Chêne** (vanille, pain grillé ?)
- **Miel** (de quel type ?)

délicieuses. Et les senteurs bizarres ne sont pas réservées aux vins vieux : à propos de l'arôme du sauvignon blanc et du müller-thurgau, on évoque souvent le pipi de chat.

Par conséquent, si vous rencontrez une odeur qui vous fait dresser les cheveux sur la tête, dites-vous qu'il ne s'agit pas obligatoirement d'un défaut (*voir* « Les défauts du vin », *page 73*) : pensez à ces fromages « puants » mais si délicieux des terroirs français.

L'ODEUR ET SON INTENSITÉ

Lorsque vous avez cerné les odeurs du vin, qu'il semble jeune, vieux ou entre les deux, prêtez attention à leur intensité… Sont-elles pénétrantes, exubérantes, pures, discrètes ou presque imperceptibles ? Si le nez est « muet », trois possibilités sont envisageables : le vin est issu d'un cépage peu aromatique, tel le melon de bourgogne du muscadet ; il est très ordinaire et provient de vignes à haut rendement, aux raisin aqueux ; ou bien encore il s'agit d'un bon vin qui reste fermé car il n'est pas encore prêt. Il est parfois possible de réveiller un tel vin en couvrant le verre de ses deux mains : le fait de le réchauffer ainsi peut lui faire dégager ses arômes. Mais ce dont il a besoin le plus souvent, c'est d'un séjour en bouteilles plus long, de quelques mois ou de quelques années, pour émerger de sa coquille. Si vous en possédez plusieurs bouteilles : patientez.

goûter le vin

Si surprenant que cela puisse paraître, l'organe du goût en dit moins sur un vin que l'odorat. Mais l'absorption d'une simple gorgée vient enrichir et confirmer les impressions déjà reçues.

On ne goûte bien un vin que si on l'a bien senti : pour en faire l'expérience, il suffit de se pincer le nez – ou d'avoir un rhume. Toutefois, cela ne signifie pas que la bouche n'ajoute rien dans le domaine des sensations. Les récepteurs du goût jouent un rôle essentiel pour l'appréciation du poids et de la consistance d'un vin, et bien sûr pour celle de ses saveurs.

Pour exciter ces récepteurs, prenez une bonne gorgée et faites tourner le vin dans votre bouche. À cette étape, vous pouvez soit avaler, soit cracher, soit pratiquer un test supplémentaire, habituel aux goûteurs professionnels (mais plutôt déconseillé lors d'un dîner) : ouvrez légè-

1 PRENDRE UNE GORGÉE

Après l'examen par les yeux et le nez, prenez une gorgée généreuse mais sans excès, car il faut pouvoir faire tourner le vin dans la bouche. Concentrez-vous sur les saveurs : la première impression est en général la plus forte.

2 GOÛTER Pratiquez un mouvement de va-et-vient afin que le vin touche toutes les parties de la langue, siège de la majorité des papilles gustatives. Certains aspirent de l'air à travers le vin, pour que les arômes leur parviennent au fond de la gorge.

rement la bouche et inspirez un peu d'air (vous pouvez aussi le faire au moment de cracher, pour éviter tout incident). Vous aérerez ainsi le vin et permettrez à ses composants volatils d'atteindre votre bulbe olfactif (lequel envoie des messages au cerveau). Quand vous aurez goûté et perçu le vin, et avalé ou craché, il vous restera à évaluer la durée et les aspects des sensations qui se prolongent. La persistance du goût en bouche – la longueur et la finale – sont des indications majeures de la qualité d'un vin. Essayez de compter les secondes.

ÉLÉMENTS NON VOLATILS

Vos premières impressions en bouche renforcent le plus souvent ce que vous avez découvert par le nez, parce que les mêmes arômes ont atteint les zones olfactives de l'arrière de la bouche (rétro-olfaction). Mais vous constaterez sans doute un changement dans l'intensité relative des divers arômes parce que vous la percevrez en conjonction avec des saveurs et une consistance. À ce stade, vous devrez vous demander si tous les éléments du vin sont en équilibre.

Les papilles sont sensibles à quatre saveurs élémentaires, non volatiles : le sucré, l'acide, l'amer et le salé (peu marqué habituellement dans le vin). En général, la langue perçoit le sucré sur le bout, l'acidité sur les côtés, et l'amertume à l'arrière, des deux côtés ; toutefois, cette localisation est différente chez certaines personnes.

L'ACIDITÉ

Commencez par évaluer les proportions d'acidité et de sucré du vin, et leur éventuel équilibre. Les vins doux, notamment, ont besoin d'acidité pour contrebalancer leur contenance en sucre, sous peine d'être écœurants. Chez les secs, on peut quelquefois retrouver du sucre résiduel (celui du raisin qui n'a pas été converti en alcool, fermenté). En outre, l'alcool et le glycérol (produit secondaire de la fermentation), ainsi que des notes fruitées, peuvent donner une impression de sucré. Par ailleurs, un climat chaud génère des arômes fruités plus épanouis et davantage d'alcool et de glycérol ; c'est pourquoi les vins secs du Nouveau Monde paraissent souvent plus « sucrés » que leurs homologues européens du même cépage. Un taux élevé d'alcool et de glycérol peut rendre un vin lourd et empâtant, avec une texture plus lisse.

L'acidité, plus marquée sous un climat froid, se traduit par des vins pleins de fraîcheur et de vivacité, surtout dans le cas des blancs, mais qui peuvent être aussi tout simplement âpres si cette caractéristique n'est pas équilibrée par le fruit et l'alcool. Aussi, sous le chaud climat australien, ajoute-t-on de l'acidité aux vins pour les améliorer. Mais le vinificateur ne réalise pas toujours un équilibre correct, et en pareil cas l'acidité, loin de donner du nerf au vin, le rend dur et acerbe.

LA LONGÉVITÉ

L'acidité, qui fond avec l'âge, est en outre le principal facteur de longévité pour les blancs : un vin jeune destiné à la garde doit avoir une acidité relativement forte. Les vins qui fermentent dans le chêne, tels les chardonnays, y compris les bourgognes de la Côte-d'Or, avec leur complexité aromatique et leur richesse en bouche, ne paraissent pas aussi acides que les vins non boisés. Les rieslings allemands et autrichiens, le savennières, le sémillon traditionnel de la Hunter Valley, et les blancs grecs issus des cépages indigènes semblent parfois étonnamment acides dans leur jeunesse. Il assez difficile d'évaluer si l'acidité est correcte chez un blanc destiné à vieillir en bouteilles ; il faut surtout qu'il ait un fruité suffisant pour être toujours présent quand l'acidité se sera idéalement arrondie. Tout cela est évidemment une question d'expérience – longue à acquérir, mais en général gratifiante.

LES TANINS

Pour les vins rouges, l'acidité est également importante, mais les tanins le sont plus encore, surtout chez ceux qui sont destinés à la garde. Ces substances qui tapissent la bouche sont présentes aussi dans le thé infusé. La langue les détecte par les papilles gustatives sensibles à l'amertume. Lorsque le vin évolue, les tanins s'assouplissent et s'adoucissent, mais ils peuvent être très déplaisants chez un rouge jeune et prometteur. Lors de la dégustation, essayez d'évaluer si les tanins semblent exagérément durs et âpres ou si, par-dessous, vous percevez des arômes fruités assez forts pour leur survivre.

Aujourd'hui, le plus souvent, le vin est fait avec des raisins et des tanins plus mûrs, ce qui le rend plus fruité et plus abordable dans sa jeunesse. Cependant, on recherche aussi des rouges de plus en plus concentrés et corpulents, ce qui risque de conduire les vinificateurs, dans leur désir de tirer la moindre particule d'arôme de leur raisin, à en extraire en même temps trop de tanin. Et tant que l'on ne contrôlera pas le temps qu'il fait, il y aura de mauvaises années avec leur lot de raisin immature donnant des tanins durs et astringents.

L'opposé du caractère tannique, c'est le velouté et la souplesse, laquelle peut être favorisée par le glycérol. Ces qualités peuvent paraître séduisantes, mais un vin peut aussi être trop souple et manquer de tanins et/ou d'acidité. Il semble alors fade et mou, et son goût perd tout charme avant la fin du premier verre. Il n'a alors, en outre, aucun potentiel de garde.

LE CHÊNE

L'influence du chêne risque elle aussi, parfois, de déséquilibrer le vin. Prêtez attention aux arômes de chêne au nez, mais davantage encore en bouche. Judicieusement dosé, un « bon » bois (fût neuf ou presque de chêne français, ou américain de qualité) procure une complexité d'arôme et une texture riche aux rouges comme aux blancs. Mais le chêne a ses propres arômes, séduisants, de vanille et de pain grillé, et, pour les vins ordinaires, il est de plus en plus utilisé sous la forme, moins onéreuse, du boisage (copeaux et douves immergés dans les cuves d'acier inoxydable contenant les vins du Nouveau Monde). Rien de répréhensible dans ce procédé, à condition qu'il donne toujours du vin et non pas du jus de chêne sentant vaguement le vin. Le bois est parfois utilisé avec trop d'enthousiasme, sous forme de fûts onéreux, par des vinificateurs ambitieux mais manquant d'expérience. Si le fruit et l'acidité ou les tanins sont trop faibles, le chêne dominera chez le vin jeune, et sera toujours présent quand les autres éléments seront passés.

LE CORPS

Après avoir examiné les arômes et la texture du vin, et la manière dont ils se conjuguent, il vous reste à en apprécier le poids, le corps, la plénitude. Dans ce domaine l'alcool est important, mais ce n'est pas le seul élément : il a un goût légèrement sucré et laisse une impression de chaleur en finale. Il doit donc être équilibré au même titre que les autres facteurs. Un vin trop alcoolisé vous paraîtra lourd, « chaud », et peu désaltérant.

L'influence du chêne doit être dûment contrôlée afin d'éviter qu'elle n'éclipse les saveurs et les arômes du vin.

L'ÉQUILIBRE

L'équilibre est essentiel pour la qualité : un grand vin est un véritable miracle d'harmonie entre sucre, tanin, acide et alcool. Mais il faut compter aussi avec le style. Un sancerre blanc doit être ouvertement acide, au contraire d'un condrieu ou d'un autre vin issu de viognier, parce que ces derniers ne donnent leur mesure que lorsque les grains sont très mûrs et l'acidité relativement faible. Les tanins d'un bourgogne rouge ne sont pas aussi présents que ceux d'un bordeaux de qualité et d'âge équivalents, du fait de leurs différents cépages. De même, un pinot noir californien du comté de Santa Barbara ne saurait être aussi tannique qu'un cabernet-sauvignon, de mêmes âge et calibre, de Howell Mountain, dans le comté de Napa, au nord de Santa Barbara.

LA FINALE

Lorsque le vin est au fond de votre gosier ou dans le crachoir, prêtez attention aux sensations qu'il vous a laissées. Il peut être franc, plaisant et équilibré, mais bref. S'il passe après quelques secondes, il est sans doute des plus ordinaires. Mais s'il s'attarde pendant au moins trente secondes, vous avez sans doute quelque chose d'exceptionnel dans votre verre. Félicitations !

décrire le vin

Les œnologues ont leur propre vocabulaire pour décrire le vin. Essayez de traduire vos impressions avec les mots qui conviennent.

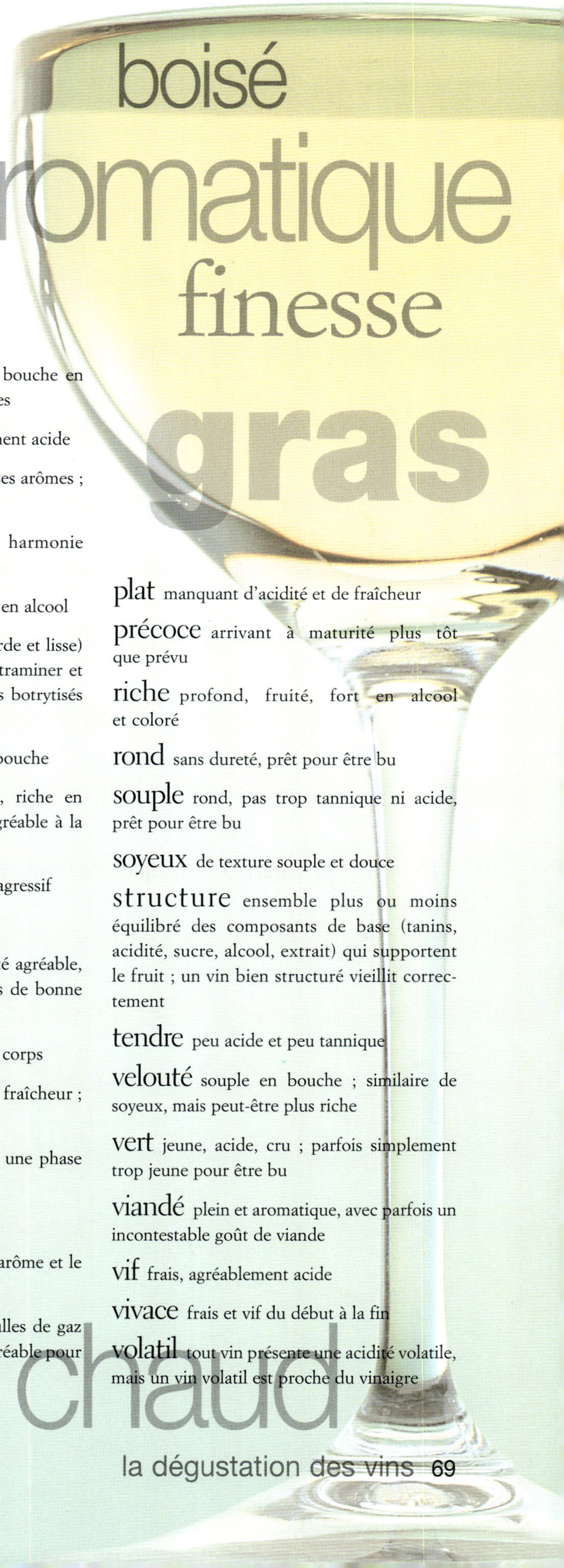

acerbe trop tannique, dur et âpre

agressif notablement tannique ou acide ; non péjoratif si le vin n'est pas prêt pour être bu

âpre trop tannique

aromatique qualifie un jeune vin débordant d'arômes (odeurs) fruités et/ou floraux

astringent dont les tanins happent la langue

austère plutôt dur et rude, peut-être parce que le vin est jeune

boisé ayant subi l'influence du chêne ; on parle de « goût de bois » lorsque l'impression en bouche est désagréable

charnu plein et débordant d'arômes

chaud trop alcoolisé et donc déséquilibré

citronné dont l'acidité piquante et fraîche évoque le citron (chez les blancs)

concentré débordant d'arômes et de substance

confituré à l'arôme de fruits cuits et non plus frais ; manquant parfois de fraîcheur

court dont l'arôme et le goût ne durent pas ; de qualité faible

creux manquant d'arôme ; avec une attaque et une finale, mais pas de milieu

cuit dont l'arôme fruité, paraissant cuit et manquant de fraîcheur, est dû à des raisins trop mûrs ou des températures de fermentation trop élevées

dur acide ou tannique, ou les deux

extrait ensemble des tanins, des pigments, du sucre et du glycérol (tous les éléments du vin, en dehors de l'eau)

faire la roue « tapisser » la bouche en excitant toutes les papilles gustatives

ferme tannique et/ou agréablement acide

fermé qui ne libère pas encore ses arômes ; en général pas encore prêt

finesse qualité supérieure, harmonie parfaite

gras charnu, corsé et plein, riche en alcool

huileux qualifie la texture (lourde et lisse) de certains cépages, tels le gewurztraminer et le viognier, et de vins de sémillons botrytisés comme le sauternes

long dont les arômes restent en bouche

lourd très corsé, épais, coloré, riche en alcool, mais déséquilibré et peu agréable à la dégustation

mâcheux tannique, mais non agressif

maigre manquant de fruit

métallique désigne une qualité agréable, intense et ferme, chez les vins secs de bonne acidité (chablis)

mince manquant d'arôme et de corps

mou manquant d'acidité et de fraîcheur ; opposé de « vif »

muet équivalent de « fermé » ; une phase dans la vie d'un vin

neutre peu généreux en arôme

passé qualifie un vin âgé dont l'arôme et le caractère sont atténués ; trop vieux

pétillant qui forme de fines bulles de gaz carbonique, donnant un piquant agréable pour la langue

plat manquant d'acidité et de fraîcheur

précoce arrivant à maturité plus tôt que prévu

riche profond, fruité, fort en alcool et coloré

rond sans dureté, prêt pour être bu

souple rond, pas trop tannique ni acide, prêt pour être bu

soyeux de texture souple et douce

structure ensemble plus ou moins équilibré des composants de base (tanins, acidité, sucre, alcool, extrait) qui supportent le fruit ; un vin bien structuré vieillit correctement

tendre peu acide et peu tannique

velouté souple en bouche ; similaire de soyeux, mais peut-être plus riche

vert jeune, acide, cru ; parfois simplement trop jeune pour être bu

viandé plein et aromatique, avec parfois un incontestable goût de viande

vif frais, agréablement acide

vivace frais et vif du début à la fin

volatil tout vin présente une acidité volatile, mais un vin volatil est proche du vinaigre

arômes et saveurs

Certains arômes perçus lors d'une dégustation à l'aveugle donnent une bonne idée de la provenance du vin, de son (ou de ses) cépage(s) et de son âge.

abricot vins de viognier dont le condrieu ; vins botrytisés, surtout de Loire (tel le bonnezeaux)

amande nombreux blancs secs italiens, tels soave, prosecco et aussi valpolicella

asperge sauvignon blanc, surtout du Nouveau Monde

banane blancs jeunes, ordinaires ; pinotage sud-africain ; beaujolais nouveau

beurre vin blanc ayant subi une fermentation malolactique, surtout issu du chardonnay, y compris le bourgogne blanc

biscuit champagne, surtout s'il est millésimé ou de bonne maturité ; quelques autres vins pétillants de bonne qualité

bois de cèdre / boîte à cigares / tabac bordeaux rouges et autres rouges fins dominés par le cabernet (notamment de l'État de Washington, de l'ouest de l'Australie et de Nouvelle-Zélande)

brioche champagne

cassis cabernet-sauvignon, dont le jeune bordeaux ; moins marqué dans le cabernet-franc et le merlot

cerise bourgogne rouge ; nombreux rouges italiens

châtaigne grillée rouges d'Italie du Sud, notamment

chêne très nombreux vins, rouges et blancs

chocolat nombreux rouges d'Europe ou du Nouveau Monde, assez ou très corpulents, souvent élevés dans le chêne, notamment le shiraz d'Australie et le negroamaro d'Italie du Sud

citron beaucoup de vins blancs jeunes

citron vert riesling et verdelho australiens

clou de girofle cabernet-sauvignon

coing blancs de Loire de chenin blanc, secs et doux

crème (arôme et texture) bon champagne, quelques chardonnays dont le bourgogne

crème de beauté gewurztraminer

cuir vins rouges robustes, notamment de syrah ; bandol

épices nombreux rouges corsés et boisés, notamment shiraz, côtes-du-rhône, zinfandel, primitivo, gewurztraminer

feuille de groseillier sauvignon blanc, cabernet-sauvignon de zone fraîche (comme la Nouvelle-Zélande) ; cabernet-franc de Loire

floral (en général arôme de fleur) riesling et kerner allemands

fraise beaujolais, rioja rouge, bourgogne rouge, etc.

framboise bourgogne rouge et autres pinots noirs ; côtes-du-rhône rouge, beaujolais

fumé syrah corsée et boisée, pinot gris alsacien, pouilly-fumé

goudron barolo et côtes-du-rhône (du Nord)

grain de café divers rouges élevés dans le chêne, en général assez fins, dont le bourgogne et le carmenère chilien

groseille à maquereau sauvignon blanc, notamment

herbacé sauvignon blanc

herbe fraîche sauvignon blanc

lanoline sauternes et autres sémillons botrytisés ; barossa sec de sémillon

levures champagne

litchi gewurztraminer

loukoum gewurztraminer

melon chardonnay du Nouveau Monde

menthe cabernet-sauvignon du Nouveau Monde, notamment d'Afrique du Sud et de l'État de Washington ; shiraz de l'Australie-Méridionale

miel vins blancs doux, surtout botrytisés ; vins blancs secs vieux, dont le bourgogne ; pinot gris alsacien

minéral pouilly-fumé, riesling, chablis

mûre cahors, madiran ; malbec argentin, zinfandel, mourvèdre

noix (ou noisette ou noix de cajou) bourgogne blanc ; champagne évolué (noisette) ; autres chardonnays, en particulier boisés ; vins du Jura (noix)

olive vins dominés par le cabernet

orange nombreux vins doux et/ou vins fortifiés

pain frais champagne

pamplemousse scheurebe, catarratto sicilien, etc.

pêche nombreux blancs, surtout de viognier et de chardonnay

pétrole vieux rieslings allemands et autrichiens

pierre (pierre mouillée) chablis

pierre à fusil pouilly-fumé, sancerre, quincy, menetou-salon, reuilly et chablis

pipi de chat müller-thurgau, sauvignon blanc français

poire blancs jeunes et légers, assez neutres ; beaujolais nouveau

poivre blanc grüner veltliner autrichien

poivre noir grenache, nombreux rouges languedociens, côtes-du-rhône, shiraz

poivron vert cabernet-franc et cabernet-sauvignon de zone fraîche

pomme nombreux blancs dont le riesling allemand, certains chardonnays de zone fraîche et les vins de mauzac, surtout le gaillac

prune nombreux vins rouges

raisin muscat ; parfois torrontes argentin et irsai oliver hongrois

réglisse rouges jeunes et tanniques

rose muscat alsacien, barolo

sel manzanilla (xérès)

tabac / feuille de tabac nombreux rouges dont bordeaux rouge, chianti et autres sangioveses

terre / gravier / pierre surtout les graves rouges ; quelques rouges plus rustiques

vanille tout blanc ou rouge élevé sous chêne neuf (surtout le chêne américain)

venaison vins rouges, en particulier côtes-du-rhône à maturité, bourgogne, shiraz et ribera du Douro

après la dégustation

Il est conseillé de cracher si vous goûtez plusieurs bouteilles de suite, même si cela paraît un vrai sacrilège lorsque c'est un bon vin !

Si les échanges entre dégustateurs sont enrichissants, ne perdez pas de vue qu'il s'agit avant tout d'écouter ce que vous disent vos propres sens.

Cracher ne signifie pas ne rien avaler : un peu de vin passe presque toujours et heureusement, car il touche ainsi les récepteurs du goût du fond de la gorge. Mais cette pratique permet de garder la tête claire et l'esprit éveillé. Si vous êtes gêné, et c'est normal au début, entraînez-vous chez vous avec de l'eau. Pour goûter le vin, méfiez-vous des cheveux longs, des cravates, des colliers et des foulards, et ne portez pas de vêtements clairs.

LA PRISE DE NOTES

Il n'est pas difficile de prendre des notes et il ne faut pas craindre de paraître snob ou prétentieux. Si vous goûtez plusieurs vins, c'est la bonne méthode pour apprendre plus facilement et plus vite. À moins qu'il ne s'agisse d'une dégustation à l'aveugle (étiquettes masquées), assurez-vous que vous avez les données nécessaires : il n'y a rien de pire que de relire une note de dégustation enthousiaste et de constater que l'on a omis le nom de la merveille. Les étiquettes sont plus ou moins loquaces. Certaines fournissent en peu de mots les données essentielles alors que d'autres sont énigmatiques. Le chapitre « Lire une étiquette » (*voir pages 142-147*) vous aidera mais, au début, recherchez d'abord l'appellation ou la région d'origine, le millésime, le (ou les) cépage(s), le style (par exemple sec ou blanc de noirs), le nom du producteur et/ou de la propriété, celui d'un vignoble ou encore d'un embouteillage, d'une cuvée ou d'un assemblage particulier.

Pour simplifier les choses, j'écris le millésime d'abord (1999 château « quelque chose », coteaux-du-languedoc), mais ce n'est pas une règle. Mentionnez le lieu et la date de la dégustation, où et quand vous avez acheté le vin et son prix, le cas échéant. Ces notes n'étant pas faites pour la publication, il n'y a pas lieu de soigner le style. Griffonnez au fur et à mesure du déroulement de la dégustation. Notez les impressions de couleur, la nuance et le caractère plus ou moins soutenu, puis les arômes, leur intensité et leur type (lié au raisin, à la vinification ou à l'élevage). Mentionnez ensuite la douceur, l'acidité et les tanins, l'équilibre, le poids, la longueur en bouche et la finale – et pour terminer, l'impression d'ensemble quant au style, à la qualité, à l'âge et, le cas échéant, au potentiel. Il n'est pas nécessaire de commenter, mais évitez les remarques trop brèves qui par la suite pourraient vous sembler obscures.

LA NOTATION DES VINS

La notation est un sujet controversé, d'abord parce que Robert Parker, le très influent critique spécialisé américain, qui note les vins sur 100 dans sa revue bimensuelle, *The Wine Advocate*, risque parfois de faire et défaire la réputation d'un vin, d'un domaine ou d'un millésime. Certains reprochent à ce système d'inciter le public à acheter simplement en fonction de la note attribuée à tel ou tel vin, au lieu de choisir en fonction de ses goûts personnels.

Donnez des notes si vous pensez qu'elles peuvent vous être utiles pour choisir entre plusieurs vins lors d'une dégustation ou d'une foire, par exemple. Si vous attribuez des notes chiffrées, n'utilisez que des chiffres dans votre compte rendu de dégustation. Ne compliquez pas : notez sur cinq, sur dix ou sur vingt. Pour ma part, je note sur vingt, et sur trois étoiles quand il s'agit d'indications rapides : trois pour *très bon*, deux pour *bon*, une pour *assez bon* et rien pour le reste. Mais très souvent, je me contente d'écrire, sans donner de note.

les défauts du vin

La vinification a fait de gros progrès et les vins défectueux sont aujourd'hui plus rares. On voit très peu de vins troubles et à l'odeur de moisi, touchés par les bactéries.

VIN BOUCHONNÉ

À l'heure actuelle, le goût de bouchon est le défaut le plus courant, d'autant que la demande mondiale en bouchons de liège a beaucoup augmenté. Malgré les efforts de l'industrie portugaise dans ce domaine, le vin bouchonné demeure un réel problème. L'odeur de moisi et de croupi, pour aggraver les choses, est encore plus forte quand le vin s'aère. Une bouteille à peine bouchonnée au départ l'est beaucoup plus après quelques verres. Il faut refuser un vin bouchonné au restaurant, ou le rendre à la boutique où vous l'avez acheté.

VOLATILITÉ, OXYDATION

Un vin qui sent le vinaigre (vin piqué) a sans doute un taux élevé d'acidité volatile (AV), du fait de l'acide acétique produit par la bactérie acétique qu'il contient. Les blancs à forte odeur de banane ou de solvant pour vernis à ongles ont le même problème. Ils ne sont en rien toxiques, mais ils sont inaptes à la consommation et à la vente. Ces vins ne sortent plus du chai : une bouteille AOC ne saurait en contenir. On peut en dire autant des blancs à odeur de xérès, qui trahissent l'oxydation (ou madérisation). Les rouges oxydés ont en général une odeur plate et cuite, déplaisante, ou encore dure, venant de l'acide acétique.

DÉFAUTS DUS AU SOUFRE

Le troisième groupe de défauts est lié au soufre. L'anhydride sulfureux est le principal désinfectant et conservateur (antioxydant) utilisé dans la vinification. Très bénéfique en quantité appropriée, quand il est surdosé il gomme les arômes du vin, donnant parfois une dominante grossière et viandée, et produit une impression désagréable sur le nez et le fond de la gorge. Ce type de défaut est en recul, mais on le trouve encore dans certains vins allemands et des vins doux français. L'anhydride sulfureux peut d'ailleurs être dangereux pour les asthmatiques.

L'odeur d'œuf pourri et de poubelle de l'hydrogène sulfureux est plus forte. Si des composés organiques sulfurés, appelés « mercaptans » (rappelant la vidange, le chou cuit ou le caoutchouc brûlé), se sont déjà formés, le vin est à rejeter. D'autre part, il arrive qu'une légère odeur de soufre se dégage de la bouteille pour disparaître peu après le débouchage (voir liste ci-contre).

problèmes fréquents

- **Cristaux** ou paillettes ressemblant à du verre : tartres inoffensifs.
- **Morceaux de bouchon** flottant sur le vin : c'est le service qui est mauvais, mais certainement pas le vin !
- **Petites bulles** dans du blanc tranquille, sans odeur de vinaigre : gaz carbonique donnant un picotement rafraîchissant (perlant typique de certains vins de Savoie).
- **Fond de verre trouble** et amer (vin rouge) : dépôt inoffensif, mais parfois boueux et âcre ; c'est là encore le service qui est en cause.
- **Odeur fétide** : odeurs de réduction exhalées par la bouteille lors du débouchage ; elles disparaissent assez vite lorsque le vin est en contact avec l'air.
- **Casse protéique** : au cours du service, l'échange avec l'air confère au vin un aspect laiteux. Vin à rejeter.

Quand vous avez identifié vos styles de vins préférés, vous êtes prêt pour la découverte d'autres nouveaux superbes vins, produits dans le monde entier.

les différents vins

blancs français

Les vins blancs français sont des références et constituent une base idéale pour la découverte des blancs du reste de l'Europe et du Nouveau Monde.

si vous aimez le gewurztraminer d'Alsace...

Aucun autre cépage n'approche la puissance des parfums exotiques du gewurztraminer, qui réussit mieux en Alsace que partout ailleurs. Cependant, à l'occasion, essayez une bouteille du Haut-Adige (Italie du Nord), de Nouvelle-Zélande, du Chili, de l'Oregon et de l'État de Washington.

N'oubliez pas toutefois que les vins d'Europe centrale et méridionale simplement étiquetés traminer ne jouent pas dans la même division que les grands gewurztraminers. Il faut leur préférer le pinot gris alsacien, souvent étiqueté tokay-pinot-gris, ou encore des cépages très aromatiques tel le muscat. Le plus souvent celui-ci donne des vins doux, mais en Alsace et dans quelques autres régions, notamment en Languedoc-Roussillon pour les vins de pays, il est vinifié en sec. Le très élégant viognier mérite aussi l'attention : traditionnellement voué au grand condrieu, son champ s'est largement étendu dans les années 1990, en particulier en Californie (où, là aussi, il donne un vin assez coûteux), en Australie et en Languedoc. Le torrontes argentin, qui ressemble à un muscat, mérite également un détour.

essayez :

- Gewurztraminer du Haut-Adige et du Nouveau Monde
- Tokay-pinot-gris d'Alsace
- Muscats secs d'Alsace et de pays d'Oc
- Viognier de Condrieu, du Languedoc, de Californie et d'Australie
- Torrontes d'Argentine

si vous aimez le bordeaux et l'entre-deux-mers...

Les bordeaux blancs secs peuvent être bon marché, non boisés (souvent), moyennement corsés, frais et un peu herbacés. Mais les régions des Graves et de Pessac-Léognan offrent aussi des vins fins élevés en fût de chêne, au grand potentiel de garde.

Parmi les homologues des bordeaux blancs ordinaires, découvrez les vins de Dordogne et du Sud-Ouest (bergerac sec, côtes-de-saint-mont, vin de pays des côtes de Gascogne), les blancs secs de la Loire (tel l'anjou blanc sec), le sylvaner d'Alsace et les sauvignons bon marché du Chili et de l'Afrique du Sud. Il n'existe guère d'équivalents des grands blancs parce que peu de régions font des assemblages de sauvignon et de sémillon en les élevant en fût de chêne (il y a quelques producteurs à Bergerac). Le fumé blanc californien est un sauvignon boisé mais d'un type différent, de même que la plupart des sauvignons australiens, de style chardonnay. En revanche, un vieux sémillon de la Hunter Valley (Australie), bien que non boisé, devrait séduire un amateur de graves.

essayez :

- Blancs de Dordogne et du Sud-Ouest
- Blancs secs de Loire
- Sylvaner d'Alsace
- Sauvignons blancs basiques du Chili et d'Afrique du Sud
- Vieux sémillon de la Hunter Valley

si vous aimez le bourgogne...

Si vous faites vos délices des chardonnays fleurant bon la noix et le beurre frais et étiquetés bourgogne blanc ou mâcon blanc, découvrez la qualité supérieure avec les mâcon-villages (avec un nom de village tel Davayé), pouilly-fuissé, viré-clessé et saint-véran.

Rully, Montagny et Mercurey (de la côte Chalonnaise) donnent également de grands vins blancs. Les vins étiquetés chardonnays sont souvent boisés et presque toujours très fruités, mais le vin de pays de l'Ardèche et le limoux le sont un peu moins. Les chardonnays de pays d'Oc, des Pouilles (Italie) et d'Afrique du Sud sont à mi-chemin entre le bourgogne et le style Nouveau Monde, plus ouvert.

Beaucoup de chardonnays de prix élevé tentent de copier les délicieuses notes de noix alliées au miel des grands de la côte d'Or – meursault, puligny-montrachet, chassagne-montrachet... Les plus convaincants viennent peut-être de Californie, notamment du Carneros et du sud de la côte centrale (Edna Valley, Santa Maria Valley et Ynez Valley). Mais il en existe d'autres en Oregon et dans l'État de New York, en Australie (Yarra Valley, Margaret River), en Nouvelle-Zélande, en Afrique du Sud, et même en Autriche. Le prix donne une indication – au moins quant aux ambitions et aux intentions.

essayez :

- Pouilly-fuissé, saint-véran et autres appellations de la côte Chalonnaise
- Chardonnays de pays de l'Ardèche, de pays d'Oc et de Limoux
- Chardonnays d'Afrique du Sud
- Chardonnays de Californie, d'Oregon et de l'État de New York
- Chardonnays d'Australie (Yarra Valley, Margaret River) et de Nouvelle-Zélande
- Chardonnays d'Autriche

si vous aimez le chablis...

Si Chablis est en Bourgogne, ses blancs, aux notes minérales, sont différents du bourgogne et de tout autre vin.

Les amateurs de chablis peuvent se rabattre sur des chardonnays plus corpulents, plus fruités ou plus boisés, ou essayer d'autres blancs secs et fermes. Les plus estimés sont les chardonnays australiens et de Nouvelle-Zélande (marlborough) non boisés, mais d'autres vins méritent d'être découverts : bourgogne aligoté ; riesling d'Alsace, très minéral ; pouilly-fumé, sancerre et savennières (Loire) ; verdicchio dei castelli di jesi ; grüner veltliner autrichien (surtout de Wachau, Kamptal et Kremstal) et albariño espagnol.

essayez :

- Chardonnays non boisés d'Australie et de Nouvelle-Zélande
- Bourgogne aligoté, rieslings d'Alsace, pouilly-fumé, sancerre et savennières
- Verdicchio dei castelli di jesi
- Grüner veltliner et albariño

si vous aimez le champagne

Certains vins mousseux approchent le champagne par la qualité et le style, en retrouvant un peu de ses arômes complexes de crème et de biscuit : ils viennent de France, de Californie, d'Australie y compris la Tasmanie) et de Nouvelle-Zélande. Beaucoup d'entre eux sont produits par les grandes maisons de champagne ou avec leur collaboration.

Les prix des meilleurs vins mousseux du Nouveau Monde talonnent celui du champagne, et leur étiquette indique comme cépages le chardonnay et le pinot noir, ou le seul chardonnay. Mais on peut boire aussi beaucoup de mousseux plus simples, plus tendres et moins secs provenant de ces mêmes régions, et d'autres encore plus nombreux produits en France (dont les saumur, blanquette-de-limoux et crémant-de-bourgogne) ou même en Espagne (dont le cava rencontre un franc succès).

essayez :

- Vins mousseux de chardonnay et de pinot noir de Californie, d'Australie et de Nouvelle-Zélande
- Saumur, blanquette-de-limoux et crémant-de-bourgogne
- Cava d'Espagne

si vous aimez le muscadet

Avec ses arômes relativement discrets, le frais et vif muscadet est l'antithèse du style Nouveau Monde. Aucun autre vin n'étant issu de son cépage sur toute la planète, les choix de remplacement sont évidemment rares.

L'une d'elles est le gros-plant, voisin du muscadet, dur et ascétique – mais on s'habitue à son goût. Le sauvignon-de-touraine est similaire par le poids et la vivacité, mais avec les arômes plus végétaux du cépage. Les blancs d'Italie du Nord, tels le soave et le pinot grigio, sont eux aussi secs et d'arômes assez timides, mais se révèlent un peu plus tendres. Découvrez aussi le vin de pays des côtes de Gascogne, le véritable vinho verde sec, le chablis, le bourgogne aligoté, le sancerre et les blancs secs allemands.

essayez :

- Gros-plant, sauvignon-de-touraine, chablis, bourgogne aligoté, vin de pays des côtes de Gascogne, sancerre
- Blancs d'Italie du Nord (tels les soave et pinot grigio), vinho verde sec et vins blancs allemands

si vous aimez le muscat-de-beaumes-de-venise

Les homologues français de ce vin doux aux arômes de raisin de la vallée du Rhône sont les vins doux naturels du Midi, tels les muscats en provenance de Rivesaltes, Saint-Jean-de-Minervois et Frontignan.

Ailleurs qu'en France, l'Espagne a ses moscatels, surtout celui de Valence (assez coûteux), la Grèce son samos, l'Italie son précieux moscato passito de Pantelleria, issu de raisins séchés au soleil, la Californie son orange muscat – le bien nommé – étiqueté essensia, et l'Afrique du Sud produit encore un peu son constantia traditionnel. Goûtez aussi de vieux muscats aux arômes plus profonds et plus complexes – le « liqueur muscat » australien (surtout de Rutherglen) et le moscatel portugais de Setúbal. Le muscat est un cépage inégalé pour donner toute l'essence du raisin aux vins de dessert, mais si vous avez le palais vraiment fin, essayez le pedro ximénez (PX) espagnol, onctueux et de couleur brune. Les rieslings doux, telles les versions botrytisées australiennes, offrent un style plus léger et plus vif.

essayez :

- Vins doux naturels du Midi
- Moscatel et PX espagnols et moscatel portugais de Setúbal
- Samos de Grèce
- Moscato passito di pantelleria (Italie)
- Orange muscat de Californie
- Constantia d'Afrique du Sud
- Liqueur muscat d'Australie
- Riesling botrytisé d'Australie

si vous aimez le
sancerre et le pouilly-fumé

Ces deux vins de Loire aux arômes de pierre à fusil, de fleurs des champs et d'herbe coupée, issus du célèbre sauvignon, sont concurrencés par le marlborough néo-zélandais.

À l'heure actuelle presque tous les pays du monde proposent ce style, avec des vins d'ordinaire plus fruités que les originaux de Loire. Cependant ceux de Nouvelle-Zélande, du Chili et d'Afrique du Sud sont en général plus aromatiques que ceux de Californie et d'Australie. La France offre aussi le menetou-salon, le quincy, le reuilly et le savennières (de chenin blanc), tous des vins de Loire et des blancs portant la mention « sauvignon » sur leur étiquette, de Touraine, du haut Poitou, de Bordeaux et de Bergerac. Essayez aussi les sauvignons de Hongrie et d'Italie du Nord, le rueda d'Espagne, le grüner veltliner, le sauvignon et le riesling autrichiens.

essayez :

- Sauvignons de Nouvelle-Zélande, du Chili, d'Afrique du Sud, de Californie et d'Australie
- Sauvignons de Loire et autres vins français dans lesquels entre le sauvignon
- Sauvignons de Hongrie et d'Italie du Nord ; rueda espagnol
- Grüner veltliner autrichien

si vous aimez le
sauternes

Le sauternes et le barsac sont opulents, doux et moelleux, jamais écœurants. Des vins comparables sont produits en Alsace (vendanges tardives ou sélection de grains nobles), à Sainte-Croix-du-Mont, Cadillac, Loupiac et Jurançon.

On trouve aussi quelques bons vins de sémillon de même type dans d'autres pays, notamment en Australie, et la mention « botrytis » ou « botrytis affected » figure en général sur l'étiquette. Les rieslings botrytisés sont moins opulents, mais méritent une dégustation.

En Europe, les vins doux autrichiens sont similaires aux français quant au poids et au style, bien qu'ils soient issus de cépages différents. Leurs homologues allemands sont beaucoup plus légers mais déploient un arôme d'une extraordinaire intensité. Le tokay aszú et le tokay aszú eszencia sont eux aussi différents, avec des arômes bien personnels.

essayez :

- Sainte-croix-du-mont, cadillac, loupiac et monbazillac
- Sémillons et rieslings botrytisés d'Australie
- Vins doux d'Autriche et d'Allemagne ; tokay aszú ettokay aszú eszencia de Hongrie

autres vins blancs

Faites aussi votre choix si vos blancs de référence sont ceux d'Italie, d'Allemagne et du Nouveau Monde.

si vous aimez le chardonnay australien

Le chardonnay australien est d'ordinaire un vin corsé, aux arômes généreux de fruits tropicaux mâtinés de la vanille du chêne.

Le style est le même au Chili, en Argentine, en Californie, en Afrique du Sud et en Nouvelle-Zélande. Les vins y ont un air de famille que l'on retrouve dans les Pouilles et le Salento (Italie du Sud), en Navarre (Espagne), dans le sud de la France avec les vins de pays, et, parfois, en Bulgarie et en Roumanie.

Des blancs issus d'autres cépages mais élevés en fût de chêne, comme ceux de chardonnay, peuvent avoir leurs arômes propres tout en ayant même poids et même structure. C'est le cas de sémillons de la Barossa Valley, notamment, mais aussi du Chili et de la Nouvelle-Zélande, et de marsannes et de verdelhos d'Australie – et aussi du chenin blanc sud-africain fermenté en barrique.

essayez :

- Chardonnays du Nouveau Monde
- Puglia, salento et navarra, vins de pays du sud de la France
- Sémillons de la Barossa Valley, du Chili et de Nouvelle-Zélande
- Marsannes et verdelhos d'Australie
- Chenin blanc boisé d'Afrique du Sud

si vous aimez le frascati et autres blancs italiens

Le blanc sec italien typique est vif, vivace et rafraîchissant, léger ou moyennement corsé, et relativement neutre en bouche.

Les cousins germains du frascati, de l'orvieto secco et du soave sont les autres blancs italiens (à l'exception des plus fins et des chardonnays), notamment les lugana, bianco di Custoza, pinot grigio, verdicchio des Castelli Jesi, et les assemblages siciliens.

La France est représentée par le Sud-Ouest, dont le vin de pays des côtes de Gascogne, ainsi que par la Loire – mais le muscadet, le vin de pays du Jardin de la France et le cheverny sont plus acides et donc plus durs –, et par l'Alsace avec ses blancs les moins chers. Quant à l'Allemagne, elle offre sa nouvelle vague de blancs. Dans le Nouveau Monde, les arômes sont rarement discrets, sauf dans les vins d'assemblage ordinaires du Chili, d'Argentine et d'Afrique du Sud.

essayez :

- Autres vins blancs italiens, sauf les chardonnays
- Blancs de Loire, d'Alsace et du Sud-Ouest
- Blancs allemands nouveau style
- Assemblages ordinaires du Chili, d'Argentine et de Nouvelle-Zélande

si vous aimez les
rieslings de Moselle et d'Allemagne

Pour l'intensité de son fruit doux et sa vibrante acidité, rien ne vaut le riesling classique, pourtant léger et peu alcoolisé, élaboré en Allemagne.

Nulle part ailleurs ou presque, les rieslings ne sont plus secs – ou même archisecs – et plus corsés. Ceux d'Autriche et d'Alsace sont moins floraux et plus minéraux, et ceux d'Australie, en particulier de la Clare Valley et de l'Eden Valley, ont des notes de citron très nettes. Les vins légers, frais et fruités mais secs méritent une dégustation, notamment ceux d'Angleterre, le vin de pays des côtes de Gascogne, le puglia et les vins de pays d'Oc issus de muscat, et bien entendu les superbes rieslings d'Alsace. Si votre préféré est le riesling allemand le plus doux, essayez les vins de Loire demi-secs ou même moelleux, tel le vouvray, ou bien un vin anglais medium-dry (demi-sec).

essayez :

- Rieslings de tous pays
- Vin de pays des côtes de Gascogne et vins anglais
- Muscat de Puglia et de pays d'Oc
- Demi-sec ou moelleux de Loire

si vous aimez le
sauvignon blanc néo-zélandais

L'amateur de sauvignon néo-zélandais apprécie les vins blancs très fortement fruités, sans les arômes et la souplesse conférés par le chêne.

De tels sauvignons, avec cette intensité, sont rares sur la planète, mais leurs cousins du Chili, surtout de la vallée de Casablanca, et de diverses régions sud-africaines comme l'Elgin, les talonnent pourtant. La France, pour sa part, a le sancerre, le menetou-salon, le quincy, le reuilly et le pouilly-fumé, mais avec des arômes plus verts et plus herbacés, et des notes minérales. Les autres sauvignons sont plus loin des néo-zélandais, tels les meilleurs du Sud-Ouest – bordeaux, bergerac, côtes-de-duras, côtes-de-saint-mont –, ceux de pays d'Oc et ceux de Hongrie. Essayez aussi les rieslings australiens de la Clare Valley et de l'Eden Valley, ceux d'Alsace et d'Autriche, le grüner veltiner et le jurançon. Et pourquoi ne pas renouer également avec le chablis ?

essayez :

- Meilleurs sauvignons du Chili et d'Afrique du Sud
- Chablis, sancerre, pouilly-fumé, menetou-salon, quincy, reuilly
- Bordeaux supérieur et sauvignons du Sud-Ouest
- Sauvignons de Hongrie
- Rieslings d'Australie, d'Alsace, d'Autriche et de Jurançon

boisé ou non boisé

Le contact du chêne peut affecter grandement les arômes d'un vin blanc, quelle que soit son origine.

si vous aimez les blancs boisés

Si vous aimez les arômes engendrés par le chêne – vanille, pain grillé, noix grillée, noix de coco –, recherchez les vins corsés, surtout ceux du Nouveau Monde et ceux issus du chardonnay.

À moins que leur étiquette ne spécifie le contraire, les chardonnays entrent souvent en contact avec le chêne lors de telle ou telle phase de leur production. Ce fait est d'ailleurs parfois précisé, comme dans le cas du viura espagnol ou des vins français « élevés en fûts de chêne » ou « en fûts neufs ». Le rioja espagnol est le vin européen le plus renommé pour ses fortes notes de chêne. Après un flirt avec des vins plus légers, moins boisés, le public a retrouvé du goût pour le chêne, mais dans un style plus franc, plus moderne. En Australie, le sémillon, notamment celui de la Barossa Valley, montre aussi de l'affinité pour le chêne.

essayez :

- Chardonnays et autres vins corsés du Nouveau Monde
- Vins français portant la mention « élevé en fûts de chêne » ou en « fûts neufs »
- Viura et riojas blancs
- Sémillons boisés d'Australie

si vous aimez les blancs non boisés

Si vous préférez les blancs non influencés par le chêne, ne perdez pas espoir : la vogue des chardonnays non boisés montre la voie.

De nombreux cépages blancs ne voient pratiquement pas le chêne – sauvignon blanc, riesling, gewurztraminer, pinot grigio, albariño, torrontes et autres variétés aromatiques. Et en France, les vins blancs non boisés sont légion en Loire (du muscadet au sancerre), en Alsace, dans le Mâconnais (hormis les plus onéreux), à Bordeaux, à Bergerac et à Jurançon ; c'est aussi le cas de beaucoup de vins de pays (sauf de chardonnay). Le chablis est traditionnellement non boisé, même si l'on trouve, dit-on, de plus en plus d'exceptions. L'Allemagne, l'Italie et la Hongrie produisent également quelques vins de ce type.

essayez :

- Cépages aromatiques, dont sauvignon blanc et riesling
- Vins de Loire, alsace, bordeaux et bergerac, jurançon, chablis, vins de pays (sauf de chardonnay)
- Blancs d'Allemagne, d'Italie et de Hongrie

rouges français

La France est riche en vins rouges, mais le reste de l'Europe et le Nouveau Monde réservent quelques très belles surprises.

si vous aimez le beaujolais

Difficile d'égaler les arômes frais et généreux de fraise que développe le beaujolais, néanmoins, d'autres vins rouges jeunes et assez légers offrent une gerbe fruitée équivalente.

Recherchez d'abord les vins de gamay, tels le gamay-de-touraine, le côte-roannaise, le mâcon rouge et le dôle suisse. Allez voir aussi du côté du pinot noir léger d'Alsace, du sancerre rouge (lui aussi de pinot noir), et des rouges de Loire tel le chinon (à l'exception des plus fins). Et n'oubliez pas les rouges d'Allemagne, ceux de Hongrie issus de kékfrankos, et ceux de l'Italie du Nord tels le bardolino, le valpolicella ordinaire, le dolcetto et le grignolino.

Le Nouveau Monde ne propose aucun vin de ce style, mais le bonarda donne quelques rouges légers et friands en Argentine, le cinsaut fait de même en Afrique du Sud et, avec le tarrango, l'Australie apporte sa réponse originale au beaujolais. Cette dernière offre, par ailleurs, quelques vins de grenache sans complexes et à boire jeunes.

essayez :

- Gamay ; pinot noir d'Alsace et de Sancerre ; chinon
- Rouges d'Allemagne et de Hongrie
- Bardolino, valpolicella, dolcetto et grignolino
- Tarrango et vins de grenache légers d'Australie
- Bonarda d'Argentine

si vous aimez le bordeaux

Deux grandes possibilités s'offrent à vous pour remplacer le bordeaux rouge : des rouges de régions voisines, assez semblables, et des vins nés sous d'autres cieux, souvent aussi pleins et mûrs.

Le bergerac, le buzet, le côtes-de-duras et le côtes-de-saint-mont appartiennent au premier groupe. Les cabernets-sauvignons et les merlots de pays d'Oc, les vins plus basiques du Chili et d'Afrique du Sud, ainsi que les rouges de Bulgarie et de Roumanie font partie du second. Les merlots d'Italie du Nord peuvent être rattachés aux deux groupes – ou à aucun s'ils sont très légers.

essayez :

- Bergerac, buzet, côtes-de-duras, côtes-de-saint-mont
- Cabernets-sauvignons et merlots de pays d'Oc ; vins ordinaires du Chili et d'Afrique du Sud
- Merlots d'Italie du Nord

si vous aimez le bourgogne

Les grands bourgognes sont les vins que les producteurs ont le plus tenté d'imiter de par le monde, le plus souvent sans succès. C'est pourquoi les chambertin, volnay et autres vosne-romanée ne comptent pas beaucoup de sosies.

Les pinots noirs du Nouveau Monde sont en général plus ouvertement fruités et boisés que le bourgogne. Toutefois, peu à peu, les producteurs parviennent à piéger quelques-uns des arômes subtils, délicats mais riches et d'une grande douceur en bouche de leurs modèles, ainsi que leur caractère velouté. Les plus belles réussites viennent des États-Unis, surtout des régions les plus fraîches de Californie, notamment du Carneros, de la Russian River Valley et du comté de Santa Barbara, ainsi que de l'Oregon. Mais tous les pays font des tentatives dans ce sens : l'Afrique du Sud a obtenu de bons résultats dans la région de la Walker Bay, l'Australie dans la Yarra Valley et les collines australiennes d'Adélaïde, et la Nouvelle-Zélande dans ses deux îles. Le Chili produit des pinots noirs simples et fruités d'un bon rapport qualité-prix, et porte ses espoirs sur la fraîche région de Casablanca.

La France offre aussi quelques pinots noirs simples parmi ses vins de pays, et de plus sérieux en Alsace et dans la Loire. Dans le reste de l'Europe, l'Autriche, l'Allemagne et la Suisse produisent quelques vins intéressants (en général appelés spätburgunder pour les deux premières, et blauburgunder pour la dernière).

essayez :

- Pinots noirs de Californie et d'Oregon
- Pinots d'Afrique du Sud (Walker Bay)
- Pinots noirs de Nouvelle-Zélande, de la Yarra Valley et des collines d'Adélaïde en Australie
- Pinots noirs du Chili (Casablanca)
- Vins de pinot de pays, d'Alsace et de Loire
- Spätburgunder (ou blauburgunder) d'Allemagne, d'Autriche et de Suisse

si vous aimez le châteauneuf-du-pape

L'amateur de châteauneuf-du-pape aime les vins corpulents, riches en arômes et épicés. Ce style est en vogue dans tous les pays bien que les vins produits ne soient pas tout à fait à la hauteur de l'original.

Les vins ne manquent pas dans cette catégorie : gigondas, vacqueyras et lirac, issus de la même région, ainsi que les meilleurs côtes-du-rhône-villages (dont les cairanne, sablet et valréas), moins intenses et moins complexes. Dans le même style, la France offre également des rouges du Midi comme le collioure et le bandol, des vins du Languedoc-Roussillon manifestement ambitieux tels le fitou, le corbières, le saint-chinian et le faugères, et encore des vins de pays de cépage, notamment de syrah, de mourvèdre et de grenache. Ce sont les mêmes variétés qu'il faut rechercher dans le reste du monde, surtout en Australie, même si le style de leurs vins est en général plus fruité et plus mûr.

Les autres candidats sont les zinfandels californiens, le carignano del sulcis, en Sardaigne, les vins d'Italie du Sud (dont les cirò, copertino, salice salentino, le primitivo et le negroamaro), le garnacha et le monastrell espagnols, sans oublier le rare et cher priorato, et enfin les meilleurs rouges de l'Alentejo portugais, notamment la sous-appellation borba.

essayez :

- Gigondas, vacqueyras, lirac et les meilleurs côtes-du-rhône-villages
- Collioure, bandol et les vins du Languedoc-Roussillon
- Vin de pays portant la mention syrah (shiraz), mourvèdre ou grenache, et leurs homologues du Nouveau Monde
- Zinfandels californiens
- Vins de l'Italie du Sud et carignano del sulcis (Sardaigne)
- Garnacha et monastrell d'Espagne, et priorato
- Rouge de l'Alentejo (Portugal)

si vous aimez le côtes-du-rhône

Dans la vallée du Rhône, dix mille producteurs diffusent chaque année trois cents millions de bouteilles dont la qualité est quelque peu inégale : des plus grands aux plus simples.

Pour rester dans la région, essayez les appellations peu connues qui luttent pour s'imposer : côtes-du-ventoux, côtes-du-vivarais, côtes-du-lubéron, coteaux-du-tricastin, ou vin de pays des coteaux de l'Ardèche. Si vous recherchez un rouge ayant plus de caractère, retenez un côtes-du-rhône-villages ou un vin du Sud – coteaux-du-languedoc ou minervois. Et, pour changer un peu, peut-être un malbec argentin, un tannat uruguayen ou un carmenère chilien…

essayez :

- Vins des appellations encore peu connues de côtes-du-rhône et côtes-du-rhône-villages
- Vins du Languedoc
- Malbec d'Argentine, tannat d'Uruguay et carmenère du Chili
- Vins de Corse

si vous aimez le
le médoc et le graves

Presque tous les pays vinicoles proposent quelques vins de qualité issus de cabernet sauvignon marié ou non au merlot (assemblage du bordeaux).

En général, ces vins sont plus corsés et offrent des arômes de cassis et de chêne plus intenses que ceux du Médoc et des Graves, mais ils sont également rares à déployer leurs notes typiques de sous-bois et de feuilles de tabac. Cependant, vous aurez parfois du mal à les distinguer, surtout s'ils sont très fins, à l'exemple, du reste, des dégustateurs professionnels. Parmi les régions nouvelles venues dans le club fermé des assemblages de cabernet et de merlot de haut niveau, il faut citer celle de Hawkes Bay, en Nouvelle-Zélande. D'autres ont une réputation déjà bien établie : la vallée de Napa (et plusieurs de ses sous-régions) aux États-Unis, celle de Coonawarra, l'Australie-Occidentale, et les rives du Maipo au Chili. L'Argentine, l'Afrique du Sud et la Grèce proposent aussi quelques vins de ce type.

essayez :

- Assemblages de cabernet et de merlot de Hawkes Bay, en Nouvelle-Zélande
- Cabernets de la Napa Valley, de Coonawarra, d'Australie-Occidentale et du Maipo au Chili
- Cabernets d'Argentine, d'Afrique du Sud et de Grèce

si vous aimez le
saint-émilion et le pomerol

Les vins de Saint-Émilion et de Pomerol, dominés par le merlot, sont les plus ronds et les plus soyeux des bordeaux.

À l'instar des cabernets-sauvignons, les merlots du Nouveau Monde offrent des arômes fruités plus épanouis et davantage de chêne, mais dans la région de Hawkes Bay, en Nouvelle-Zélande, le climat est comparable à celui du Bordelais et les vins sont très proches. Le Chili aussi produit quelques très bons rouges de merlot, de même que la Napa Valley, mais dans un style plus plein et plus tannique. D'autres réussites sont à mettre au crédit de l'État de Washington (souvent avec une note mentholée), des vins de pays d'Oc, de la Roumanie et de l'Australie (qui, elle aussi, a connu des difficultés avec le cépage merlot).

essayez :

- Merlots de Hawkes Bay
- Rouges à dominante merlot de la Napa Valley et du Chili
- Merlots de l'État de Washington, de Roumanie, d'Australie et de pays d'Oc

autres rouges

Vous aimez les rouges italiens, espagnols ou du Nouveau Monde ? Essayez les cépages locaux.

si vous aimez le shiraz australien

Il y a encore quelques années, le shiraz renvoyait toujours à l'Australie. Cependant, étant donné le succès de ce rouge chaleureux, plein et épicé, d'autres pays en ont copié le style.

Le shiraz est maintenant présent en Afrique du Sud, en Nouvelle-Zélande et même en Languedoc, notamment dans le Minervois. Les vins étiquetés syrah (de Californie, de Nouvelle-Zélande ou de pays d'Oc) ont un style plus français – un peu plus structuré, avec un fruit moins exubérant.

Parmi les rouges épicés et étoffés, goûtez le châteauneuf-du-pape, les vins des Pouilles, en Italie méridionale (primitivo, copertino et salice salentino), le carignano del sulcis, en Sardaigne, le grenache australien et le garnacha (même cépage) espagnol, le zinfandel californien, le pinotage sud-africain et le malbec argentin.

essayez :

- Shiraz/syrah d'Afrique du Sud, de Nouvelle-Zélande, de Californie et du Languedoc
- Châteauneuf-du-pape
- Vins des Pouilles et carignano del sulcis, en Sardaigne
- Grenache d'Australie et d'Espagne
- Zinfandel de Californie, pinotage d'Afrique du Sud et malbec d'Argentine

si vous aimez le barolo

On prend goût au barolo. Il n'est pas aussi tannique qu'il en a l'air, mais il reste difficile d'approche et il a besoin de temps.

En outre, il est si typiquement italien qu'on ne trouve rien de semblable hors de son Piémont natal, si ce n'est les quelques vins de nebbiolo du Nouveau Monde. Les véritables solutions sont le barbaresco, le gattinara, le ghemme, le carema, et quelques vins piémontais plus tendres et moins coûteux dont le nom se réfère au nebbiolo. Essayez aussi d'autres rouges italiens – le barbera du Piémont, le solide brunello di montalcino de la Toscane, et l'aglianico del vulture du Basilicate. En dehors de l'Italie, outre le nebbiolo (et ses assemblages) du Nouveau Monde, goûtez le crozes-hermitage et le saint-joseph ; le cornas, le côte-rôtie et l'hermitage.

essayez :

- Nebbiolos et barberas du Piémont
- Brunello di montalcino et aglianico del vulture
- Hermitage et autres côtes-du-rhône du Nord
- Nebbiolo et ses assemblages du Nouveau Monde

si vous aimez le chianti

Le chianti est très inégal, par sa qualité et son prix, notamment en fonction de la zone de production (le classico est le meilleur et le plus répandu). Mais même le moins bon et le plus maigre des chiantis a cette finale légèrement astringente, typiquement italienne.

Or, c'est cette touche italienne qui se révèle difficile à copier. Les vins de sangiovese de Californie, du Chili, d'Argentine et d'Australie sont tous un peu (et parfois beaucoup) plus tendres et plus souples. Ce n'est pas qu'ils ne soient pas bons (certains sont des réussites en Californie), mais ce ne sont pas des chiantis. L'Italie propose des substituts à des prix moins élevés : morellino di scansano, parrina et rosso di montalcino (Toscane), et rosso cónero et rosso piceno superiore (Marches). Quant au trop rare carmignano toscan, c'est un proche cousin du meilleur chianti classico.

essayez :

- Sangiovese du Nouveau Monde
- Carmignano, morellino di scansano, parrina et rosso di montalcino
- Rosso cónero et rosso piceno superiore

si vous aimez le cabernet-sauvignon chilien

Presque tous les pays proposent des cabernets-sauvignons, mais le Chili a acquis une bonne réputation pour ses vins fiables, aux arômes séduisants et de prix raisonnable.

Si vous aimez le cabernet-sauvignon chilien, assez ou très corsé, souple, élevé en fûts de chêne et aux beaux arômes de cassis, vous apprécierez sans doute aussi les cabernets californiens et australiens, et ceux de l'État de Washington – mais ils coûtent en général plus cher, à qualité égale. L'Argentine est moins fiable, mais elle peut atteindre le même rapport qualité-prix que le Chili. Certains cabernets-sauvignons de pays d'Oc et quelques bons merlots et cabernets de Roumanie méritent aussi d'être goûtés. Le cabernet sud-africain cherche encore son style, mais il est en général plus sec et plus ferme. Le néo-zélandais, exception faite du meilleur, est souvent plus vert et moins rond.

Pour le cépage, le merlot est le choix de rechange le plus évident, mais pensez aussi au carmenère chilien et au malbec argentin, sans oublier le tempranillo espagnol, de plus en plus présent sur les étiquettes, non seulement en Espagne mais aussi dans le Nouveau Monde.

essayez :

- Cabernets et merlots de Californie, d'Australie, de l'État de Washington et d'Argentine
- Vins de pays d'Oc
- Cabernets et merlots de Roumanie, d'Afrique du Sud et de Nouvelle-Zélande
- Carmenère du Chili, malbec d'Argentine, et merlots des deux pays
- Tempranillo d'Espagne et du Nouveau Monde

si vous aimez le rioja

Si vous aimez les arômes de chêne (de noix de coco, disent certains) qui sont habituellement associés au rioja, vous apprécierez aussi, sans doute, de nombreux rouges provenant d'autres régions d'Espagne.

Le goût de chêne du vin espagnol est typique, et on ne le retrouve pas dans le Nouveau Monde (les producteurs n'y tiennent sans doute pas). Le valdepeñas rouge est particulièrement souple et traditionnel par son style. Le navarra est plus moderne, mais encore superbement espagnol. L'un et l'autre sont moins coûteux que le rioja. Le ribera du Douro est très proche de ce dernier, mais plus étoffé et plus corsé, plus à la mode aussi, et donc son prix est plus élevé. Si vous êtes tenté par le Nouveau Monde, recherchez le cépage tempranillo. Et si vous aimez surtout les arômes du chêne, voyez page suivante (« Rouges boisés »).

essayez :

- Valdepeñas et navarra rouges
- Ribera del duero
- Tempranillo du Nouveau Monde
- Rouges boisés

si vous aimez le valpolicella, le recioto et l'amarone della valpolicella

Les rouges italiens ont en général peu d'équivalents, parce que rares sont les autres vins issus des mêmes cépages.

Beaucoup de vins italiens ont, en finale, une fraîche âpreté ou une certaine astringence. C'est pourquoi les possibilités de remplacement pour le valpolicella sont surtout italiennes. Essayez tous les rouges du Nord, à l'exception des poids lourds piémontais (barolo et autres) : bardolino, barbera d'alba ou barbera d'asti, dolcetto, grignolino, lago di caldaro et lagrein. Plus au sud, revisitez le chianti et le montepulciano d'abruzzo. Au-delà de la péninsule, recherchez les vins de cépages sangiovese et bonarda, particulièrement en Californie, en Argentine et en Australie.

Si vous appréciez le recioto, ce valpolicella concentré fait de raisins spécialement séchés, découvrez le sagrantino passito d'Ombrie, très similaire. Hors de l'Italie, essayez le porto et les vins doux naturels de Banyuls, de Maury et de Rivesaltes, qui ne sont toutefois pas exactement les sosies du recioto.

L'amarone della valpolicella, également issu de raisins séchés, mais sec, complexe et puissant, est unique – avec une petite poignée d'imitateurs dans le Nouveau Monde. À défaut, essayez un sagrantino di montefalco, un grand côtes-du-rhône comme l'hermitage, un priorato espagnol ou un rouge portugais.

essayez :

- Bardolino, barbera d'alba ou barbera d'asti, dolcetto, grignolino, lago di caldaro et lagrein
- Chianti et montepulciano d'abruzzo
- Sangiovese et bonarda de Californie, d'Argentine et d'Australie
- Sagrantino passito et sagrantino di montefalco
- Vins doux naturels français et grands côtes-du-rhône
- Priorato d'Espagne et meilleurs rouges du Portugal

boisé ou non boisé

Les rouges influencés par le chêne sont à la mode, mais vous pouvez préférer éviter les arômes de vanille et d'épices.

si vous aimez les rouges boisés

Les amateurs de rouge marqué par le chêne ont un large choix. Il y a une génération, ils ne trouvaient guère que le rioja, les autres vins boisés étant alors considérés comme trop jeunes pour être bus.

Mais cela, c'était avant que les arômes de vanille, de pain grillé et d'épices du chêne neuf deviennent une fin en soi, plutôt qu'un sous-produit de la maturation. Aujourd'hui, presque tous les rouges du Nouveau Monde sont boisés, et d'autant plus censés l'être qu'ils sont corpulents. Presque tous les cépages – shiraz, cabernet sauvignon, malbec, merlot, pinotage et même pinot noir – sont concernés. Si les rouges européens les plus traditionnels restent en général préservés, les vins espagnols portant la mention « crianza », « reserva » ou « gran reserva » ont tous subi l'action du bois. Et les régions nouvelles ou rénovées, comme le Languedoc et les Pouilles, qui chassent sur le même territoire que le Nouveau Monde, utilisent généreusement le chêne.

essayez :

- Shiraz, cabernet-sauvignon, malbec, pinotage et merlot du Nouveau Monde
- Vins espagnols portant la mention « crianza », « reserva » ou « gran reserva »
- Rouges du Languedoc et des Pouilles

si vous aimez les rouges non boisés

Les rouges les plus ordinaires et tous ceux destinés à être bus dans l'année ne voient théoriquement jamais le chêne.

À l'opposé et à l'autre bout de la gamme des prix, les grands vins, surtout français (tel le bourgogne), sont élevés en fûts de chêne pour qu'ils y prennent rondeur et complexité – mais pas le goût du bois. Entre ces deux extrêmes, le nombre des vins non boisés a diminué. Parmi ceux qui résistent, il faut compter le beaujolais et ses proches cousins (*voir page 84*), ainsi que les vins modernes, fruités et de petits prix, faits pour être bus jeunes et issus de cépages comme les grenache (ou garnacha), tempranillo, pinot noir (en Loire) ou bonarda, et parfois merlot.

essayez :

- Grands bourgognes
- Beaujolais et vins similaires
- Vins jeunes de grenache, tempranillo et bonarda
- Pinots noirs de Loire
- Quelques merlots

Une bonne cuisine mérite un bon vin, mais il n'est pas obligatoire que celui-ci soit cher. Le but est qu'il s'harmonise ou qu'il contraste avec le caractère des mets.

les mets et le vin

les principes

Nos ancêtres seraient fort surpris de notre façon de marier vins et mets, mais sans doute avant tout parce que les vins ont évolué.

En matière d'association entre plats et boissons, il me semble nécessaire de rappeler certains principes. D'abord, il n'est point de vérité absolue. Si vous appréciez tel ou tel accord, même s'il est excentrique, libre à vous... Mais il convient d'ajouter que, si certaines combinaisons font presque l'unanimité, d'autres ne s'attirent quasiment aucun suffrage. Ainsi, vous risquez fort de ruiner votre réputation si vous servez un muscadet avec de la mousse au chocolat (ou n'importe quel vin sec avec un dessert), et de faire fuir vos amis avec un rouge tannique pour escorter du poisson fumé, par exemple.

Second point : il ne faut pas rechercher l'association idéale, unique et parfaite. Les mets admettent pour la plupart divers types de vins, parfois très différents. Telle union peut sembler heureuse un jour et moins le lendemain. Le lieu, la saison, la compagnie – et aussi évidemment le budget – ont leur importance. Ainsi le petit vin blanc tout jeune et tout frais qui, l'été dernier, accompagnait si bien vos repas de vacances pourrait-il bien se révéler un peu court, à la maison, lorsque l'hiver sera venu.

RÈGLES ANCIENNES POUR VINS TRADITIONNELS

Ces préalables étant posés, la question se pose quant à la manière de procéder pour faire l'unanimité, ou du moins pour éviter un four. Autrefois, c'était simple. Dans une région de production, il fallait accompagner la cuisine locale de vins locaux. Ce principe élémentaire, recommandé dans les dépliants touristiques, reste d'ailleurs éminemment juste et agréable à suivre. Plus généralement, les grandes règles étaient bien connues : du vin blanc avec le poisson et la viande blanche, et du rouge pour les viandes rouges et les gibiers – et au diable les végétariens ! En outre, les vins légers devaient être servis avant les plus corpulents, et les secs avant les doux, avec quelques exceptions elles-mêmes classiques : le xérès ou le madère (fort et riche) avec le potage, et le sauternes (liquoreux) avec le foie gras.

Pour les couleurs, les règles étaient strictes, mais non sans fondement ; elles reposaient sur quelques faits simples dont l'un des plus patents était que le poisson donnait aux rouges (mais pas aux blancs) un goût métallique ou amer parfois marqué. Mais, à l'époque, les vins blancs étaient plus acides et s'harmonisaient donc bien avec l'acidité, sous forme de vinaigre ou de citron, qui assaisonnait les plats de poisson.

Le poisson à chair rose, tels le thon et le saumon, peut être marié au vin rouge si celui-ci est relativement peu tannique. Le pinot noir est très approprié.

Vous pouvez préférer du **rouge** avec la **dinde rôtie** et apprécier un **chardonnay** corsé avec un **steak**.

Un chardonnay boisé peut parfois accompagner un steak avec autant de bonheur qu'un vin rouge.

Auparavant, les vins tanniques paraissaient plus souples et moins astringents en compagnie d'un plat de viande roboratif. Et le poisson et la viande blanche étaient des mets plus légers que la viande rouge, tout comme les blancs étaient plus légers que les rouges.

Mais tout a changé. Les vins ont énormément évolué depuis vingt ans, et même depuis dix ans. Les rouges, surtout en Europe, ne sont plus aussi tanniques ; or, avec le poisson, ce sont les tanins qui sont déplaisants. Et les blancs n'ont plus leur acidité d'autrefois : pensez à ces chardonnays corsés et boisés, titrant 14 °. Les uns et les autres sont aujourd'hui plus fruités, ce qui les rend souvent immédiatement plus séduisants, mais en même temps, effet pervers, plus difficiles à associer aux mets.

La mondialisation est passée par là, pour le vin comme pour la cuisine. Jadis, on produisait souvent les vins pour la consommation locale – et bien sûr pour la cuisine du cru. Aujourd'hui, les cépages, les styles de vinification et les vinificateurs courent toute la planète. Ainsi, le viognier, voici vingt ans, ne poussait guère que sur quelques collines au-dessus du Rhône, autour de Condrieu. Aujourd'hui, il prospère en Languedoc, en Californie, en Afrique du Sud et en Argentine.

AUTRES METS, AUTRES POSSIBILITÉS POUR LE VIN

Les cuisines des différentes parties du globe se sont mêlées. On n'hésite plus à préparer un plat toscan, une sauce thaïlandaise ou un authentique couscous marocain. Bien plus, on associe sans complexe les techniques de cuisson et les saveurs, en particulier les épices, venues des quatre coins du monde. C'est ce qu'on appelle la « cuisine fusion », comme la cuisine asiatico-méditerranéenne.

Si les vieilles règles sont sans conteste obsolètes, celle des couleurs peut être utilisée si l'on sait s'en émanciper pour découvrir, par exemple, que de nombreux rouges accompagnent bien le poulet et que des blancs peuvent agréablement s'exprimer sur de la charcuterie. Le poisson, surtout à chair rose, tels le thon et le saumon, se marie parfaitement au rouge s'il n'est pas trop tannique. Un pinot noir convient, mais un sangiovese ou un merlot du Nouveau Monde également, et peut-être même aussi les rouges du Beaujolais et de Loire (*voir page 18*). Vous pouvez, en outre, préférer du rouge avec la dinde rôtie et apprécier un chardonnay corsé avec un steak. Mais quand un vin est l'ingrédient essentiel d'un plat, comme pour le coq au vin, la couleur de sa robe dicte celle du vin d'accompagnement – quelle que soit la couleur de la viande !

METS, TYPES DE CUISSON ET SAUCES

En général, pour choisir un vin d'accompagnement, il faut considérer le caractère plus ou moins lourd d'un plat, en tenant compte de ses ingrédients, de la méthode de cuisson et de la sauce. Les plats pochés, cuits à la vapeur ou frits à la chinoise (dans un wok ou une poêle), sont souvent plus légers que les aliments braisés, rôtis ou frits à la manière classique. Les viandes, les gibiers et la volaille marinés offrent des saveurs plus riches et plus intenses. Et il ne faut pas oublier la sauce. Dans un plat principal, elle peut être de type bouillon et légère, à base de crème, d'œufs ou de viande, réduite, épaisse et concentrée, acide, à peine relevée ou épicée, riche en aromates, salée, caramélisée ou sucrée. Parfois aussi, ces caractères sont combinés ; ainsi la sauce hollandaise est-elle à la fois riche et citronnée. Si vous ignorez la sauce, elle se vengera.

Il s'agit d'équilibrer le poids du mets et celui du vin, afin qu'aucun ne domine l'autre. Un ragoût au vin rouge, avec ail, lardons et champignons, appellera un vin rouge corsé, que ce plat soit à base de haricots, de poulet ou de bœuf. Et une friture légère ou une salade sera rehaussée par un vin vif et peu corpulent, mais écrasée par une boisson robuste et charpentée. Si un plat froid contient, par exemple, du rôti, pensez à un vin frais tel un beaujolais. Du poulet accompagné d'une sauce riche et crémeuse exige un blanc plein et gras, comme un chardonnay de Sonoma ou un pinot gris d'Alsace ; mais un pinot grigio italien ou un sauvignon blanc chilien conviendra mieux à un poulet en cocotte à la citronnelle.

Bien entendu, il existe des exceptions. Un vin léger et vif, aux arômes fruités et doux, peut faire un joli contraste avec un mets riche. En Allemagne, en particulier dans le Rheingau, on sert traditionnellement les rieslings spätlese et auslese avec l'oie et le canard rôtis. Ces vins tranchent avec le caractère gras du plat ; leur acidité et leur douceur fruitée rehaussent la garniture, souvent de fruits, et la sauce – alors que des rouges paraîtraient secs et maigres. Dans la série des contrastes, associez

Ci-dessous, à gauche : poulet poché à la citronnelle accompagné de pinot grigio.
Ci-dessous : un côtes-du-rhône rouge escorte un ragoût de bœuf aux haricots.

L'asperge trouve un écho dans le sauvignon blanc, dont les arômes révèlent eux-mêmes parfois des notes d'asperge.

aussi un asti effervescent et léger (ou un autre moscato spumante) à une bûche de Noël, un champagne millésimé, peut-être rosé, à la chair ferme d'une perdrix rôtie froide (ou d'un autre gibier à plume), et tranchez sur la richesse d'un solide cassoulet par la fraîcheur fruitée d'un bon beaujolais (fleurie ou chiroubles, par exemple).

SAVEURS INTENSES

L'intensité des saveurs n'est pas nécessairement liée au poids d'un plat ou d'un vin. Ainsi un mets léger peut-il se révéler intense en bouche, et exiger un vin aux arômes exubérants mais lui-même léger de corps. Le goût si typique de l'asperge trouve un complément – et même un écho – dans un sauvignon.

De même, les épices et les aromates orientaux apportent des arômes intenses aux plats les plus légers. Les vins de cépage ayant une bonne acidité naturelle et un fruit très franc, sans apport du chêne ni de la fermentation malolactique, leur conviennent en général fort bien : par exemple le riesling, le sauvignon blanc, le muscat (sec), le cortese et, quand ils sont assez frais et non boisés, le sémillon et le viognier. Le gewurztraminer est si puissamment exotique qu'il tend à écraser les mets, mais il s'accorde pourtant souvent avec la cuisine indienne ou chinoise (*voir pages 108 et 109*).

Les sauces obtenues par déglaçage et réduction d'un plat de viande offrent aussi des saveurs concentrées et intenses, y compris quand la viande elle-même est assez légère – par exemple, une pintade ou un jeune faisan. Choisissez alors un vin assez corsé et non pas simplement riche, confituré et chaud (tel un shiraz ou syrah, un grenache, un merlot, un carignan). Vous équilibrerez l'intensité des saveurs avec un shiraz australien de qualité, un bon bourgogne rouge, ou un côtes-du-rhône comme le gigondas ou l'hermitage.

ACIDITÉ

Attention aussi au niveau d'acidité. De même qu'un mets riche et gras peut être rehaussé par le contraste d'un vin vif et net, l'acidité d'un plat, qu'elle vienne d'une dose généreuse de citron, de vinaigre, de compote de pommes, d'un beurre blanc au vin blanc ou d'un autre élément, doit être équilibrée par l'acidité du vin. À défaut, ce dernier paraîtra plat et terne. Les plus acides sont les blancs des régions fraîches (c'est-à-dire beaucoup de vins français et, pour les autres pays, ceux de l'Oregon, de la vallée chilienne de Casablanca, de l'Eden Valley et de la Yarra Valley en Australie, de Marlborough en Nouvelle-Zélande), ceux des cépages comme le sauvignon blanc, le riesling et le chenin blanc (et non le chardonnay, le sémillon ou le marsanne), ainsi que le champagne et ses meilleurs imitateurs. Les rouges sont plus difficiles à choisir, bien que certains soient nettement acides, parce que l'acidité, à table, se marie mal avec les tanins. Les plus indiqués sont sans doute le beaujolais, le barbera, le chianti, le dornfelder et les vins légers de même type.

METS SUCRÉS

S'il n'est point de vérité absolue, il est une règle qu'il faut respecter : un mets moyennement sucré exige parfois un vin sucré. À défaut, votre verre vous paraîtra âcre et maigre. Une note sucrée (fruit ou légume) dans un plat salé n'impose toutefois pas cette contrainte. Il n'est donc pas nécessaire de boire un vin doux avec du lapin ou de l'agneau servi avec une confiture ou une purée d'oignons, mais la douceur concentrée de cet élément fera paraître la majorité des vins rouges plus minces, plus secs et plus tanniques ou amers. Ce sont les rouges européens traditionnels et les autres vins tanniques qui souffrent le plus ; il vaut donc mieux choisir les rouges du Nouveau Monde, plus souples, plus corsés, au fruit plus ouvert et aux tanins plus arrondis, ou ceux du sud de l'Europe, des Pouilles italiennes ou de l'Alentejo portugais. Pour les cépages, faites plutôt appel au grenache ou au primitivo, avec leurs arômes de petits fruits naturellement doux. Si le blanc vous semble convenir, optez par exemple pour un vin corsé et généreux – sauvignon blanc de Nouvelle-Zélande ou riesling d'Australie –, ou un vin moelleux comme le monbazillac.

CHÊNE ET FRUIT

Les saveurs fortes et impérieuses ne sont pas l'apanage des mets. Un vin fortement empreint de chêne, avec ses notes marquées de pain grillé, de vanille, de noix de coco et de bacon fumé, se montre peu accommodant sur une table. Si vous aimez ce style, préférez les saveurs robustes des ragoûts, des grillades au barbecue, des poivrons rouges et des plats au fromage. De même, un vin corpulent, étoffé et fruité exige des saveurs puissantes et un assaisonnement à la hauteur.

Un gâteau au chocolat trouve un partenaire idéal dans un vin doux naturel, tel un banyuls plein de richesse et de douceur.

Avec un **mets sucré**, buvez un vin sucré et **assurez-vous** qu'il est **au moins** aussi sucré que **lui**.

marier saveurs et ingrédients

Voici quelques propositions pour associer des vins à des types d'aliments et d'ingrédients plus délicats que d'autres à marier.

les vins appropriés

Rieslings australiens et rieslings kabinett allemands : cuisine chinoise et plats légèrement épicés, tomates séchées, poivron rouge, salades, légumes grillés, poisson (dont le saumon fumé), rosbif froid.

Sauvignon blanc : cuisine thaïe, asperge, fromages de chèvre, salades, sauces relevées, légumes (sauf champignons), poisson frit, crustacés.

Chablis : presque tous les poissons (sauf ceux à chair très grasse), notamment en sauce comme la brandade ou le pilaf ; huîtres ; fromages gras comme le chaource.

Pinot blanc et pinot gris d'Alsace (sauf vendanges tardives) : poissons, quiche, risotto, pâtes à sauce crémeuse, poulet.

Cabernet-sauvignon ou merlot chilien : viande, volaille, plats à base de haricots, et même thon si le vin n'est ni tannique ni boisé.

Pinot noir : rouget, raie, saumon, thon, champignon, porc, canard, caille et, surtout avec le bourgogne rouge, perdrix.

Rouges italiens : l'astringence caractéristique de cerise amère accompagne bien beaucoup de plats salés (mais évitez les poissons avec les vins tanniques).

Shiraz/syrah : volaille rôtie (dinde, canard, oie), saucisses, viande et légumes grillés, ragoûts, gibier (surtout avec le côtes-du-rhône).

Vous pouvez évidemment ne pas apprécier mes choix, et j'espère que vous trouverez alors des associations qui vous satisferont. J'ai accolé des astérisques à certaines entrées : considérez-les comme des signaux d'alarme pour des saveurs, parfois des textures, susceptibles de déformer le goût du vin. Ce n'est pas qu'il faille les éviter, mais prenez-y garde pour ne pas gâcher vos précieuses bouteilles (ni vos précieux mets). En cas de changement de vin, prévoyez de l'eau et du pain pour nettoyer les bouches. Et il faut savoir que la cuisine au beurre peut judicieusement atténuer des saveurs étranges ou puissantes – par exemple, la nuance métallique ou aigre que donnent les épinards à certains vins, ou le goût pénétrant du fenouil. De même, l'ajout de fromage a un effet adoucissant, du moins pour les aliments qui le supportent (*voir page 104*).

SALADES La question essentielle, pour les salades, c'est la sauce. Si elle est acide, le vin doit l'être aussi – un sauvignon blanc par exemple, ou un vin de pays jeune et frais des côtes de Gascogne. Si elle est à base d'huile aromatique (comme celle de pépins de courge) et corsée d'ingrédients tels que le soja ou le gingembre, il faut choisir un blanc de même type – sauvignon blanc à nouveau, chardonnay australien non boisé, marsanne ou verdelho.

ŒUFS * Tout dépend des autres ingrédients. Pour les soufflés, les quiches et les sauces émulsionnées comme la mayonnaise (si elle n'est pas trop âpre ou trop citronnée), optez pour des blancs ronds et corsés ou assez corsés – chardonnay, y compris le bourgogne (notamment le mâcon) et le pinot blanc alsacien… Le jaune d'œuf, qui tapisse la bouche, pose un très gros problème : essayez du chardonnay ou du pinot blanc – mais pas vos meilleures bouteilles !

PÂTES Le vin doit se marier non pas aux pâtes mais à la sauce. Les spaghettis aux moules appellent un vin vif, sec et plutôt léger, alors que les tagliatelles à la crème et aux champignons supportent un blanc plus solide. Une sauce tomate concentrée demande des vins

Les huîtres se marient idéalement au champagne (surtout au blanc de blancs) ou au chablis premier cru.

aimant la tomate. Pour les lasagnes convient un rouge comme le montepulciano d'abruzzo ou un rosso di montalcino – ou, pour changer, un shiraz, un rosé frais et gourmand.

POISSON En général, le poisson épouse bien les blancs légers, vifs et simples, mais s'il est très fin (du turbot, par exemple), accompagnez-le plutôt d'un vin plus racé : grand bourgogne blanc ou chardonnay de même niveau. Pour le poisson en sauce à la crème et en timbale, choisissez un pinot blanc, un pinot gris, un chardonnay ou un vouvray demi-sec. Les vins rouges peu tanniques, notamment le pinot noir, se marient souvent bien au poisson à chair rose, comme au saumon et au thon. Mais vous pouvez essayer aussi les rouges de Loire, tels les saumur-champigny et sancerre (ce dernier étant de pinot noir), ainsi que le beaujolais, le sangiovese du Nouveau Monde et le merlot (mais pas trop boisés).

Poisson gras * Peu de vins résistent à la sardine et au maquereau, mais un blanc sec et vif, assez neutre, peut tenir – muscadet-sur-lie, piquepoul-de-pinet, ou jeunes blancs d'Italie du Nord tels le soave et le bianco di custoza.

Fruits de mer Les huîtres se marient idéalement au champagne (surtout au blanc de blancs) ou au grand chablis premier cru. À défaut, optez pour un blanc sec, vif et non boisé (muscadet-sur-lie, verdicchio, sancerre ou albariño des Rías Baixas), mais évitez les puissants arômes d'un sauvignon blanc de Nouvelle-Zélande. Faites les mêmes choix pour un plateau de fruits de mer ou, tout simplement, pour des moules nature. Mais avec une sauce à base de crème, préférez un vin plus riche, le mâcon par exemple. Si vous vous offrez un homard, faites aussi les frais d'un grand vin, bourgogne blanc (du chablis au meursault), champagne ou condrieu. Ce dernier, au même titre que les autres vins de viognier, accompagne bien la douceur du crabe.

Poisson fumé * Le hareng fumé réclame un scotch pur malt d'Islay, mais le saumon fumé vous donne l'occasion (s'il vous en faut une) de déboucher un champagne, peut-être un blanc de blancs millésimé ou un grand chablis. Le riesling convient également. Le maquereau fumé est moins facile, mais essayez un bon kabinett de Moselle – ou un riesling australien, si vous ajoutez un tour de moulin de poivre noir et beaucoup de citron.

VOLAILLE Le poulet est des plus accommodants... Les blancs et les rouges – moyennement corsés – lui conviennent, mais évitez les vins tanniques ou très aromatiques, à moins de les marier à une saveur particulière, celle de la citronnelle par exemple. Il faut surtout tenir compte de la sauce ou des aromates, étant donné l'arôme assez neutre de cette volaille. On peut en dire autant de la pintade, sauf si elle est rôtie, car ses notes plus soutenues de gibier appellent alors plutôt un vin de pinot noir.

La dinde n'est pas non plus très exigeante, mais elle préfère le vin rouge. Avec ses riches accompagnements de Noël, elle appelle des vins corsés, assez fruités et épicés, tels un shiraz australien (non effervescent), un châteauneuf-du-pape ou des cabernets et des merlots du Nouveau Monde. Si vous aimez le bordeaux, optez pour un saint-émilion ou un pomerol, de préférence à un médoc.

Quant au canard, servez-le avec un pinot noir, qui peut être un bourgogne. Le shiraz australien et les vins des Pouilles conviennent aussi. Si vous préférez le blanc, un riesling allemand demi-sec, par exemple du Palatinat, fera un joli contraste, surtout si la volaille est servie avec des fruits.

Le même principe s'applique à l'oie. Toutefois, celle-ci est une excellente occasion pour ouvrir un vénérable rouge européen ou un équivalent du Nouveau Monde. Évitez les tanins : comme pour le canard ou la dinde, un saint-émilion ou un pomerol devra être préféré à un médoc.

GIBIER À quelques exceptions près – comme le champagne avec le gibier à plume froid (*voir page 98*) et les blancs riches, tels le pinot gris d'Alsace et le chardonnay, avec le faisan à la crème –, le gibier appelle le vin rouge. Avec des oiseaux comme la grouse ou la gélinotte, et des arômes affirmés comme ceux du lièvre, du pigeon et de la venaison en sauce, faites appel à des vins puissants. Les côtes-du-rhône issus de syrah – côte-rotie, crozes-hermitage et saint-joseph – sont bien appropriés, comme les assemblages californiens de même type. Mais de nombreux pays proposent ce style : l'Australie (shiraz, mais pas le plus ordinaire, trop confituré, et les assemblages de shiraz et de mourvèdre), l'Italie (barolo, barbaresco, barbera), l'Espagne (ribera del duero et priorato), la France (bandol et côtes-du-rhône – *voir aussi page 20*). Pour les viandes plus légères, comme la perdrix, surtout rôtie, pensez au grand bourgogne.

VIANDES

Le porc s'accommode aussi bien d'une large gamme de rouges (de préférence pas trop tanniques) que de blancs assez corsés. Vous pouvez donc suivre votre goût, mais en tenant compte des autres ingrédients et de la méthode de cuisson – et attention à la compote de pommes, à la fois sucrée et acide, qui accompagne parfois le rôti de porc.

L'agneau aime le cabernet-sauvignon (et les assemblages classiques du cabernet), depuis le vieux bordeaux, avec un simple gigot, jusqu'au cabernet californien pour les plats aux arômes plus étoffés. Le rioja et le ribera del duero conviennent aussi, de même – et c'est plus étonnant – que le vin blanc avec l'agneau froid.

Le bœuf s'accorde avec de nombreux rouges : choisissez en fonction du plat et de votre budget. Et si vous préférez le blanc, essayez un chardonnay ayant du corps, pas trop ordinaire – disons de Nouvelle-Zélande – avec un steak.

Avec le veau, aux saveurs délicates, optez pour des blancs assez corsés ou des rouges tendres, pas trop charpentés – là encore, tenez compte de la méthode de cuisson et des autres ingrédients du plat.

LÉGUMES

De nombreux légumes, parce qu'ils sont soit acides (tomate), soit sucrés (carotte, oignon, navet, poivron), soit de saveur spéciale (asperge, fenouil), appellent plutôt l'acidité d'un blanc ou d'un rosé que les tanins d'un rouge. Mais les champignons, l'aubergine et les ragoûts de légumes s'accommodent mieux d'un rouge, parfois même bien corsé, tout comme les plats de haricots.

Artichaut * Les fonds donnent au vin un goût étrange, doux ou métallique et amer, selon le palais et le vin. Accommodez-les avec du citron, une mayonnaise citronnée ou une vinaigrette, et retenez un blanc très acide – je recommande les vins grecs issus de cépages locaux (de préférence au chardonnay) – ou un vin de cépage blanc, sec et agréable.

Tomate * Son acidité ne doit pas être sous-estimée. Si elle domine le plat, optez pour un sauvignon blanc. Si elle est très présente dans un plat qui, autrement, demanderait un rouge, essayez le barbera ou un autre vin italien jeune, ou faites appel aux arômes méditerranéens des vins du Languedoc-Roussillon.

ASSAISONNEMENT

Aliments salés Bien qu'ils masquent les tanins, ils s'accordent rarement avec les vins tanniques. Les blancs nerveux, à acidité marquée, ou les rouges frais et fruités sont souvent préférables ; pour les fromages salés, choisissez les vins onctueux (du sauternes avec un roquefort, par exemple).

Sauce au soja * Le sel demanderait un blanc assez acide, mais le mets appelle souvent plutôt un rouge.

Piments et épices fortes * Le piment ne déforme pas le goût du vin, mais il endort et brûle le palais : n'ouvrez donc pas une bouteille trop subtile. Les blancs vifs, jeunes, modérément aromatiques, conviennent bien, mais évitez les vins tanniques : pour le rouge, je recommande d'abord le beaujolais-villages, qui a l'acidité sans les tanins.

Curry * Si vous faites un sondage, vous constaterez que les votes pour le blanc l'emportent largement. Optez pour les vins vifs, modérément aromatiques et non boisés, plutôt que pour les blancs beurrés, boisés et corsés.

Poivre Le poivre fraîchement moulu peut gommer la complexité d'un vin vieux, mais rehausse souvent un vin jeune, simple et léger, en le faisant paraître plus costaud. Dosez en conséquence.

Moutarde * Celle de Dijon est parfaite, mais évitez les moutardes douces ou trop fortes et trop vinaigrées.

Raifort * Un assassin ! Mettez beaucoup de crème dans la sauce, ou abandonnez carrément cet ingrédient.

Vinaigre et citron * Méfiez-vous du vinaigre dans la vinaigrette, des câpres, de la sauce à la menthe, des chutneys et condiments de même type. Attention aussi au citron de la sauce hollandaise, au citron confit des plats marocains (à associer au sauvignon blanc), et de la tarte au citron (plus à l'aise avec un riesling de pourriture noble, joliment acide, qu'avec un sémillon de même type).

FROMAGE *

Malheureusement, et contrairement à ce que nous souhaiterions tous, le fromage n'est guère l'ami du rouge, par ses arômes comme par sa texture. En effet le vin souffre, quand il a des tanins. Les blancs secs sont donc souvent préférables, et les doux encore davantage : songez au mariage classique du sauternes et du roquefort ou du stilton et du porto.

Si vous voulez boire du rouge, choisissez des fromages à pâte dure ou demi-dure tels l'étorki basque et toute la gamme des brebis, français ou non (le berkswell anglais, par exemple), le parmesan, le saint-paulin, le comté, le laguiole ou le cantal (entre deux plutôt que doux ou vieux), ou encore le cheddar et le double gloucester. Préférez des vins plutôt évolués et complexes que jeunes et fruités, mais ne servez pas une bouteille vénérable avec un beau plateau de fromages.

Les pâtes molles comme le camembert, le brie et le pont-l'évêque sont difficiles à marier, surtout quand ils sont bien faits : peut-être un bourgogne blanc de Côte-d'Or avec le brie et un bourgogne rouge évolué, un saint-émilion ou un chianti classico riserva avec le camembert... Pour les fromages bleus, voyez les vins doux et les portos, comme pour le roquefort et le stilton.

Avec le chèvre, rien ne vaut le sancerre ou le pouilly-fumé, mais essayez aussi des rouges de même origine – des cabernets francs de la Loire tels que le saumur-champigny, le bourgueil et le chinon.

GÂTEAUX ET DESSERTS

Rappelons la règle : le vin doit être au moins aussi sucré que le dessert. Comme cette donnée ne figure pas sur l'étiquette, il faut bien connaître les vins doux ; le chapitre qui leur est consacré (*voir page 22*) vous y aidera. Avec les gâteaux, les vins allemands doivent être au moins de la qualité du beerenauslese ou du trockenbeernauslese – le spätlese et même l'auslese ne sont pas assez doux. Quant aux moelleux de Loire à petit prix, ils manquent en général de richesse et de douceur. En fait, les meilleurs avec les pâtisseries, sauf au chocolat (*voir ci-dessous*), sont les superbes coteaux-du-layon de Loire, les sauternes, les monbazillac, les vins doux d'Autriche, les blancs moelleux botrytisés d'Australie, l'eiswein et l'icewine canadien, ainsi que les vins doux naturels – muscat-de-saint-jean-de-minervois et moscatel de Valencia, par exemple.

Chocolat * « Assassinée par le chocolat » : trop de bouteilles ont eu cette épitaphe ! En effet, non seulement le chocolat est très sucré mais en outre il tapisse grassement la bouche : il faut donc quelque chose de très doux et de très puissant pour passer ce double obstacle. Les vins de muscat sont les meilleurs à ce jeu, surtout les muscats australiens, mutés et vieillis, de Rutherglen. D'autres y excellent aussi, tels les vins doux naturels français du Midi (muscats-de-beaumes-de-venise et de Frontignan), leurs homologues rouges (maury et banyuls), à base de grenache, l'orange muscat de Californie et d'Australie, le málaga d'Espagne, le tokay aszú (de 5 ou 6 puttonyos) de Hongrie, et le porto tawny dix ans d'âge, voire un bon cognac.

Dessert glacé * Le liqueur muscat australien et le xérès pedro ximenez sont les seuls vins vraiment assez puissants pour survivre à l'effet anesthésiant de la glace, mais des vins d'un prix inférieur comme le moscatel de Valencia, les vins

doux naturels de muscat français, tels le rivesaltes et le frontignan, s'en tirent assez bien.

FRUITS ET PÂTISSERIES AUX FRUITS

Il faut se rappeler que la douceur du vin doit excéder celle du mets : retenez donc un blanc doux à l'acidité rafraîchissante : vins d'Allemagne (riesling beerenauslese ou trockenbeerenauslese), vins doux d'Autriche, riesling botrytisé du Nouveau Monde, ou encore coteaux-du-layon, bonnezeaux de Loire, ou jurançon doux (avec ou sans mention « moelleux » ou « vendange tardive »).

Le fromage peut appeler les **blancs** secs, mais les **doux** sont parfois de loin **préférables** – tel le **sauternes** avec le roquefort.

CUISINE AU VIN

Un peu de vin peut donner beaucoup de caractère à un plat qui sinon resterait banal, mais ne croyez pas que la finesse du second soit directement liée à celle du premier. Utilisez un bon vin de table, mais ne gaspillez pas un premier cru de Bourgogne ni un cru classé de Bordeaux. Les vins corsés et généreux donnent davantage d'arôme que les plus légers et les plus neutres. La cuisson concentre à la fois l'acidité et le sucre et il faut donc se méfier des vins trop acides ou trop doux. Si vous utilisez du blanc pour une recette qui conseille le rouge, réduisez le volume de moitié – et ajoutez, si besoin est, de l'eau ou du bouillon. Les tanins se font moins sentir que l'acide et le sucre, mais un caractère très boisé peut en revanche transparaître. Pour les plats où le vin n'est pas cuit – par exemple le syllabub, médiéval et anglais, ou le sabayon –, utilisez ce que vous aimez boire.

Quelques grands mets et vins associés

Chacun a bien entendu ses goûts et ses préférences, mais certaines associations de vins et de mets sont devenues traditionnelles et classiques.

FOIE GRAS et pinot gris d'Alsace vendange tardive L'alliance de ce vin superbement doux et de ce mets savoureux peut surprendre, mais l'onctuosité de ce dernier se trouve ainsi fort joliment rehaussée. L'alsace a sur le sauternes l'avantage d'une note épicée fort bien venue.

Autres vins pour le foie gras :
- Sauternes ou autres vins liquoreux
- Gewurztraminer vendange tardive d'Alsace
- Jurançon moelleux
- Tokay aszú (5 puttonyos)

FROMAGE DE CHÈVRE et sancerre ou pouilly-fumé Le côté salé et fort du chèvre est bien complété par la vivacité pénétrante et les notes de verdure du sauvignon blanc non boisé. Le fromage peut être servi nature, ou chaud sur un lit de salade peu assaisonnée.

Autres vins pour le fromage de chèvre :
- Menetou-salon, quincy et reuilly
- Sauvignon blanc de Nouvelle-Zélande
- Sauvignons blancs d'Afrique du Sud
- Chinon, bourgueil et saumur-champigny

PERDRIX et bourgogne rouge Le bourgogne doit, si possible, être très fin – peut-être un vosne-romanée – et il doit compter quelques années de cave afin d'avoir acquis ces fascinants arômes de gibier et de truffe, en harmonie avec le léger goût faisandé de l'oiseau.

Autres vins pour la perdrix :
- Pinots noirs du Nouveau Monde (notamment de l'Oregon)
- Vieux pomerol
- Vieux crozes-hermitage
- Ribera del duero reserva

Idéalement, l'association du vin et du mets doit être équilibrée, chacun rehaussant les arômes de l'autre.

Autres associations classiques

Huîtres : champagne blanc de blancs ou chablis premier cru

Plateau de fruits de mer : muscadet-sur-lie

Charcuterie : cru du beaujolais, tel le fleurie, ou beaujolais-villages

Fromage stilton : porto vintage

Roquefort : sauternes ou barsac

AGNEAU RÔTI **et haut-médoc, pauillac ou saint-julien**

Non seulement le cabernet-sauvignon s'accorde bien avec l'agneau, mais les arômes de sous-bois et de feuilles de cigare ainsi que l'élégance et le caractère assez plein du haut-médoc, et surtout du pauillac et du saint-julien, sont en parfaite harmonie avec cette viande. Il faut choisir un gigot ou un carré d'agneau et le rôtir tel quel, avec simplement ail et romarin.

Autres vins pour l'agneau rôti :

- Assemblages de cabernet et de merlot de Nouvelle-Zélande
- Meilleurs cabernets et merlots du Chili
- Rioja reserva ou gran reserva
- Cabernet-sauvignon de Coonawarra

TARTE AUX POIRES **et coteaux-du-layon, bonnezeaux ou bien quarts-de-chaume**

Le chenin blanc botrytisé de longue garde de Loire recèle une extraordinaire intensité de fruit doux et miellé. Il convient à la poire mais aussi à d'autres tartes aux fruits, dont la pomme et l'abricot.

Autres vins pour la tarte aux poires :

- Sauternes et barsac
- Vouvray et montlouis moelleux
- Riesling botrytisé de Californie et d'Australie
- Rieslings beerenauslese allemand et autrichien

vins et cuisines du monde entier

Pour marier les vins d'Europe et du monde à la cuisine asiatique, il faut tout particulièrement tenir compte des épices et de l'assaisonnement.

CUISINE CHINOISE

Le caractère doux et délicat de nombreux plats chinois rend difficile le choix du vin : celui-ci doit à la fois ne pas être trop puissant ni trop sec, ni trop acide. Le cépage riesling est souvent une bonne solution – kabinett et spätlese halbtrocken (demi-sec) d'Allemagne et rieslings fruités, secs ou presque secs, d'Australie, de Nouvelle-Zélande et des États-Unis. Le champagne demi-sec et même brut est également un bon choix. L'exotique gewurztraminer est beaucoup trop puissant pour la majorité des mets chinois, mais il convient par exemple pour les travers de porc et pour deux sauces épicées, l'une aux haricots de soja, et l'autre dite « hoisin ». Les vins rouges sont plus problématiques (mais pas pour les businessmen de Hong Kong, qui boivent les plus grands pomerols) ; toutefois le pinot noir (servi frais) du Nouveau Monde ou le spätburgunder allemand conviennent parfaitement.

CUISINE THAÏE

Le vin passe-partout, pour les arômes de piment, de feuille de citronnier, de citronnelle, de coriandre et de sauce au poisson, c'est le sauvignon blanc – sancerre ou pouilly-fumé, ou encore les sauvignons du Nouveau Monde. Le riesling et le sémillon citronné et non boisé de même origine méritent aussi d'être essayés. Le rouge sort rarement indemne de la confrontation avec le piment, mais un bon beaujolais-villages ou un rouge ordinaire du Nouveau Monde, servi frais, tient bien face aux plats modérément épicés.

CUISINE JAPONAISE

Les mets japonais paraissent légers et relativement innocents, mais il ne faut pas s'y laisser tromper. Les accompagnements de condiments, de sauces diverses et surtout de wasabi (le terrible raifort !) sont loin d'être anodins. Si aucun vin n'est sans doute assez trempé pour le wasabi, certains conviennent mieux que d'autres. Les rieslings allemands, de style kabinett ou halbtrocken, se marient bien aux sushi et aux sashimi, de même qu'un champagne brut, surtout un blanc de blancs, ou un de ses bons imitateurs, sec, du Nouveau Monde (néo-zélandais par exemple). Le sauvignon est également un bon candidat, de même que le xérès fino et la manzanilla. L'avantage de ces deux derniers xérès, pâles et secs, qui ressemblent un peu au saké, c'est qu'ils accompagnent bien l'omniprésente soupe miso. Essayez aussi d'autres blancs secs (chablis, pouilly-fuissé, jurançon, verdicchio dei castelli di jesi et pinot bianco). Les plats de bœuf comme le teryaki s'accommodent bien d'un rouge peu tannique, vins de Loire, beaujolais (de préférence un cru) et pinots noirs (notamment le côte-de-beaune). Et si vous en avez les moyens, pourquoi pas un pomerol ?

CUISINE INDIENNE

Ce ne sont pas seulement les épices, mais aussi la superbe complexité des arômes de nombreux plats indiens, qui rendent si difficile le choix du vin. Beaucoup estiment que les blancs sont les plus appropriés, surtout s'ils ne sont pas boisés, bien qu'un chardonnay du Nouveau Monde accompagne idéalement un plat crémeux à la noix de coco. Pensez surtout au cépage – sémillon, verdelho, marsanne, muscat et riesling. Et si vous hésitez, n'oubliez pas que le gewurztraminer fait parfois merveille avec les plats très épicés difficiles à marier. Une minorité d'amateurs préfère le rouge, le bordeaux pour certains, et pour d'autres le vin muté, surtout le madère verdelho ou bual. J'ai constaté l'adéquation du bordeaux (un vieux médoc d'une grande année), mais je persiste à penser qu'il s'agit plutôt d'un coup de chance que d'une association rationnelle. Aux amateurs de rouge, je préfère recommander le beaujolais-villages, le rioja crianza ou un rouge espagnol moderne et jeune, les copertino, salice salentino ou primitivo des Pouilles, ou encore un shiraz australien d'assez bon niveau.

La cuisine **chinoise** n'est pas **si facile** à marier au **vin**, car elle est à la fois **sucrée** et **délicate**.

Le bon vin exige du bon raisin et un bon vinificateur. Voilà pourquoi les vignobles et la cave revêtent aujourd'hui la même importance.

viticulture et vinification

dans le vignoble

Paradoxalement, ce n'est qu'assez récemment que les vinificateurs ont reconnu l'importance de la vigne elle-même pour définir la qualité du vin.

Dans les années 1970 et 1980, alors que le Nouveau Monde commençait à produire et que l'Ancien, réveillé, se métamorphosait, les vinificateurs, qu'ils soient en même temps viticulteurs ou non, pensaient que les facteurs essentiels de la réussite dépendaient de l'équipement de la cave et de leur savoir-faire. « Donnez-nous du raisin et une installation flambant neuve, et nous vous donnerons du bon vin » : tel était leur dogme en cette époque où le monde viticole découvrait le progrès technique.

Ce point de vue a eu des effets bénéfiques : le vin est effectivement devenu meilleur et beaucoup plus constant dans sa qualité. Mais on s'est aperçu – et cela du reste est évident rétrospectivement – que les vinificateurs les plus habiles et les plus inspirés ne pouvaient tirer un bon vin d'un raisin médiocre, ou une grande bouteille d'un raisin simplement bon. Eux qui ne quittaient guère leur cellier, leur cuvier ou leur chai sinon pour aller au laboratoire de contrôle, chaussèrent alors leurs bottes pour arpenter les vignobles. « Le vin se fait dans le vignoble », tel fut leur nouveau credo. Les Californiens se mirent à parler de « cultiver les arômes ». Le travail du viticulteur devint tout aussi important que celui du vinificateur.

LES VIGNOBLES DU NOUVEAU MONDE

Hors d'Europe, tout a commencé sur un malentendu. Les pionniers du Nouveau Monde s'étaient lancés tout joyeux dans l'aventure du vin, certains que sous leurs climats chauds et ensoleillés, avec une irrigation appropriée, ils pouvaient planter tous les cépages à leur fantaisie. Et le sol, la vile glèbe, n'avait qu'à suivre. Peu leur importait qu'ils n'eussent ni le calcaire ni la silice de Bourgogne, ni la craie de Champagne, ni les marnes kimméridgiennes du Chablisois, ni les graves du Médoc et des Graves, ni le granit d'Alsace… Ils plantèrent Sa Majesté rouge de Bordeaux, le cabernet sauvignon, à côté du chardonnay, roi blanc de Bourgogne, en leur adjoignant le prince sauvignon du Sancerrois. Et leurs vignes prospérèrent. À la différence de leurs vieilles cousines européennes, elles n'avaient pas à se battre pour l'eau et les éléments nutritifs, ni à pousser interminablement leurs racines dans les strates d'un sous-sol dur et rocheux.

Las ! ces belles vignes n'ont sécrété nulle part les arômes ancestraux de leur terroir d'origine. Certes, leurs vins ont reflété les cépages et les choix du vinificateur quant à la fermentation et à l'élevage. Ils se sont révélés bardés d'arômes de fruits et riches en alcool (parce que le raisin est plus sucré sous un climat chaud), et ils ont traduit avec force, en bouche, les procédés de vinification – le goût beurré des blancs soumis à la fermentation malolactique (*voir page 128*), la douceur des arômes de chêne neuf pour les rouges comme pour les blancs.

LE CARACTÈRE DU VIGNOBLE

Ces vins n'étaient nullement mauvais. Au contraire, certains se sont même mis à battre les grands vins français lors de dégustations rassemblant surtout des spécialistes de l'Hexagone, et le niveau moyen des rouges et des blancs ordinaires s'est parfois révélé supérieur à celui de leurs homologues européens. Cependant, ils n'exprimaient en rien le caractère d'un vignoble, et d'ailleurs leurs étiquettes mentionnaient beaucoup plus volontiers cépage et producteur que situation géographique !

Cet esprit du lieu, c'est le « terroir ». Il se réfère à l'ensemble des conditions propres à un vignoble ou à un site, et celui-ci influence de manière prépondérante le vin qui en est issu. Le terroir inclut la topographie (altitude, pente, orientation), le climat (température, ensoleillement, précipitations), le sol et le sous-sol. En France, le terroir est ce qui donne sa spécificité au vin et c'est sur lui qu'est fondé le système des appellations contrôlées.

Des rosiers marquent le périmètre des vignobles du château de Sours, dans l'Entre-Deux-Mers, où domine, pour le vin rouge, le cépage merlot.

La notion de **terroir** englobe l'**ensemble** des **conditions** de culture propres à un **vignoble**.

le sol

Pour les vins français, la composition chimique du sol, surtout sa teneur en minéraux, joue un rôle essentiel dans le goût. Et cette idée commence à gagner les producteurs du Nouveau Monde.

« Voyez le caractère minéral, de pierre à fusil, du chablis, ou les notes de terre et de cailloux du graves, ou celles d'ardoise du moselle », dit le Français. Certains producteurs, surtout ceux du Nouveau Monde, n'acceptent pas le lien entre le sol et les arômes – et il faut dire que les études scientifiques n'ont guère corroboré cette conception traditionnelle. Pourtant, de nombreux producteurs, hors d'Europe, sont en train de changer d'opinion. Dans la Clare Valley australienne, nombre d'entre eux se mettent à parler des rapports entre le sol et les nuances des rieslings de Watervale et de Polish Hill.

En tout cas, les vinificateurs savent tous que les qualités physiques du sol ont une influence directe sur la qualité d'un vin et sur son style. Ainsi, pour donner quelque chose de grand, il faut que la vigne souffre sur un sol pauvre ; dans une terre riche, le feuillage se développe au détriment de l'épanouissement même des fruits.

EAU ET CHALEUR

La vigne exige des sols bien drainés mais qui cependant retiennent l'eau en profondeur, afin de pouvoir y puiser en cas de besoin. Là où l'irrigation est nécessaire (comme, en général, en Australie et en Amérique du Sud), cette capacité à retenir l'eau est encore plus indispensable. Dans l'hémisphère Nord et dans les autres régions fraîches, le sol doit aussi emmagasiner la chaleur, et cette propriété est souvent liée à la présence de roches. Ce n'est pas un hasard si la Champagne, crayeuse, la Bourgogne, calcaire, le haut Médoc, graveleux, et la région de Pomerol, sableuse, argileuse et graveleuse, remplissent ces critères. Bien entendu, l'Europe a eu des siècles pour bien connaître ses sols. Les vignerons ignoraient tout de la chimie, mais au fil du temps ils savaient quel sol et quel climat convenaient à tel ou tel cépage, et quelle partie de quel coteau donnait les meilleurs résultats. Toute cette expérience acquise se retrouve dans le système des appellations contrôlées.

LA QUÊTE D'UN TERROIR

Plus conscients aujourd'hui des problèmes de sol et de géologie, les producteurs du Nouveau Monde rattrapent le temps perdu en expérimentant de nouveaux sites et en recherchant le cépage qui y est le mieux adapté. Ils se tournent en priorité vers des climats plus frais et peut-être moins favorables pour la vigne, mais dont le sol est capable de donner des vins de qualité. Même si le mot n'a pas d'équivalent dans leur langue, c'est donc bien de « terroirs » qu'ils sont en quête.

KIMMÉRIDGIEN Le chardonnay pousse dans les marnes du Chablisois, où il donne les fameux blancs aromatiques, secs et limpides de l'appellation.

ARDOISE La Moselle coule sur de l'ardoise et nombre des meilleurs rieslings viennent de ces sols pentus de la région Moselle-Sarre-Ruhr.

CRAIE La Côte des Blancs, en Champagne, se caractérise par des sols crayeux où le chardonnay peut exprimer toute sa finesse.

biologique et biodynamique

En viticulture, comme dans les autres branches de l'agriculture et de l'industrie alimentaire, le discours écologiste marque des points. Il rallie tous ceux qui refusent l'ajout de substances chimiques dans les sols et l'environnement, ainsi que les amateurs qui ne veulent pas de résidus chimiques dans leurs bouteilles de vin. Aussi, alors que la viticulture biologique était hier le fait de petits exploitants, de grandes sociétés, comprenant que le vent tourne, s'y mettent-elles aussi.

LA VITICULTURE BIOLOGIQUE

Dans l'Union européenne, un vin biologique doit provenir d'un raisin de culture biologique, mais aucune règle n'a été édictée au sujet de sa vinification. Pour être reconnu comme biologique par les organismes officiels, le raisin doit ainsi provenir de vignobles n'ayant pas reçu de pesticides, fongicides, herbicides ou engrais de synthèse depuis au moins trois ans. Ces vignobles sont donc fertilisés avec du compost et du fumier, et défendus contre les parasites par des espèces animales entomophages. On y cultive les engrais verts et d'autres plantes pour améliorer physiquement le sol, pour attirer les insectes utiles, et même pour concurrencer les vignes trop vigoureuses. Il faut évidemment disposer de temps, car des années de traitements chimiques ont rendu les sols compacts, stériles et intoxiqués – mais cette approche écologique doit également se répercuter sur la vinification.

LES AUTRES SYSTÈMES

D'autres producteurs, sans pratiquer une authentique « culture biologique », ont opté pour des systèmes différents, telles la « viticulture durable » ou la « lutte raisonnée » contre les parasites. Ces méthodes participent de la même philosophie, mais sont plus souples et permettent le recours aux substances biologiques en cas de nécessité.

Quant à la biodynamique, c'est un système encore plus rigoureux que l'agriculture biologique, et qui connaît un succès étonnant (étant donné son caractère apparemment radical) dans les meilleures régions françaises, notamment en Bourgogne. Les vignerons qui y font appel excluent tout produit chimique, au profit de fumiers locaux additionnés de corne broyée et d'infusions de quartz en poudre et de diverses plantes (pissenlit, ortie, valériane). En outre, ils organisent les soins culturaux en fonction des phases de la Lune et des étoiles, afin que la croissance de la vigne soit en harmonie avec ce qu'ils pensent être les rythmes

La viticulture biodynamique offre des alternatives aux pesticides. À la Romanée-Conti, en Bourgogne, le *phacelia* débarrasse le sol des nématodes.

naturels de la Terre et du cosmos. On peut certes ironiser, mais pas contester l'excellence des vins produits selon ces principes par les domaines Leflaive et Leroy en Bourgogne, Chapoutier dans les côtes du Rhône, ou encore Huët et Coulée de Serrant en Loire.

Toutes ces méthodes de culture donnent-elles des vins meilleurs que les autres ? Pas toujours. Il faut dire qu'elles demandent beaucoup d'expérience, de soin et de patience. Un viticulteur inexpérimenté court un plus grand risque de rater un vin biologique qu'un autre qui utilisera l'arsenal chimique pour rattraper les dégâts. Mais si son vin est réussi, il offrira des arômes plus purs et plus intenses – qu'il devra peut-être d'ailleurs essentiellement aux rendements très faibles, donnant un moût plus concentré, qui caractérisent ce mode de culture.

CALCAIRE Le pinot noir qui pousse sur les sols calcaires des fameuses appellations de la Côte-d'Or atteint une complexité rarement égalée ailleurs.

ARGILE ET GRAVES Le château Petrus et autres grands domaines de Pomerol témoignent de la qualité de leur merlot, cultivé sur l'argile et les graves.

GROS CAILLOUX Les pierres arrondies, sur lits de sable et d'argile, de Châteauneuf-du-Pape, absorbent la chaleur le jour et la restituent la nuit.

le cycle de la vigne

Chaque année, pour chaque récolte, les mêmes angoisses planent sur les vignobles ; les vignerons espèrent toujours que froid, grêle et pluies persistantes leur seront épargnés et que le soleil sera généreux.

1

DÉBOURREMENT Avec le printemps, les bourgeons pointent ; les pousses et les feuilles jaillissent, reverdissant les vignobles... Les cépages précoces se montrent alors les plus sensibles aux gelées.

2

FLORAISON La vigne fleurit en mai-juin, six à douze semaines après le débourrement. Ses fleurs durent en général une dizaine de jours. Pour que tout se passe bien, il faut un temps chaud, sec et pas trop venteux.

3

NOUAISON Juste après la floraison, les fleurs fécondées forment des baies : c'est la nouaison. Le pourcentage de fleurs fécondées varie selon le cépage et le temps, mais il est en moyenne de 30 %.

Selon le **climat** et le **cépage**, on compte 130 à 200 jours entre les premiers **bourgeons** printaniers et la **vendange**.

conditions

température moyenne idéale
environ 15 °C

ensoleillement
au moins 1 300 heures

précipitations annuelles minimales
500 à 750 mm

4

MATURATION Sous la chaleur de l'été, les baies commencent à mûrir : leur taux de sucre augmente et, peu à peu, elles changent de couleur et s'attendrissent. Ce processus est la véraison. De bonnes conditions climatiques sont essentielles à la maturation, et il faut surtout qu'elles se maintiennent jusqu'en automne : les vendanges peuvent alors commencer.

le climat

Nombre de grandes régions viticoles européennes sont à la limite des zones climatiques favorables à la culture de la vigne, et leurs vignobles sont donc exposés aux rigueurs du climat.

Les vignobles d'Europe ne sont pas les seuls à souffrir : celui-ci, situé à Mendoza, en Argentine, a été dévasté par une grêle estivale.

En Europe, du début à la fin de la saison de la croissance de la vigne, les vignerons dorment mal : trop de pluies et les arômes seront dilués, pas assez de soleil et le raisin ne mûrira pas… Il faut craindre aussi les gelées tardives de printemps, le mauvais temps à la floraison, qui compromettrait la nouaison, la grêle, le mildiou et les autres maladies. Mais la sécheresse est également à redouter parfois, surtout dans les régions où l'arrosage est mal considéré et largement banni parce qu'il permet aussi d'augmenter le rendement au détriment de la qualité.

LES MICROCLIMATS

En Europe, la vigne est de préférence établie dans des sites où le climat est tempéré par un élément géographique : cours d'eau réchauffant ses rives, pente abritée du vent ou poche non touchée par le gel. On parle en l'occurrence de « microclimats », où de « climats locaux » pour les zones plus étendues. Depuis longtemps, les vignerons ont identifié ces coteaux et ces pentes favorables à la vigne, et, si tel n'a pas été le cas, ils ont su tirer parti de leur expérience. Cependant, quels que soient le site et les soins apportés aux ceps, il faut compter avec les inévitables mauvaises années, qui viennent produire leur lot de vins décevants.

LES CLIMATS EXTRÊMES

Les régions chaudes n'échappent pas aux caprices du climat. Ainsi, l'Argentine a été durement touchée par El Niño en 1998, la Hunter Valley australienne est exposée aux pluies durant la période de vendange, l'Australie-Occidentale et la Nouvelle-Zélande souffrent des effets des cyclones, et des conditions climatiques anormales ont affecté le millésime 2000 dans plusieurs des meilleures régions sud-africaines. Enfin, si le soleil tant espéré des vignerons européens est toujours au rendez-vous dans le Nouveau Monde, cela n'est pas sans inconvénients : sous l'effet d'une trop forte chaleur, le raisin risque de mûrir trop vite, sans avoir pu développer ses arômes.

Ainsi, alors que les producteurs européens recherchent une protection contre le froid et qu'ils souhaitent un meilleur ensoleillement, les producteurs ambitieux de l'hémisphère Sud et de la Californie recherchent en altitude les sites les plus frais, touchés par un vent marin ou par des brumes matinales, ou dont la température nocturne est particulièrement basse. Il en résulte que les meilleurs vins viennent de plus en plus, lorsque l'année a été particulièrement chaude, des vignobles favorisés les plus septentrionaux dans l'Ancien Monde, et, en nombre croissant, des plus frais et des plus « européens » dans le Nouveau Monde.

la culture de la vigne

Il faut planter, entretenir et tailler la vigne comme il convient, selon le cépage et les conditions locales, mais aussi, et cela est important, en fonction du vin que l'on veut produire et des décrets de l'appellation.

De même qu'un mauvais raisin ne donnera pas un bon vin, certains sites ne produiront jamais rien de grand, quelle que soit la somme d'argent que l'on y investisse.

LA SÉLECTION CLONALE

Les viticulteurs soucieux de la qualité de leurs cépages étudient dorénavant la possibilité d'améliorer leur production grâce au clonage, car celui-ci permet d'obtenir des plants performants et exempts de virus. La sélection clonale consiste à choisir une souche présentant des qualités optimales pour l'obtention d'un type de vin donné, et à la multiplier à l'infini pour obtenir des souches filles possédant des caractéristiques semblables : tous les plants étant des sosies, les rendements et la production s'en trouvent améliorés. Dans la pratique, on choisit les 50 à 100 meilleures souches sur une durée de trois ans. Chacune d'elles est ensuite multipliée 15 fois pour former une famille sanitaire qui sera étudiée afin de déterminer ses caractéristiques génétiques par rapport à la productivité (fertilité, poids des baies, rendement), la qualité (teneur en sucre, acidité, matières colorantes), et au produit fini (le vin). Les 5 premiers clones seront alors multipliés pour donner 500 nouvelles souches. La législation impose de les planter à au moins 25 m d'autres vignes, et sur un terrain désinfecté n'ayant pas porté de vignes depuis au moins douze ans.

LE RENDEMENT

Le but de la limitation des rendements est de diminuer ou de limiter le

génie génétique

Pour l'instant, les vins génétiquement modifiés (GM) ne sont pas encore commercialisés, mais cela pourrait rapidement changer : il est probable qu'un peu partout des laboratoires ont déjà développé des vignes GM.

Il s'agit essentiellement d'améliorer la résistance des plants aux maladies virales, fongiques ou transmises par les insectes, et d'obtenir une meilleure maturation du raisin. En Australie, où le taux d'alcool des vins est devenu très important, le but recherché est plutôt de créer des plantes qui développent leurs arômes précocement : la vendange pourrait ainsi intervenir plus tôt, avant que ne grimpe le niveau de sucre qui en fermentant produit l'alcool. Concernant des autres organismes GM (OGM), de la levure GM a peut-être été utilisée dans certains vignobles européens depuis les années 1980, mais pour l'heure le silence est de mise : dans l'Union européenne, les OGM sont interdits dans tous les produits organiques, y compris le vin.

Ci-dessous, à gauche : vignes espacées permettant la vendange mécanique. Ci-dessous : des vignes serrées imposent le travail à la main.

nombre de grappes de façon que la récolte de l'ensemble des parcelles soit sensiblement identique au quota imposé par l'appellation. Cela permet aussi d'améliorer la qualité par une bonne maturation des grains. Les grands principes de cette limitation résident dans six opérations essentielles : le choix du porte-greffe et du clone, la fertilisation, la vendange en vert, la taille, l'enherbement (concurrence avec la vigne) et l'éclaircissage chimique ou manuel. Le choix du porte-greffe, qui s'effectue en fonction de la nature du sol, est l'élément primordial. Toutes ces options visent à optimiser les rendements.

LA RÉCOLTE

La date du début de la récolte est déterminée en fonction de la maturité des raisins. Deux méthodes sont possibles. La plus simple reste la proclamation par les syndicats interprofessionnels du ban des vendanges, confirmée ensuite par les laboratoires œnologiques régionaux. Le viticulteur peut ainsi entamer sa campagne de vendanges après avoir vérifié lui-même l'ensemble des parcelles de son exploitation, en tenant compte des cépages les plus tardifs. Il aura comme moyen de vérification l'échantillonnage de raisins provenant de chaque parcelle : dix grappes sont prélevées sur des ceps régulièrement espacés et d'expositions différentes : après leur pressurage complet, on procède à l'analyse des sucres par réfractométrie ou densimétrie, et des acides par acidimétrie ; le rapport de ces deux éléments donne l'indice de maturité. L'autre méthode, qui est plus empirique, consiste à prendre date pour cent jours après la floraison.

LES VENDANGES

C'est le moment le plus important pour le viticulteur. Pour vendanger, deux possibilités s'offrent à lui : la vendange manuelle et la vendange mécanique. La première est la méthode traditionnelle dans de nombreuses régions viticoles. Elle permet la cueillette entière du fruit tout en lui conservant ses qualités essentielles. La vendange mécanique, de plus en plus souvent mise en place du fait du manque de main-d'œuvre, est cependant interdite dans certaines régions de production comme la Champagne. En effet, les machines viticoles, en secouant violemment les ceps pour faire tomber les grappes de raisins, ne permettent pas de conserver les rafles, essentielles pour la fabrication des vins blancs. En dehors d'autres inconvénients, la portance des sols par temps de pluie et le morcellement des parcelles ne permettent pas toujours de les utiliser alors même que les producteurs le voudraient.

En haut : vignes de cabernet sauvignon conduites sur support en V, dans le comté de Napa, en Californie.
Au centre : taille en vert dans les Pouilles italiennes, pour exposer le raisin au soleil.
Ci-contre : palissage mécanique en Alsace ; la machine relève le jeune feuillage et le fixe sur des fils, de part et d'autre des piquets.

En haut : vendange manuelle grappe par grappe, en petits paniers en bois vidés dans des hottes, et raisin trié dans le vendangeoir.
Ci-contre : vendange nocturne à la machine, permettant de bénéficier de la fraîcheur.

dans la cave

La réception de la vendange s'effectue toujours dans un endroit appelé chai ou cuverie. C'est là que va commencer le processus complexe de la vinification.

Même avec de belles cuves bien propres, et avec un temps chaud pour que la fermentation s'amorce dans de bonnes conditions, la réussite dépend du respect de règles traditionnelles. La vinification est en effet une opération délicate qui consiste à appliquer à une vendange un traitement déterminé en fonction du terroir, du matériel choisi et du type de vin que l'on désire obtenir.

Lorsque le raisin a été vendangé, il est apporté le plus vite possible en cave de vinification – appelée aussi cuvier (Bourgogne) ou cellier (Bordeaux). Il est en effet essentiel qu'il n'arrive pas en cave sous forme d'une purée exposée aux bactéries. Le transport en caisses de matière plastique convient parfaitement. En revanche, l'entassement dans une benne, avec la chaleur et les cahots, n'est évidemment pas souhaitable.

Les fûts de chêne neufs donnent des **arômes** plus complexes et plus étoffés, ainsi qu'une **texture** plus riche.

LE FOULAGE

Lorsque le vin arrive à la cave, il est en général pressé et foulé avant la fermentation. Cette opération consiste à faire éclater les baies du raisin afin de libérer le maximum de jus sans écraser les pépins ni les rafles. Elle permet également d'aboutir à une bonne homogénéisation en vue d'assurer le début de la fermentation alcoolique. Bien que cette technique ait toujours existé, de nos jours les machines remplacent les pieds de l'homme. Elle ne s'utilise plus désormais que pour la vinification des vins rouges.

Le pigeage (piétinement) est pénible, mais il se justifie pour certains vins rouges et pour le porto vintage de qualité.

L'ÉRAFLAGE

C'est l'étape qui consiste à séparer la rafle – l'armature verte et ligneuse de la grappe – du reste de la vendange, pour l'obtention de vins plus souples et moins astringents. On ne pratique pas l'éraflage pour la production des vins blancs, car la rafle sert à drainer le moût lors du pressurage. L'éraflage n'est utilisé que pour la vinification des rouges. Parfois, pour des cépages peu tanniques comme le pinot noir, on laisse macérer une partie des rafles dans le but de renforcer les tanins.

LE PRESSURAGE

Ce travail consiste à presser ou écraser les baies du raisin ou le moût pour en extraire le jus au moyen d'un pressoir. Pour les vins blancs, il s'effectue avant la fermentation, pour les rouges et les rosés après la macération, phase de la vinification située avant ou pendant la fermentation, au cours de laquelle les vins prennent leur couleur, leurs arômes et leurs tanins.

LE PIGEAGE

Le foulage par piétinement, ou pigeage, revient périodiquement à la mode. C'est une méthode douce que certains producteurs du Nouveau Monde pratiquent pour le pinot noir, pour en briser la peau et éliminer les rafles, et qui excelle dans l'extraction de la couleur. Ainsi, le meilleur porto vintage doit encore aujourd'hui sa robe à ce procédé – même si ce sont parfois des robots qui foulent. Il faut noter que le pigeage est parfaitement hygiénique, le pied de l'homme n'étant pas plus poussiéreux que bien des grappes qui arrivent à la cave.

Le moût du raisin blanc est séparé des peaux avant fermentation ; en revanche, les peaux du raisin rouge donnent leur couleur au vin.

Le pressoir traditionnel, tel ici celui du champagne Krug, a fait son apparition dans quelques caves australiennes.

du raisin
au vin

C'est la fermentation qui transforme le moût du raisin en vin ; aussi les producteurs qui visent la qualité cherchent-ils à en contrôler soigneusement toutes les étapes.

1

TRIAGE Il faut du bon raisin pour faire du bon vin, et théoriquement les grappes pourries ou abîmées doivent être éliminées. Ce travail est plus poussé dans les domaines qui recherchent une grande qualité.

2

ENTRÉE EN CAVE Pour éviter les risques d'infection bactérienne, le raisin doit être rentré et travaillé aussi vite que possible. Ici, il est déversé directement par le toit dans le fouloir.

3

FOULAGE La méthode de foulage est fonction du cépage et du type de vin souhaité par le vinificateur. Le raisin à peau assez épaisse est en général foulé dans une machine puissante et rapide.

La **cave idéale** convenant à n'importe quel vin n'existe pas. Le lieu où l'on élabore le vin doit être adapté à son **style**, au **site**, au **climat**, à la **main-d'œuvre** et à la **clientèle**.

4

FERMENTATION Pour le vin blanc, seul le jus de raisin fermente dans la cuve. Pour le vin rouge, en revanche, la fermentation se fait avec les matières solides, qui donnent au vin sa couleur.

5

FILTRAGE Après la fermentation, le vin est ordinairement trouble. Pour le rendre stable – et plus engageant d'aspect –, le vinificateur a recours à diverses méthodes, dont la stabilisation à froid pratiquée ici.

6

VIEILLISSEMENT EN FÛTS Beaucoup de vins ne voient jamais le chêne et sont embouteillés après le filtrage. Pour d'autres, au contraire, blancs ou rouges, le séjour en fûts apporte complexité et richesse.

LA FERMENTATION

Le type et la taille des cuves de fermentation influent énormément sur la qualité du vin – et sur son prix. S'il en existe encore en béton verrées (garnies de plaques de verre) ou en fibre de verre, la cuve d'acier inoxydable équipée d'un système réfrigérant est aujourd'hui devenue la règle, surtout pour la fermentation lente à basse température, pratiquée pour les blancs et les rosés vifs et nerveux. Beaucoup de rouges sont également fermentés dans ce type de cuve, mais le modèle ancien, en bois, non couvert, est encore largement employé. Les caves ultramodernes du Nouveau Monde le préfèrent parfois, pour sa capacité à extraire la couleur et à maintenir la chaleur. On trouve aussi des cuves en bois fermées dans quelques grandes régions de blancs, notamment en Alsace et en Allemagne.

Ci-dessous : les cuves de fermentation en bois ne sont pas l'apanage des vieilles caves ; le Nouveau Monde commence aussi à les utiliser. Ci-dessous, à droite : les cuves d'acier inoxydable permettent un contrôle précis de la température et de la pureté des arômes des vins de cépage.

LE RÔLE DU CHÊNE

Les fûts de chêne neufs coûtent cher, mais les domaines produisant des vins de classe ne sauraient s'en passer. D'autres essences ont été expérimentées (dont le châtaignier en Italie, le rauli au Chili et l'eucalyptus en Australie) ou le sont actuellement, mais le chêne donne sans conteste de bien meilleurs résultats. Cependant, n'importe quel chêne âgé ne convient pas : celui des forêts françaises, à grain fin, est considéré comme le meilleur. Le chêne américain offre des arômes plus grossiers, mais il est de bonne qualité s'il est sélectionné, séché et mis en œuvre comme il convient.

Les fûts de chêne neufs apportent des arômes plus riches (pas seulement ceux du chêne, mais un ensemble plus complexe) et une texture plus étoffée. Le vin blanc peut fermenter dans de petits tonneaux, mais dans le cas du rouge, les peaux posent un problème, car elles montent en surface et ce « chapeau » doit sans cesse être enfoncé (quel que soit d'ailleurs le récipient) pour qu'elles ne forment pas une croûte en se desséchant. C'est pour cette raison que le rouge est seulement élevé, et non fermenté, en fûts. Seuls certains domaines enfûtent le vin, séparé des peaux, dès la fin de la macération

la tonnellerie

Il est rare, aujourd'hui, que les fûts soient faits au domaine. Pourtant, celui de Château-Haut-Brion (à Pessac, dans les Graves) entretient toujours une tonnellerie.

Avant assemblage, les douelles sont façonnées en fuseau. Le tonnelier dispose ensuite les pièces tandis qu'elles sont assujetties en partie haute par un cercle de montage.

Une fois achevée la mise en place des douelles, le tonnelier enfonce deux cercles temporaires qui maintiennent les pièces, puis enlève le cercle de montage.

L'un après l'autre, les fûts sont mis en forme sur la flamme. Le tonnelier cintre les douelles et enchâsse les fonds à chaud, en mouillant généreusement l'extérieur du fût.

L'intérieur des douelles est brûlé : c'est le bousinage.

Les extrémités des douelles forment une lèvre irrégulière, que l'on rabote à la machine avant de livrer le fût.

Dans le Nouveau Monde, on introduit parfois des copeaux ou des chutes de chêne dans les cuves, pour aromatiser le vin.

(phase d'extraction de la couleur et des tanins), sans attendre celle de la fermentation.

La pénurie de chêne et les problèmes budgétaires des producteurs du Nouveau Monde amènent ceux-ci à suspendre dans les cuves des sacs de copeaux, ou des planches de chêne, durant la phase de fermentation et/ou de vieillissement. Ce procédé, certes, donne une bouffée d'arôme de chêne, mais pour un temps limité, et sans la subtilité et la richesse qui restent l'apanage des véritables fûts de chêne. On peut aussi ajouter de l'essence de chêne, mais cette pratique est presque partout interdite, et en particulier en France. En revanche, des produits tanniques, pulvérulents ou liquides, issus du chêne ou d'autres bois, sont légaux depuis longtemps dans certains pays. Ils servent à améliorer la couleur, la conservation et la texture des vins rouges.

LES ADDITIFS

Force est de constater que peu de vins sont faits sans additifs, mais il faut préciser que ceux-ci sont incorporés en petites quantités et qu'ils ne laissent aucun résidu. Le plus utilisé – bien que nettement moins qu'autrefois – est l'anhydride sulfureux, antioxydasique et antigerminatif, ajouté au raisin introduit dans le fouloir.

Dans la cuve, la fermentation du moût commence souvent naturellement, mais pas toujours, surtout si le temps est frais. Autrefois, la seule intervention possible consistait à chauffer le moût. Aujourd'hui, on utilise en général des levures de culture (ou elliptiques), plus fiables que les levures sauvages, même si certains leur reprochent de ne pas donner au vin le même potentiel de complexité aromatique. À l'heure actuelle, les vinificateurs utilisent aussi des éléments nutritifs pour levures, afin d'assurer le départ rapide de la fermentation.

Certains additifs ont pour fonction de compenser les insuffisances de la nature. Par exemple, dans les régions les plus septentrionales d'Europe, le plus important est le sucre : son but n'est pas d'adoucir le vin mais de lui donner du corps, une fois transformé en alcool par les levures. Dans le Nouveau Monde, où l'ensoleillement assure un niveau de sucre élevé, la chaptalisation (apport de sucre) est rare et l'on pratique surtout l'acidification (ajout d'acide).

LA FERMENTATION MALOLACTIQUE

La fermentation alcoolique est de durée variable, selon la température (jusqu'à 32 °C pour les rouges, ce qui accélère le processus), les levures utilisées et le taux de sucre du raisin (ainsi est-elle parfois longuement prolongée pour les vins doux). Ensuite intervient parfois une fermentation d'un autre type, dite « malolactique », qui atténue l'acidité par transformation de l'acide malique en acide lactique, et qui donne un goût de beurre – surtout aux blancs.

Les rouges passent le plus souvent par la fermentation malolactique, sans laquelle ils sont âpres. Pour les blancs, c'est au vinificateur de décider. Sous climat chaud, où ces vins ont besoin de toute l'acidité rafraîchissante possible, cette phase est généralement évitée. Il en va de même pour les vins qui, tel le riesling allemand, reposent sur une acidité élégante et picotante. Mais dans les régions fraîches qui produisent des vins corsés, telle la Bourgogne, la fermentation malolactique apporte de la richesse au vin. On pratique souvent, surtout dans le Nouveau Monde, cette méthode dans quelques cuves, avant d'assembler le tout.

VIEILLISSEMENT SUR LIES

Le vinificateur peut choisir de soutirer le vin blanc, c'est-à-dire de le transvaser

Le vin blanc vieillissant sur ses lies est parfois brassé, pour donner plus de richesse crémeuse à ses arômes.

dans un autre récipient, ou de le laisser reposer sur ses lies (les sédiments de levures qui ont terminé leur activité) jusqu'à complète dissolution de celles-ci. Ces dépôts donnent au vin de riches arômes et lui conservent toute sa finesse. Les vins portant la mention « sur lie », dont le plus connu est le muscadet, sont mis en bouteilles sans avoir été soutirés après la fermentation.

Si un vin reste sur ses lies, on peut éventuellement le brasser (le bâtonner) de temps en temps, comme cela est pratiqué en Bourgogne, pour accentuer l'effet. Ce procédé a aussi l'avantage de le rendre plus complexe et plus riche.

LE SOUTIRAGE

Le vin rouge peut aussi rester sur ses lies, mais c'est en général pour une courte période avant le soutirage (séparation du vin clair de son dépôt). En outre, un rouge n'est jamais brassé. Pour lui donner richesse et souplesse, surtout dans les régions européennes qui ont des cépages plutôt tanniques (Bordeaux, Madiran), les vinificateurs pratiquent la micro-oxygénation, du moins quand ils peuvent s'offrir l'équipement nécessaire. Cette opération consiste à introduire de petites bulles d'oxygène dans le vin. Sinon, celui-ci est soutiré, selon la méthode à l'honneur, pour être ensuite assemblé à un volume assez faible de vin de presse, tannique et issu du pressurage des peaux.

ASSEMBLAGE ET ÉLEVAGE

Il arrive que des cépages différents fermentent dans la même cuve. Toutefois, le plus souvent, l'assemblage de plusieurs cépages, ou de divers échantillons du même vin ayant reçu différents traitements, intervient après la fermentation, quelques mois plus tard, au printemps. Ensuite, l'élevage peut être très bref, notamment pour les blancs ordinaires et les rouges simples et fruités, mais il peut aussi se prolonger, durant deux ans ou plus encore, en fûts de chêne.

CLARIFICATION, FILTRAGE

Le contact du chêne apporte en général des arômes complexes, mais il présente un autre avantage. Lorsqu'il est prolongé, avec des soutirages périodiques, le vin a moins besoin ensuite d'être clarifié et filtré pour être limpide et stable, parce que les particules en suspension ont été éliminées naturellement. C'est là une bonne chose, car la clarification et le filtrage, même modérés, emportent toujours un peu de l'arôme et du caractère d'un vin.

La clarification fait intervenir une substance de « collage », blanc d'œuf (préconisé par les grands domaines européens), bentonite ou caséine. Cet agent de clarification traverse le vin et entraîne théoriquement les particules en suspension. Pour les vins les moins prestigieux, on utilise aussi la stabilisation froide (réfrigération précipitant les cristaux), et des additifs comme l'acide ascorbique et l'anhydride sulfureux. Les vins ordinaires subissent aussi, souvent, une filtration assez sévère.

Ci-dessous, à gauche : soutirage ; on incline le fût pour séparer le vin clair.
Ci-dessous : contrôle à la bougie de la limpidité d'un échantillon.

vins effervescents

Depuis le meilleur champagne jusqu'au mousseux le plus ordinaire, les vins effervescents contiennent tous des bulles de gaz carbonique. Mais ils sont loin d'être équivalents.

En achetant un bon champagne, vous payez sans doute un peu l'image prestigieuse du produit, mais bien davantage le travail, le temps et les techniques onéreuses qui ont transformé un vin tranquille assez neutre, très acide et assez peu alcoolisé, en une boisson effervescente infiniment plus fascinante (et aussi plus alcoolisée).

Car l'élaboration de ce vin rempli de bulles est la seule méthode qui permette de tirer quelque chose de grand d'un raisin apparemment encore vert. En fait, il faut précisément du vin tranquille, âpre et assez neutre pour faire du vin effervescent. C'est pourquoi le Nouveau Monde, où les arômes sont puissants et épanouis, ne peut atteindre la finesse et la subtilité d'un champagne sans recourir à ses vignobles les plus frais, où sont cultivés le chardonnay, le pinot noir, et parfois le meunier, troisième cépage champenois, aux rendements très faibles.

LES VINS ASSEMBLÉS

La transformation d'un vin neutre et acide en un délicieux vin effervescent commence en hiver, après que l'on a goûté et assemblé les vins issus de différents cépages et/ou de différentes années. En Champagne, le raisin provient en général d'un grand nombre de villages différents – parfois plus de cinquante. L'assemblage qui en est issu est embouteillé avec un taux précis de levure et de sucre, et bouché. Une seconde fermentation intervient alors, mais cette fois le gaz carbonique libéré ne peut s'évacuer et reste dans le vin sous forme de bulles (prise de mousse). Dès lors, il s'agit d'un vin effervescent, mais encore dépourvu d'intérêt. C'est au cours de la phase suivante, lorsque les levures vont se désagréger peu à peu, que le champagne va acquérir ses superbes arômes de pain et de brioche.

L'ÉLIMINATION DU DÉPÔT

Le champagne est élevé sur ses lies pendant quinze mois au minimum, et souvent plusieurs années. Avant d'être diffusé, il doit être débarrassé de la boue de levure qui pourrait lui donner un aspect trouble. Cette opération se fait par remuage, lequel consiste à remuer périodiquement les bouteilles, placées sur pupitres, soit à la main, soit à la machine, pour faire tomber les sédiments dans le col. Ensuite le goulot est congelé et l'on enlève le bouchon : on peut ainsi éliminer le dépôt par gaz sous pression, sans que le vin s'écoule. Ce procédé s'appelle le « dégorgement à la glace ». La bouteille est ensuite complétée par la liqueur d'expédition : celle-ci est faite de vin et de sucre dont le pourcentage varie avec le style, mais on ajoute du sucre même dans le champagne brut. Un vin effervescent vinifié de cette manière hors de la Champagne porte souvent une mention le spécifiant (méthode *traditionnelle*, *classique*, *classico*, etc.).

Le remuage manuel est coûteux. C'est la raison pour laquelle, en Allemagne, on fait aussi du vin effervescent en transférant le vin d'une bouteille à l'autre, avec filtrage du dépôt, mais cette méthode entraîne une certaine perte d'arôme. Pour les vins moins prestigieux, on procède aussi en grande cuve close pour la deuxième fermentation. Enfin, la méthode la plus rudimentaire est la carbonication, ou technique de la « pompe à vélo », qui consiste à injecter du gaz carbonique dans le vin, comme pour un soda.

Le dépôt produit par la seconde fermentation est peu à peu orienté dans le goulot, jusqu'au dégorgement du champagne.

vins doux et moelleux

Les vins doux ordinaires doivent leur caractère sucré à mille et une recettes de vinificateur. En revanche, les meilleurs ne contiennent que le sucre qui était déjà dans le raisin.

La richesse en sucre d'un raisin peut avoir diverses origines. D'abord des vendanges tardives, et c'est ce qui se passe pour l'auslese allemand ou autrichien, pour l'alsace vendanges tardives, et pour les vins du Nouveau Monde étiquetés « late harvest ». Il peut s'agir aussi d'un dessèchement des grappes sur la vigne, comme pour le jurançon, ou d'un séchage délibéré après la vendange : ainsi, dans diverses régions d'Italie, fait-on le recioto à partir de raisin, blanc ou rouge, étalé sur claies ou suspendu au toit. De même, le vin de paille français et le strohwein autrichien sont issus de raisin séché sur la paille.

Cette grappe de muscat a séché sur la vigne. Après la vendange, elle donnera un jus généreusement sucré.

LES VINS BOTRYTISÉS

Pour le sauternes et les autres blancs botrytisés, comme les beerenauslese et trockenbeerenauslese, tokay, alsace sélection de grains nobles, vins de Loire ou vins du Nouveau Monde, les raisins utilisés sont ridés et concentrés par un champignon, le *Botrytis cinerea*, qui conduit à la fermentation de pourriture noble. Le mycélium du champignon envahit alors la baie sans la blesser ; les raisins, comme rôtis, se concentrent et atteignent une richesse en sucre très élevée (les moûts doivent contenir au minimum 221 g de sucre par litre) : cette surmaturation leur permet de développer des arômes caractéristiques de fruits et de fleurs quand les vins sont jeunes, pour donner très rapidement des vins amples, ronds, puissants et équilibrés.

Le *Botrytis cinerea* apparaît dans les vignobles quand il y a des brouillards matinaux et que les après-midi sont secs et chauds. Dans le Nouveau Monde, on obtient le même résultat en vaporisant des spores du champignon sur le raisin, en cave, et en le soumettant ensuite à une alternance de sécheresse et d'humidité ! Dans le Sauternois, certains châteaux ont recours, les années humides, à des machines de cryoextraction pour congeler l'eau en excès dans le raisin dilué par les pluies, afin de le « reconcentrer ».

Pour l'eiswein ou l'icewine, le raisin est vendangé gelé, puis pressé avant dégel pour donner du moût doux et concentré.

En revanche, cette cryoextraction n'est guère prisée des producteurs d'eiswein, en Allemagne et en Autriche, ou d'icewine au Canada. Les vignes de ces vins subissent la gelée ; les raisins ne sont cueillis qu'après une exposition à une température égale ou inférieure à – 8 °C durant un minimum de huit heures. Puis le raisin gelé est délicatement pressé pour donner un moût concentré et sirupeux, fortement dosé en sucre et en acidité parce que l'eau demeure dans le pressoir sous forme de glace.

La pourriture noble, sur le raisin de chenin blanc, n'est guère appétissante, mais elle produit du sucre, de l'acidité et des arômes concentrés.

vins mutés

Le mutage, appelé quelquefois fortification, consiste à ajouter de l'alcool neutre au moût ou au vin afin de lui conserver une certaine douceur et de développer son bouquet.

Dans ce fût à fond vitré, une épaisse couche de levure, la fleur, s'est développée sur le xérès fino, l'isolant de l'air.

Ce procédé de vinification concerne les vins doux naturels français – banyuls et muscats –, de même que le porto, le madère, le marsala et le málaga. Le xérès et le montilla sont aussi des vins mutés, mais ce sont des vins secs que l'on adoucit.

VINS DOUX NATURELS (VDN)

Les VDN sont produits dans le midi de la France, et en particulier dans le Roussillon. Ils sont issus de cépages nobles comme le grenache, le maccabeo, le malvoisie et, bien entendu, les muscats. Le mutage s'effectue au cours de la fermentation : on ajoute de l'alcool au moût (en blanc ou en rouge). Parfois, à Banyuls, à Maury, on le pratique avant le décuvage, dans le but d'obtenir des vins plus aptes à la garde. Les vins qui en résultent peuvent être extrêmement variés quant aux couleurs, aux arômes et aux qualités organoleptiques. Les VDN doivent vieillir entre un an et trente mois avant consommation. Les plus grands crus sont vieillis en touries, des bonbonnes exposées au soleil et à la pluie hors des caves. Les techniques de mutage et d'élevage confèrent aux VDN un bouquet puissant et complexe et des teintes tuilées ou ambrées : banyuls, maury et rivesaltes, et les rancios, vieillis dans le bois. Quant aux muscats, marqués par le miel, la cire d'abeille, le tilleul et des parfums de fleurs capiteuses, on les boira plus jeunes. Le choix est vaste : muscat de Rivesaltes, de Lunel, de Frontignan, de Mireval, de Saint-Jean-de-Minervois, de Beaumes-de-Venise…

LE PORTO

Le tawny ou le porto boisé est élevé durant très longtemps en fûts, et il est prêt au moment de l'embouteillage. Le vintage, le single-quina (*voir page 187*) et les portos de style vintage passent un temps moins long en barrique et achèvent leur évolution en bouteille. Pour le vrai vintage, le processus peut prendre des décennies.

LE XÉRÈS

Le xérès est vieilli par la méthode de la *solera*, c'est-à-dire par assemblage fractionné et en série : chaque rangée de fûts de vin vieilli reçoit du vin plus jeune de la rangée suivante, de manière à « rafraîchir » le xérès en évolution. À chaque opération, le quart ou le tiers du fût passe ainsi dans un autre. Dans certains domaines, la solera est pratiquée en continu depuis plus d'un siècle.

Mais le xérès se distingue aussi par la fleur, une levure qui se développe à la surface du vin jeune. Lorsqu'elle est vigoureuse, elle forme une couche épaisse et le vin est classé fino (ou manzanilla) ; il est alors peu fortifié. Si elle est faible ou absente, le vin est davantage fortifié, et ensuite classé comme oloroso. Les autres styles de xérès sont intermédiaires.

La solera à la bodega La Palma (Osborne) : le jeune xérès oloroso est ajouté dans un fût d'oloroso plus vieux pour le « rafraîchir ».

Que vous décidiez d'acheter du vin pour votre consommation quotidienne, au hasard des découvertes ou pour constituer une cave, il sera toujours utile de comparer les différentes filières d'achat.

acheter du vin

le rapport qualité-prix

Le prix est presque toujours le premier critère d'achat, mais avant de fixer son choix, le connaisseur saura nuancer son jugement.

Le vin est certes un des plaisirs de la vie, mais tout consommateur peut se trouver désemparé devant l'étendue des choix qui lui sont proposés. Comment s'y retrouver, par exemple, dans les rayons d'un supermarché où s'alignent des dizaines de vins différents originaires du monde entier ? Si vous n'êtes pas un grand connaisseur, il sera préférable que vous vous approvisionniez ailleurs. Et pas seulement pour vous faire conseiller : la qualité des vins varie aussi selon les fournisseurs.

OÙ ACHETER SON VIN ?

Les supermarchés offrent aujourd'hui un vaste choix de vins, vendus à des prix compétitifs et surtout destinés à une consommation immédiate. Outre les appellations les plus connues, vendues à grande échelle en leur procurant au passage de confortables marges bénéficiaires, les grandes surfaces proposent aussi des vins qui ont été élevés et mis en bouteilles à leur intention. Néanmoins, la grande distribution est soumise à des contraintes commerciales : elle ne peut guère s'intéresser aux vins des petits producteurs indépendants, à ceux qui sortent de l'ordinaire ou qui ont besoin de vieillir, même si, pour soigner leur image de marque, elle accueille parfois l'une ou l'autre de ces appellations confidentielles.

Dans les chaînes de négociants en vins, les prix sont généralement plus élevés, mais l'offre est plus diversifiée, les petites appellations sont mieux représentées, et le personnel généralement mieux qualifié.

Pour trouver les meilleures sélections et disposer d'un conseil personnalisé, rien ne vaut néanmoins les négociants indépendants. Parfois, vous pourrez même leur passer commande sur leur site Internet. C'est aussi auprès de ces détaillants spécialisés que vous trouverez les appellations les plus renommées : des vins produits en quantité limitée, qui sont souvent épuisés dès leur mise en vente (ou alors qu'ils se trouvent encore dans les caves du producteur, *voir page 138*). Certains d'entre eux proposent également des séances de dégustation qui vous offriront le plaisir de la découverte.

Vous pouvez enfin trouver sur le réseau Internet des clubs d'acheteurs : qu'il s'agisse de sites personnels ou de véritables sites commerciaux, les vins qu'ils sélec-

Les négociants **indépendants**, qui offrent l'avantage d'un **conseil** personnalisé, sont souvent ceux qui proposent les meilleures **sélections**.

tionnent sont rarement commercialisés dans les réseaux de la grande distribution, soit parce que les quantités vendues sont limitées, soit parce que les affiliés sont suffisamment nombreux pour acheter la totalité d'un stock disponible ou pour traiter directement avec un producteur. Il reste que le commerce du vin sur le réseau Internet n'en est encore qu'à ses débuts et que les connaisseurs continuent de préférer la séance de dégustation chez le petit producteur.

LES ENCHÈRES ET LES BOURSES

Les ventes aux enchères et les bourses (où les vins sont vendus et achetés comme des actions) sont deux secteurs du commerce en ligne actuellement en plein essor. Calquées sur le principe des ventes aux enchères traditionnelles, elles permettent d'acquérir de grands crus, le plus souvent arrivés à maturité, ou des vins moins prestigieux mais qu'il est temps de consommer. Si elles sont l'occasion de réaliser de bonnes affaires, elles exigent néanmoins de la part des acheteurs un minimum de vigilance et d'information : vous devrez naturellement connaître le prix auquel les vins qui vous intéressent sont vendus sur le marché, en tenant compte des frais supplémentaires (les taxes) à la charge de l'acquéreur ; vous devrez également disposer du catalogue de la vente, de manière à poser à l'avance les questions nécessaires (sur la provenance des vins, en particulier). Il est en effet indispensable de connaître l'histoire des vins qui sont vendus de cette manière : si les bouteilles ont changé plusieurs fois de propriétaire, au prix de nombreux déplacements, il conviendra de s'interroger sur leurs conditions de conservation.

LES VENTES EN PRIMEUR

Les ventes en primeur permettent à l'acheteur de passer commande et de régler sa facture alors que les vins concernés vieillissent encore en tonneau dans les caves du producteur. Autrefois, ce type de vente était surtout réservé aux bordeaux rouges issus des crus les plus prestigieux. À présent, les bordeaux continuent de dominer le marché, mais les bourgognes (rouges et blancs), les vins des côtes du Rhône, de Barolo, et aussi ceux de Californie et d'Australie, sont également vendus en primeur.

Le principal avantage pour l'acheteur, c'est d'acquérir à bas prix des vins renommés qui ne cesseront de gagner en valeur à mesure de leur vieillissement, et dont les prix seront peut-être inaccessibles quand ils ont auront atteint leur maturité. Mais l'opération présente certains risques : les monnaies et les économies fluctuent ; les millésimes et les grands crus sont parfois surestimés (tel le bordeaux 1997) ; enfin, les vins n'évoluent pas toujours comme on l'avait prévu. Aussi faudra-t-il prendre la précaution de se fournir auprès d'un négociant réputé, capable d'offrir toutes les garanties nécessaires : pour se lancer dans un pareil investissement, il faut traiter avec des fournisseurs qui ne risquent pas de disparaître quelques années plus tard.

Que vous achetiez en primeur ou auprès d'un négociant, vous devrez veiller particulièrement aux conditions de conservation de votre vin.

Avec de telles conditions réunies, vous réaliserez sans doute une très bonne affaire et disposerez d'une excellente cave pour le restant de vos jours. Si vous vous contentez d'acheter en primeur des grands crus, assurez-vous que les vins sont conservés dans des conditions parfaites et, quand ils seront parvenus à maturité (ou presque), n'hésitez pas à vendre vos excédents. Vous pourrez alors investir dans l'achat de vins plus jeunes. Le principe paraît simple, mais ce genre d'investissement n'est pas à la portée du premier amateur : le conseil de professionnels est indispensable. N'espérez pas non plus réaliser des profits mirobolants en quelques mois : rien n'est impossible, bien sûr, mais il est plus raisonnable d'investir sur une période d'au moins cinq années.

Le bon investisseur est celui qui sait choisir les bons vins, les bons millésimes et les bons fournisseurs. Le choix de ces derniers est essentiel. Si vous vous laissez tenter par une société d'investissement, assurez-vous de sa réputation : nombreuses sont celles qui proposent des placements sur le marché du vin en faisant miroiter à leurs clients la perspective de gains extravagants.

Parce qu'ils vieillissent généralement beaucoup mieux, les vins rouges ont la préférence des acheteurs. De fait, les bordeaux rouges et les portos vieux (les « vintages ») sont des valeurs sûres. Les bourgognes ont également conquis leurs lettres de noblesse, mais certains investisseurs se tournent maintenant vers les vins du Rhône et ceux d'Italie, d'Espagne, de Californie et d'Australie. Cependant, la région d'origine est généralement moins importante que le producteur ou le millésime : en matière d'investissement, c'est la qualité qui compte.

CHEZ LE PRODUCTEUR

Pour la plupart des amateurs de vin, rien ne vaut une visite chez le producteur. Dans les grandes régions viticoles, la vente directe est une pratique répandue et pour le visiteur, c'est souvent l'occasion, après une séance de dégustation, de découvrir les caves où les vins vieillissent en tonneaux.

Le prix Le Pin 1982 frôla les 45 735 euros la caisse en 1997, avant de s'effondrer autour de 7 622 euros l'année suivante.

quelques valeurs sûres

Porto : taylor, graham, fonseca, quinta do noval nacional.

Bordeaux : premiers grands crus classés du Médoc (Château-Lafite, Château-Latour) ; seconds crus du Médoc (Château-Léoville-las-Cases, Château-Ducru-Beaucaillou) ; quelques autres châteaux du Médoc (palmer, lynch-bages) ; premiers grands crus classés de Saint-Émilion (Château-Cheval-Blanc, Château-Ausone) ; Pomerol (Château-Petrus).

Bourgogne : le Domaine-de-La-Romanée-Conti est le plus prestigieux, mais les de vogüé, lafon, leroy et rousseau sont de plus en plus recherchés.

Côtes-du-rhône : hermitage-la-chapelle-de-jaboulet, côte-rôtie-de-guigal.

Italie : sassicaia, ornellaia, gaja, conterno.

Espagne : vega sicilia.

Californie : opus one, dominus et ridge jouissent aujourd'hui d'une excellente réputation ; la Californie possède aussi de nouveaux crus prestigieux, comme le screaming eagle.

Australie : penfolds grace et hill of grace de henschke sont les vins les plus recherchés.

Chez le producteur, les dégustations vous permettront généralement de comparer les différents millésimes d'un même vin.

Quelle que soit l'importance du producteur, il est toujours préférable de prendre un rendez-vous (par téléphone, courrier ou e-mail), mais évitez la période des vendanges. Rien ne vous oblige à acheter du vin lors de vos visites, mais n'abusez pas de la dégustation gratuite : si vous n'êtes pas convaincu, ne la prolongez pas outre mesure.

Dans les foires aux vins et autres manifestations organisées dans les grandes surfaces, on peut trouver d'excellents vins proposés à des prix intéressants. Il convient toutefois d'être prudent et de bien lire les étiquettes. En France, les vins étrangers sont souvent réduits à une présence symbolique, ce qui s'explique très bien…

LE VIN EN VOYAGE

En théorie, toute bouteille de vin obturée par un bouchon de liège supporte les voyages, mais évitez cependant de transporter du vin dans une voiture surchauffée pendant toute la durée de vos vacances. En pratique, les vins rouges supportent mieux les déplacements que les vins blancs et les rosés. Les vins qui titrent moins de 11,5° (et qu'il est d'ailleurs préférable de boire jeunes) ne résistent guère aux voyages. Enfin, souvenez-vous que l'atmosphère des vacances est souvent pour beaucoup dans l'appréciation d'un vin : il est à craindre que le vin fruité qui rafraîchissait vos journées ensoleillées ne perde une grande partie de sa saveur sur la table de tous les jours. Au vin qui accompagnait habituellement vos repas de vacances, il conviendra peut-être de préférer un vin de qualité supérieure, qui ne risquera pas de vous décevoir.

Quant aux vins bon marché, vendus dans des bouteilles d'un litre ou dans des cubitainers, et qui ne titrent pas plus de 11°, ils ne se conservent pas longtemps et ne supportent pas les longs voyages ; il faut les consommer sur place.

AU RESTAURANT

Dans la plupart des restaurants, la carte des vins est loin de rivaliser avec l'offre diversifiée des magasins ou des supermarchés. Le choix n'en est pas pour autant

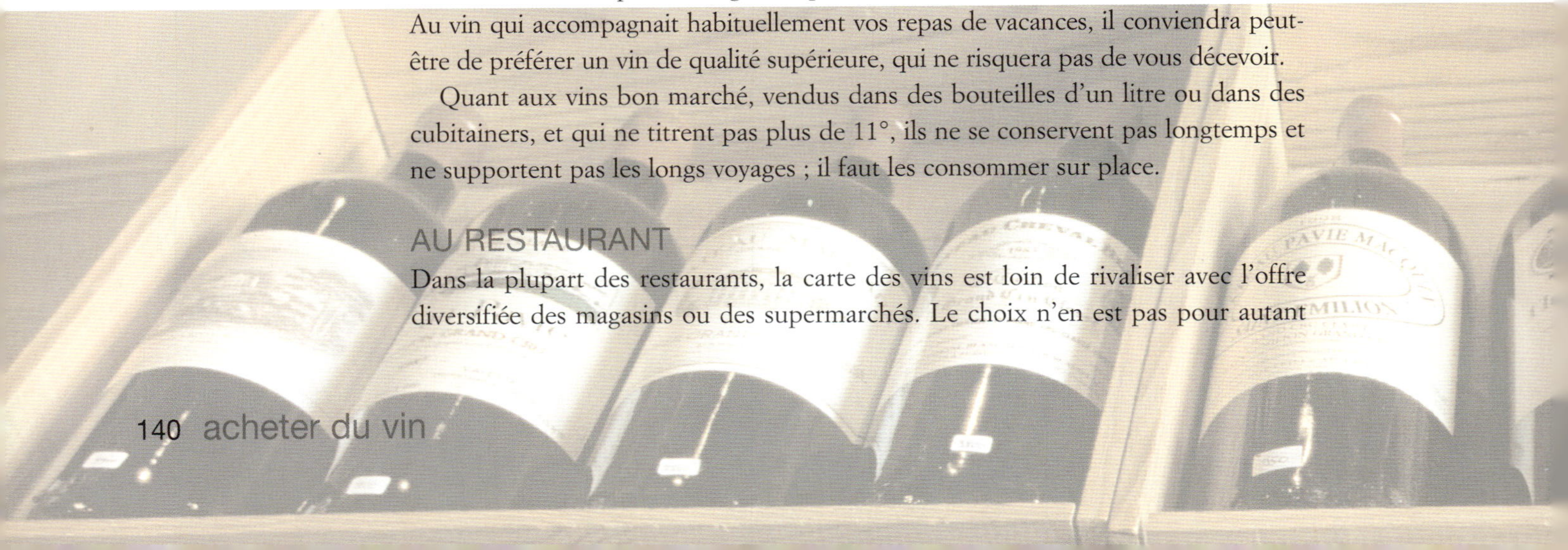

plus facile, surtout si les convives ont tous choisi des plats différents (conservez à l'esprit la liste des vins conseillés, *voir page 100*). Et une fois éliminées les bouteilles aux prix inaccessibles, vous devrez encore vous y retrouver parmi des appellations qui ne vous seront pas toutes familières. Les meilleurs restaurants vous feront bénéficier des services d'un sommelier, lequel n'hésitera pas, si votre budget est limité, à vous proposer des vins moins prestigieux mais d'un excellent rapport qualité/prix. Quelquefois, il pourra être intéressant de goûter la cuvée du patron ou un vin de pays. Si vous êtes livré à vous-même, il vous faudra percer seul les mystères de la carte des vins : en l'absence d'informations aussi essentielles que le millésime ou le nom du producteur, n'hésitez pas à interroger le serveur, ou demandez à voir la bouteille pour vérifier vous-même ces détails.

LA GAMME DES PRIX

Même en laissant de côté les tarifs pratiqués en restauration et l'incidence de la fiscalité, qui varie selon les pays, il n'est pas facile de déterminer le juste prix d'une bouteille de vin ; tout au plus peut-on se contenter d'indications générales. Quand un vin est vendu à plus de 15 euros la bouteille, il conviendra de se demander si son prix ne s'explique pas aussi par la rareté d'une appellation, par un effet de mode, ou par les ambitions démesurées d'un producteur. Si le coût de la bouteille dépasse 30 euros et qu'il ne s'agit pas d'un millésime ou d'un producteur renommés, assurez-vous que la qualité du vin pourra entièrement le justifier : tel est le cas en particulier des productions limitées apparues récemment sur le marché et commercialisées au prix fort. Parfois, ces vins sont proposés conjointement par deux producteurs de renommée internationale (souvent un Européen et un producteur du Nouveau Monde) dont la créativité s'exprime surtout dans leur politique de prix, qui exploite un phénomène bien connu : l'attrait des produits de luxe repose en partie sur leur rareté et leur prix.

LE PRIX ET LA QUALITÉ

Outre les effets de mode, il est bien sûr de nombreux facteurs qui justifient le prix élevé d'un vin : la cherté des terres (en Bourgogne ou en Californie, dans la Napa Valley, par exemple) ; le coût d'exploitation des sols (sur les pentes abruptes et rocailleuses de Priorato, en Espagne) ; le mode de vinification (il faut six ans pour obtenir un vin jaune) ; la faiblesse des récoltes, qui s'explique par l'âge de la vigne (les vieilles vignes permettent d'obtenir de délicieux arômes), l'aridité des sols, la rigueur du climat ou une volonté délibérée du producteur. Le cépage est également un facteur de variation : si le viognier et le pinot noir sont capricieux, le chardonnay s'adapte à toutes les situations. Enfin, il faut tenir compte des coûts de fabrication : l'achat de nouveaux équipements, le renouvellement des fûts de chêne et surtout les coûts de main-d'œuvre, particulièrement élevés dans les exploitations viticoles, pèsent lourdement sur chaque prix de vente. Certaines régions, en particulier dans l'hémisphère Sud, sont plus favorisées : le soleil est généreux, les terrains sont bon marché et faciles à travailler, les vignobles fournissent de belles récoltes, et les vins sont produits et vendus en l'espace de quelques mois.

les vins des restaurants

- Les restaurateurs prennent parfois des marges élevées sur les appellations chablis et sancerre. Les prix de certains vins de prestige sont souvent exorbitants.
- S'ils en prennent aussi sur les bordeaux rouges, les bourgognes et les vins de Californie, nombre de bourgognes (auxey-duresses, saint-aubin, saint-romain) sont très accessibles.
- Méfiez-vous des vins californiens bon marché. Les vins chiliens, australiens et néo-zélandais ont un meilleur rapport qualité/prix.
- Les vins moins connus sont plus raisonnables. Pensez à ceux du Portugal et d'Italie, de la Loire et du Languedoc-Roussillon, ainsi que les côtes-du-rhône-villages (de Lirac, Valréas, ou Séguret, par exemple).
- Les blancs secs d'Alsace restent accessibles et ils se marient facilement avec de nombreux plats.

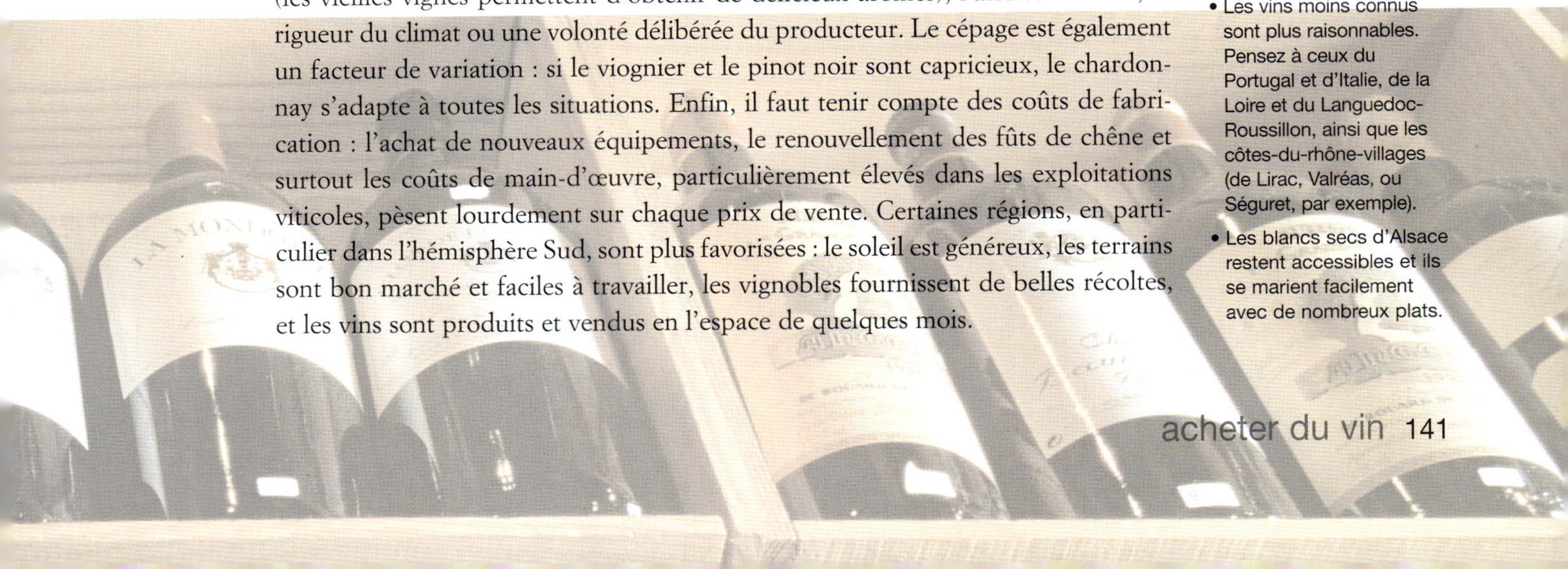

lire les étiquettes

Pour celui qui maîtrise l'art de lire les étiquettes, le contenu des bouteilles n'est plus tout à fait un mystère : c'est en connaisseur qu'il fixera son choix.

sur l'étiquette

- **les cépages** Si le vin est obtenu à partir de plusieurs cépages, ils sont mentionnés par ordre d'importance (non obligatoire en France).
- **la région d'origine** Cette appellation géographique doit désigner, en France, un vignoble particulier (Brézème - côtes du Rhône). Ailleurs, elle peut constituer une expression passe-partout (Southeast Australia).
- **le nom du domaine, du producteur, et la marque commerciale** Schloss Vollrads, Hunter's et Jacob's Creek illustrent ces trois cas.
- **la catégorie** Ces appellations sont définies par la législation : appellation d'origine contrôlée (AOC), denominazione di origine controllata (DOC), ou premier cru classé.
- **le genre** Secs, demi-secs, doux, moelleux, mousseux, etc.
- **le degré d'alcool** Mention obligatoire qui ne préjuge pas de la qualité du vin.

La lecture d'une étiquette n'est pas un exercice aussi simple qu'il y paraît : le nombre d'informations rassemblées sur ce petit rectangle de papier est souvent déconcertant. Récemment, j'ai été plongée dans la plus grande perplexité par un vin italien du nom d'enantio ; avant d'apprendre que l'*enantio* était un raisin rouge du nord de l'Italie, je me suis posé beaucoup de questions : s'agissait-il d'une marque commerciale, d'un domaine, d'un vignoble, d'un producteur, d'un cépage ? Le vin m'aurait séduite de toute façon, mais en savoir un peu plus aurait ajouté au plaisir de la découverte.

RÉGION D'ORIGINE OU CÉPAGE ?

Si l'affichage de certaines informations est obligatoire, il n'existe aucune disposition qui permettrait d'uniformiser le contenu des étiquettes, sauf en France pour les vins d'AOC. Les mentions qui doivent y figurer sont rigoureusement réglementées (*voir page 144*). En Europe, les vins portent traditionnellement le nom de leur région ou de leur commune d'origine (chianti classico, par exemple) ; parfois, c'est le nom du domaine (du « château » ou du « clos ») qui est privilégié. Dans le Nouveau Monde, les producteurs ont pris l'habitude de désigner leurs vins par le nom du cépage (chardonnay, cabernet, shiraz), qui est souvent plus facile à prononcer, pour un anglophone ou un hispanophone, que la plupart des appellations régionales du continent européen. Le succès des vins américains incite aujourd'hui les producteurs de celui-ci à mettre en évidence le nom des cépages et, si le Bordelais ou la Bourgogne sont restés fermés à cette innovation, des régions qui ont connu un nouvel essor à partir des années 1990, comme le Languedoc-Roussillon ou les Pouilles (Italie), ont cherché à exploiter la réputation de leurs cépages. Dans le Nouveau Monde, l'habitude s'est aussi répandue de désigner les vins du Vieux Continent par un nom qui dissimule leur provenance et qui leur donne une couleur locale : ces appellations fantaisistes reposent sur d'astucieux jeux de mots ou sur l'invention de faux toponymes. Si cette pratique n'a rien de répréhensible, on peut regretter que la véritable origine géographique des vins soit désormais affichée en tout petits caractères.

bouteilles et bouchons

Choisir un vin d'après la forme de sa bouteille n'a jamais été très prudent. Maintenant que certains producteurs négligent les traditions, la lecture des étiquettes est vraiment indispensable.

Quand l'Europe dominait le marché du vin, la forme et la couleur de la bouteille pouvaient servir d'indication : les bordeaux étaient reconnaissables à leur bouteille cylindrique en verre teinté ou en verre blanc (sauternes) ; les bourgognes, les côtes-du-rhône et les vins de Sancerre, à leur bouteille plus large et plus évasée ; les vins d'Alsace, de Moselle et du Rhin, à leur bouteille étroite et allongée, de couleur verte ou brun-jaune. Les grandes régions viticoles respectent encore cette tradition, et les producteurs américains se servent de la bouteille bordelaise pour leurs cabernets et leurs merlots, et de la bouteille bourguignonne pour leurs chardonnays et leurs pinots noirs.

Mais on constate des exceptions : les shiraz et certains chardonnays sont parfois proposés dans des bouteilles bordelaises, alors que les rieslings australiens sont logés dans des bouteilles bordelaises ou bourguignonnes, et même dans de petites bouteilles allongées. Depuis l'apparition de grandes bouteilles pour les vins de prestige et la diffusion de bouteilles au goulot saillant, la situation est encore plus confuse.

Même les techniques de bouchage ont évolué. Par exemple, des bouchons de liège synthétique sont maintenant utilisés pour les vins destinés à une consommation rapide, afin d'éviter que ceux-ci ne prennent le goût du liège (*voir page 73*). Pour la même raison, des producteurs australiens de la Clare Valley ont adopté des bouchons vissables pour leurs bouteilles de riesling, tandis que ce sont des préoccupations écologiques qui ont poussé certains producteurs, en Californie et en Autriche, à se servir de capsules métalliques ou de bouchons de cire.

Le **succès** des vins **américains** incite aujourd'hui les producteurs **européens** à mettre en évidence le nom des **cépages**.

Ci-dessous, de gauche à droite : une bouteille de bourgogne ; deux bouteilles de bordeaux, l'une en verre teinté (Médoc), l'autre en verre blanc (Sauternes) ; deux bouteilles du Nouveau Monde ; une bouteille de riesling de la vallée du Rhin ; une bouteille de pinot gris d'Alsace.

l'étiquette

Les usages qui régissent la présentation des étiquettes varient selon les pays, les régions et les producteurs.

ALLEMAGNE

- millésime
- issu de la localité de Deidesheim
- issu du vignoble de Mäushöhle
- demi-sec
- numéro AP (conféré aux vins reconnus officiellement)
- cépage
- raisins cueillis à surmaturation
- région d'origine (Palatinat)
- mis en bouteilles au domaine
- catégorie (QmP)

AUSTRALIE
(MOUSSEUX)

- nom du producteur
- millésime
- cépage
- vin obtenu au moyen de la méthode champenoise
- vin blanc issu exclusivement de raisins blancs
- vin tiré de la récolte de l'année, par opposition à un vin tiré de différentes récoltes

FRANCE

- nom du domaine (facultatif)
- vignoble (obligatoire)
- dénomination (obligatoire)
- teneur en alcool (obligatoire)
- indice de qualité, mais cette mention n'est soumise à aucune réglementation
- « mis en bouteilles au domaine » signifie que le vin a été embouteillé dans l'exploitation
- contenance de la bouteille (obligatoire)
- nom du producteur (obligatoire)
- adresse du producteur (obligatoire)

ITALIE

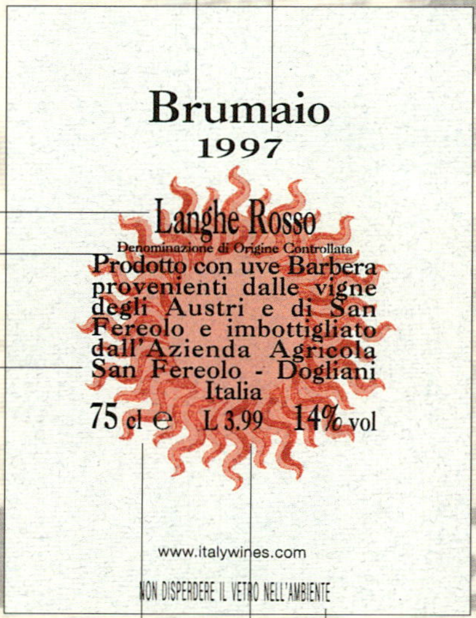

- nom du vin (marque commerciale)
- millésime
- vin rouge des Langhe (région du Piémont)
- classification (DOC)
- « Issu de cépages barbera du vignoble des Austri et de San Fereolo et mis en bouteilles par l'Azienda Agricola San Fereolo à Dogliani »
- contenance de la bouteille, conforme aux réglementations de l'Union européenne
- « Ne pas abandonner cette bouteille dans la nature »
- numéro du lot : ce code officiel indique le mois où le vin a été mis en bouteilles. Il est obligatoire pour tous les vins commercialisés au sein de l'Union européenne

origine et qualité

En Europe, les classifications en vigueur dans les principaux pays producteurs sont les suivantes.

FRANCE

- Appellation d'origine contrôlée (AOC)
- Vin délimité de qualité supérieure (VDQS)
- Vin de pays
- Vin de table

ITALIE

- Denominazione di origine controllata e garantita (DOCG)
- Denominazione di origine controllata (DOC)
- Indicazione geografica tipica (IGT)
- Vino da tavola

ESPAGNE

- Denominación de origen calificada (DOCa)
- Denominación de origen (DO)
- Vino de la tierra
- Vino da mesa

PORTUGAL

- Denominação de origem controlada (DOC)
- Indicação de proveniência regulamentada (IPR)
- Vinho regional (VR)
- Vinho de mesa

ALLEMAGNE

- Qualitätswein mit Prädikat (QmP)
- Qualitätswein bestimmter Anbaugebiete (QbA)
- Landwein
- Tafelwein

ESPAGNE

CHILI

AUSTRALIE

le vocabulaire des étiquettes

Les étiquettes fournissent de précieuses informations, mais pour les déchiffrer, il faut connaître un certain nombre de termes spécifiques.

aged with oak / in contact with oak Élevé en fûts de chêne.

almacenista En Espagne, mention réservée aux xérès provenant de petits producteurs indépendants.

barrel / barrique fermented, barrel selection Élevé en fûts de chêne.

basket pressed Se dit d'un vin issu de raisins pressurés dans une cuve traditionnelle en bois.

bin En Australie, unité de comptage des cuvées ; l'appellation « bin » suivie d'un chiffre est souvent devenue une marque commerciale.

blanc de blancs Vin blanc provenant exclusivement de raisins blancs ; en Champagne, vin blanc provenant uniquement du chardonnay.

blanc de noirs Vin blanc provenant exclusivement de raisins noirs ; en Champagne, vin blanc provenant uniquement du pinot noir ou du pinot meunier.

Botrytis cinerea Champignon qui provoque la « pourriture noble » des raisins mûrs de Sauternes, par exemple, et des vins liquoreux d'une façon générale.

cava En Espagne, mousseux fabriqué selon la méthode champenoise.

classico En Italie, se dit d'un vin issu du cœur traditionnel d'un vignoble, comme le chianti classico.

climat Équivalent bourguignon du cru.

contains preservative (220) « Contient des conservateurs (220) », mention obligatoire en Australie.

contains sulphites « Contient des sulfites », mention obligatoire aux États-Unis.

crianza En Espagne, vin élevé pendant au moins deux ans, en partie dans des fûts de chêne.

cru Vignoble ou zone viticole délimitée apte à produire un vin original, particulier.

cru bourgeois Expression réservée aux vins du Médoc, où l'on distingue les crus bourgeois et les crus bourgeois supérieurs.

cru classé Expression réservée aux meilleurs vins du Bordelais (vins du Médoc, des Graves, du Sauternais et de Saint-Émilion) et aux côtes-de-provence.

cuvée Quantité de vin fabriquée dans une même cuve et, plus largement, production issue d'une même vigne.

cuvée spéciale / personnelle / réservée Expression non réglementée utilisée par les producteurs pour mettre en valeur une cuvée particulière.

élevé en fûts de chêne Se dit d'un vin qu'on a laissé vieillir en tonneaux de chêne.

erstes gewächs En Allemagne, expression signifiant « premier cru » et réservée aux vins de qualité supérieure.

espumante / espumoso En Espagne et au Portugal, vin mousseux.

estate bottled Mis en bouteilles au domaine.

fermentation malolactique Processus biologique qui aboutit à réduire l'acidité des vins rouges et de certains vins blancs.

fûts neufs Mention réservée aux vins élevés dans des tonneaux de chêne neufs.

garrafeira Au Portugal, mention réservée aux vins fins qui ont vieilli en fûts pendant au moins deux ans.

grand cru Mention réservée aux meilleurs crus de Bordeaux, de Bourgogne, de Champagne et d'Alsace, et classification officielle de certains saint-émilions.

grand cru classé Mention réservée aux deuxièmes crus de Saint-Émilion, qui succèdent aux premiers grands crus classés dans la classification officielle.

grande cuvée Mention non réglementée, qui désigne une cuvée de qualité supérieure.

gran reserva En Espagne, mention réservée aux vins d'au moins cinq ans qui ont vieilli en fûts de chêne pendant au moins deux ans.

gutsabfüllung En Allemagne, mention réservée aux vins mis en bouteilles au domaine et strictement réglementée.

late harvest Vendange tardive.

lie Dépôt formé par la sédimentation des ferments, des levures principalement, quand ils ont achevé leur activité, et qui s'accumule au fond des tonneaux.

macération carbonique Mode de vinification des vins rouges. Cette technique est particulièrement adaptée aux vins de primeur, comme dans le Beaujolais.

méthode classique / méthode traditionnelle / metodo classico Mention réservée aux vins effervescents fabriqués selon la méthode champenoise.

mis en bouteilles au château / au domaine / à la propriété Mention réservée aux vins mis en bouteilles par le récoltant sur le lieu même de la production ; c'est une garantie de qualité et d'authenticité.

new oak / new barrels Fûts neufs.

non filtré Mention réservée aux vins qui ont été à peine traités.

old vines Vieilles vignes.

petit chablis Une des quatre appellations d'origine contrôlée du vignoble de Chablis.

petit château Château du bordelais qui n'a pas fait l'objet d'une classification officielle.

premier cru Dans le Bordelais, classification de certains crus du Médoc, des Graves et de Sauternes ; en Bourgogne et en Champagne, deuxième rang de la classification, succédant aux grands crus.

premier grand cru Premier rang de la classification des sauternes et deuxième rang de la classification des pomerols.

récoltant manipulant (RM) En Champagne, viticulteur qui fabrique son vin à partir de sa récolte, par opposition aux négociants manipulants (NM) qui élèvent et commercialisent le vin, et aux coopératives de manipulation (CM). La mention MA désigne une marque auxiliaire.

reserva En Espagne, mention attribuée aux vins d'au moins trois ans qui ont vieilli en fûts de chêne pendant au moins un an.

réserve / reserve Expression non réglementée utilisée par les producteurs pour mettre en valeur une cuvée particulière. Aux États-Unis, l'État de Washington est le seul qui soumet l'emploi de la mention « Reserve » à des critères officiels.

riserva En Italie, mention réservée aux vins DOCG ou DOC qui répondent à certains critères de qualité.

sekt En Allemagne, se dit d'un vin mousseux.

selection En Allemagne, mention réservée aux vins secs de première qualité ; ailleurs, l'expression n'est pas réglementée.

sélection de grains nobles Mention réservée aux vins doux d'Alsace tirés de raisins atteints par la pourriture noble (*Botrytis cinerea*).

show reserve En Australie, mention non réglementée que certains producteurs appliquent à une cuvée particulière.

solera En Espagne, méthode d'assemblage et de vieillissement des xérès.

spumante En Italie, se dit d'un vin mousseux.

superiore En Italie, se dit d'un vin de qualité supérieure.

sur lie Mention réservée aux vins qui, comme le muscadet, sont conservés longtemps sur leur lie.

vendanges tardives Mention réservée aux vins tirés de raisins cueillis au dernier stade de leur maturation, comme les vins de Jurançon ou certains vins d'Alsace.

vieilles vignes Mention non réglementée que certains producteurs appliquent aux vins tirés de vignes d'un âge avancé.

villages Dans certaines régions, comme le Beaujolais ou les côtes du Rhône, appellation réservée aux vins provenant de certaines communes.

wild ferment Mention réservée aux vins issus d'une fermentation naturelle.

sec et doux

abboccato En Italie, vin légèrement moelleux

amabile En Italie, vin moelleux

brut Champagne très sec

classic En Allemagne, vin sec

demi-sec Vin légèrement sucré

doce, dolce et dulce Au Portugal, en Italie et en Espagne, vin doux

doux Vin qui possède une saveur sucrée

doux naturel Vin riche en sucre, obtenu par addition d'alcool en cours de fermentation

extra dry Champagne très sec, mais moins sec que le champagne brut

halbtrocken En Allemagne, vin demi-sec

liquoreux Vin très sucré

moelleux Vin moins sucré qu'un vin liquoreux et plus sucré qu'un vin sec

sec Vin qui ne donne pas l'impression de contenir du sucre

secco, seco En Italie, au Portugal et en Espagne, vin sec

selection En Allemagne, mention réservée aux vins secs

semi-seco En Espagne, vin demi-sec

trocken En Allemagne, vin sec

(Sur la classification des vins allemands et autrichiens selon leur douceur et leur maturité, *voir pages 190, 192 et 193-194*)

Le propriétaire d'une cave ne veillera pas seulement aux conditions de conservation de ses vins : il connaîtra aussi l'art de les servir.

conserver et servir le vin

la composition d'une cave

Il est vrai que les vins se bonifient en vieillissant, mais pour une petite proportion d'entre eux seulement. Souvent, il est préférable de les déguster rapidement.

Aujourd'hui, la plupart des vins sont destinés à une consommation rapide : rien n'empêche en général de les boire dans les semaines qui suivent leur acquisition. Rares sont les vins qui se conservent sans difficulté pendant quatre ou cinq ans, et plus rares encore ceux qui gagneront à séjourner en cave pendant de longues années supplémentaires.

Il n'en a pas toujours été ainsi, naturellement. Autrefois, les vins étaient davantage destinés à vieillir au fond d'une cave. Mais les techniques de fabrication étaient différentes : les raisins étaient cueillis plus tôt, de sorte que leur teneur en acide et en tanin était plus élevée ; pour perdre leur acidité, les vins tirés de ces raisins insuffisamment mûrs devaient vieillir plus longtemps. De nos jours, le processus de fermentation est mieux connu et soigneusement contrôlé. Les producteurs européens mettent sur le marché des vins qui n'exigent pas de longues périodes de vieillissement, et la plupart des vins du Nouveau Monde, qui souvent viennent de régions chaudes, se prêtent également à une consommation immédiate.

LE CHOIX DES VINS À CONSERVER

Si dans leur majorité les vins ne sont pas destinés à vieillir plus de quelques années, nombreux sont encore ceux de qualité supérieure qui gagneront à séjourner quelque temps au fond d'une cave. Certaines bouteilles portent, collée au dos, une étiquette fournissant des indications sur la durée idéale de conservation. Mais c'est leur prix qui, en l'absence de toute information, reste le meilleur critère d'appréciation.

Les vins bon marché vieillissent mal, du fait de leur teneur insuffisante en acide et en tanin ; aussi vaut-il mieux consommer dans l'année les blancs et les rosés les moins chers ; quant aux rouges de faible prix, il faut les boire dans les deux années qui suivent la récolte. Les vins non millésimés appellent une consommation immédiate, à l'exception des bons champagnes, qui peuvent attendre un an ou deux. Les champagnes non millésimés, ainsi que la plupart des vins effervescents, doivent être bus durant les mois qui suivent leur acquisition. Les vins qui se situent dans la gamme moyenne des prix se conservent généralement pendant quatre ou cinq ans,

En général, les vins rouges vieillissent mieux que les vins blancs : il leur faut souvent plusieurs années pour déployer toutes leurs qualités.

mais il est souvent préférable de boire les blancs dans les deux ou trois années suivant leur mise en bouteilles. C'est en particulier le cas du sauvignon blanc, du viognier, du chardonnay du Nouveau Monde, du sémillon et du torrontes.

Si les meilleures caves sont composées principalement de vins relativement onéreux, il ne faut pas en inférer un rapport direct entre prix élevé et vieillissement assuré. Ainsi les blancs secs issus du viognier, comme le condrieu, sont souvent coûteux mais, le viognier étant pauvre en acide, ils perdent en quelques années leur arôme voluptueux et leur bouquet pénétrant, et ce sans développer de saveur nouvelle. De la même façon, le sauvignon, dont l'acidité naturelle est pourtant élevée, développe rarement des arômes plus complexes en vieillissant : son charme et sa qualité résident dans sa saveur acide et son fruit éclatant. Le chardonnay même, grands bourgognes blancs exceptés, doit se boire rapidement.

LE VIEILLISSEMENT DES VINS ROUGES

Tous les vins rouges de qualité supérieure ne sont pas nécessairement des vins de longue garde : le pinot noir vieillit relativement mal ; quoique les grands crus de Bourgogne soient l'exception, leur longévité n'égale pas toujours celle des bordeaux rouges ; quant au merlot, il ne se conserve pas plus longtemps qu'un cabernet-sauvignon. Aujourd'hui, la situation est rendue plus incertaine par l'apparition des nouveaux vins du Bordelais (*voir page 167*) ou du Nouveau Monde : nonobstant les prix élevés auxquels ils sont commercialisés, on ne sait rien de leur durée idéale de conservation. Si leur dégustation permet d'entrevoir leur évolution, en s'appuyant sur la réputation du vignoble, du cépage ou du producteur, ils n'ont pas les mêmes potentialités de développement que les grands crus traditionnels.

En général, les vins rouges demandent plusieurs années pour déployer toutes leurs qualités. Ceux du Vieux Continent offrent assurément de meilleures garanties que leurs concurrents du Nouveau Monde. Cette situation peut évoluer, car les producteurs du Nouveau Monde se tournent de plus en plus vers les régions tempérées pour obtenir des teneurs en acide et en tanin plus élevées afin de garantir la longévité de leurs vins. Quant aux rosés, quelle que soit leur origine, ce sont des vins qu'il faut déguster jeunes : très rares sont ceux pour lesquels l'âge constitue un avantage.

LE MILLÉSIME ET LA TAILLE DE LA BOUTEILLE

Le millésime est évidemment un critère de choix essentiel. Pour constituer une cave, il est recommandé de se tourner vers les meilleurs, à moins d'avoir découvert une production d'une qualité supérieure à la moyenne. Les pages consacrées aux vins du monde (*voir pages 162-217*) fournissent des indications sur les bonnes et les mauvaises années ; vous trouverez aussi des jugements commentés dans les magazines et les ouvrages spécialisés. Enfin, il n'est pas inutile de tenir compte de la taille de la bouteille : il est couramment admis que le vin rouge se conserve mieux dans les magnums, ces grosses bouteilles qui contiennent l'équivalent de deux bouteilles normales (1,5 l). Le vin évolue plus lentement quand l'air emprisonné dans la bouteille occupe une part réduite de sa contenance. C'est la raison pour laquelle il est déconseillé de conserver du vin dans des demi-bouteilles.

les vins blancs à conserver

bourgogne Les premiers crus de Chablis et de la Côte-d'Or se conservent au moins 5 ans. Pour les grands crus, la durée idéale de conservation est comprise entre 5 et 10 années. Le millésime est un critère de choix essentiel.

chardonnay (Nouveau Monde) Préférez les grands vins des régions tempérées de haute altitude : Santa Barbara et Carneros (Californie) ; Adelaide Hills, Margaret River, Yarra Valley, Tasmanie (Australie) ; Afrique du Sud ; Nouvelle-Zélande. À conserver au moins pendant 5 années.

côtes-du-rhône Hermitage, châteauneuf-du-pape se conservent pendant 10 ans et plus.

graves et pessac-léognan (Bordelais) Ne retenez que les meilleurs vins des grandes années. À boire entre 6 et 12 ans d'âge, ou plus.

grüner veltliner (Autriche) On peut le boire jeune, mais les grands vins, en particulier ceux des régions de Wachau, de Kremstal et de Kamptal, vieillissent comme le riesling et se conservent pendant 8 à 10 ans.

hunter valley semillon (Australie) Le sémillon de la Hunter Valley, âpre et léger dans ses premières années, acquiert une saveur moelleuse après 5 ans d'âge, et se conserve parfois pendant 20 ans.

riesling Sec ou doux, le riesling est un des vins qui vieillissent le mieux. L'Allemagne, l'Alsace, l'Autriche, l'Australie (Clare Valley, Eden Valley) et la Nouvelle-Zélande produisent des rieslings qui se conservent pendant plus de 8 ans, mais qui peuvent aussi se boire jeunes. Dans la production allemande, il faut privilégier les vins traditionnels, doux (kabinett, spätlese) ou secs (selection) ; les nouveaux vins, commercialisés sous des appellations non traditionnelles, vieillissent mal.

sauternes et barsac (Bordelais) À compléter par les meilleurs vins des régions voisines (Monbazillac, Sainte-Croix-du-Mont, Saussignac). La durée moyenne de conservation est comprise entre 8 et 15 ans, mais certains millésimes peuvent aller bien au-delà.

vins de Loire Privilégiez les vins liquoreux des coteaux du Layon (bonnezeaux, quarts-de-chaume), de Vouvray et de Montlouis, ainsi que les vins secs et demi-secs de Vouvray, de Montlouis et de Savennières. La qualité des vins de Loire varie selon les années, mais les meilleurs peuvent atteindre jusqu'à 10, 20 ans d'âge, voire beaucoup plus.

vins du Jura Le vin jaune atteint son apogée en 20 ans. Certains millésimes peuvent attendre un siècle.

les vins rouges à conserver

barolo et barbaresco (Italie) Il faut les laisser vieillir ; un bon millésime mérite d'être conservé pendant une dizaine d'années.

bordeaux Pour les crus bourgeois (*voir page 167*), la durée idéale de conservation est comprise entre 4 et 7 années ; la plupart des premiers crus se boivent après 5 ans ; la plupart des grands crus atteignent la perfection après 7 ou 8 ans.

bourgognes Les appellations bonnes-mares, clos-de-la-roche, Clos-de-Vougeot, chambertin, clos-de-tart, corton, Domaine-de-La-Romanée-Conti, gevrey-chambertin, morey-saint-denis, pommard, donnent des vins de garde qui se conservent bien pendant 10 ans.

brunello di montalcino et bolgheri (Italie) Ces vins exigent souvent un vieillissement d'au moins 5 ans, mais peuvent se conserver beaucoup plus longtemps.

cabernet-sauvignon (Californie) Les meilleurs se boivent après 4 années, mais il est préférable d'en attendre quelques-unes de plus.

côtes-du-rhône Les appellations hermitage, côte-rôtie et cornas se conservent pendant au moins 8 années ; le châteauneuf-du-pape se boit plus jeune, mais les meilleurs crus se conservent idéalement 10 à 12 années, et souvent plus pour les grands millésimes.

porto vintage (Portugal) Choisissez les vins qui ont au moins 10 ans d'âge. Le porto « single quinta » est souvent prêt à la consommation quand il est commercialisé (13 ou 14 ans après la récolte), mais il peut encore vieillir pendant 6 ou 7 ans.

ribera del duero et priorato (Espagne) Ces vins corsés vieillissent bien. Leur durée idéale de conservation est comprise entre 6 et 10 ans.

rioja gran reserva (Espagne) Ces vins sont prêts à la consommation quand ils sont commercialisés, mais les meilleurs continuent à évoluer pendant plusieurs années.

rouges australiens Le shiraz, le cabernet-sauvignon, ainsi que les vins issus de leur assemblage, se consomment après 7-8 ans, mais ils peuvent se conserver plus longtemps.

vins de Provence Palette et bandol se conservent pendant 5 à 10 ans.

vins du Sud-Ouest Fournissez-vous auprès des meilleurs producteurs, car la qualité de ces vins varie selon les années. Prévoyez au moins 5 années de conservation pour les bergeracs, les madirans et certains cahors.

zinfandel (Californie) Il faut généralement les boire dans les 8 années qui suivent la récolte. Seuls les meilleurs vins se conservent longtemps.

conserver le vin

Assurer de bonnes conditions de conservation à vos vins est important. À défaut d'une cave traditionnelle, en voici les caractéristiques essentielles.

Si vous ne possédez pas de cave adaptée à la conservation des vins, vous pouvez louer un emplacement chez un négociant spécialisé.

Si les conditions idéales de conservation sont aujourd'hui bien connues, rares sont les caves des habitations particulières qui en respectent tous les critères. Souvent, c'est la température ambiante qui pose les problèmes les plus délicats. Idéalement, elle doit être comprise entre 7 et 15 °C. Si elle est plus basse, le vin n'en souffrira pas – à condition qu'il reste à l'abri du gel –, il risque simplement d'évoluer plus lentement.

Quand la cave est plus chaude, les risques sont plus importants : la température ne doit pas dépasser 20 °C. Les vins rouges bien corsés peuvent, certes, supporter encore un ou deux degrés supplémentaires, mais la plupart des autres vins ont une constitution plus délicate : les effervescents et les champagnes, les vins blancs à faible teneur alcoolique ou à faible taux d'acidité, les vins rosés, les vins bon marché destinés à une consommation rapide, ainsi que les vins arrivés au dernier stade de leur vieillissement sont les plus fragiles.

On évitera de conserver les vins de qualité à la température ambiante de l'habitation : les alignements de bouteilles dans les cuisines sont décoratifs mais déconseillés. Si les vins sont expo-

Les meilleures **caves** conservent une **température** et une **humidité** constantes.

sés à des températures excessives, sachez qu'ils vieilliront plus vite que prévu : plus la température sera élevée, plus l'évolution sera rapide.

CHALEUR, SÉCHERESSE, VIBRATIONS

La constance de la température est l'autre condition essentielle. En la matière, les risques sont régulièrement sous-estimés : il suffit parfois de quelques heures d'ensoleillement pour que la température d'une pièce d'habitation atteigne 30 °C ; même les celliers aménagés sous un escalier ne sont pas à l'abri des coups de chaleur ; et dans les hangars et les garages, les écarts de température sont particulièrement élevés. Si vous décidez de conserver du vin dans une remise ou un grenier, il vous faudra entreprendre des travaux d'isolation. Méfiez-vous aussi des caves qui abritent une chaudière. En fin de compte, les armoires encastrées ou les anciennes cheminées adossées à un mur exposé au nord présentent moins de risques. N'hésitez pas à faire l'achat d'un thermomètre et surveillez les traces de suintement, qui trahissent un état de surchauffe : car si la bouteille n'est plus hermétique, c'est l'air qui viendra accélérer la dégradation du précieux liquide.

Au même titre que la chaleur, la sécheresse est l'ennemie du vin : comme le rappellent les moisissures qui tapissent les vieilles caves de certains producteurs, les meilleures caves conservent une humidité constante, qui empêche le dessèchement des bouchons. Dans les pièces d'habitation, il faudra se méfier des appareils de climatisation et des radiateurs, dont la chaleur dessèche l'atmosphère… Néanmoins, l'excès d'humidité présente aussi des inconvénients : les moisissures s'attaquent à la fois aux bouchons et aux étiquettes des bouteilles.

Enfin, le vin aime l'immobilité : les vibrations de toute nature lui portent préjudice, parce qu'elles remuent les dépôts et les remettent en suspension. Les séjours prolongés au réfrigérateur sont donc à proscrire, d'autant qu'ils maintiennent le vin dans une atmosphère insuffisamment humide. Pour la même raison, la proximité de la rue ou d'une ligne de métro n'est pas toujours inoffensive, même si les vibrations paraissent imperceptibles.

LES AUTRES RISQUES

La lumière – en particulier les rayons ultraviolets, la lumière du soleil – est nuisible, car elle accélère le vieillissement et l'oxydation du vin – c'est la raison pour laquelle la plupart des bouteilles sont en verre teinté. Vous veillerez donc à conserver votre vin dans une pièce sombre ou, à défaut, de couvrir vos bouteilles pour les protéger de la lumière.

Enfin, le vin n'est pas insensible aux émanations. Si les odeurs de cuisine sont inoffensives, il faut absolument éviter de conserver du vin à proximité de produits chimiques, d'une citerne à mazout, de fruits, de légumes et de fromages.

Si vous ne parvenez pas à réunir toutes ces conditions, la solution la moins coûteuse consiste sans doute à louer un emplacement chez un négociant en vins de bonne réputation. Vous pouvez aussi construire votre propre cave : des modèles cylindriques, vendus en kit, sont enterrés à 2-3 m de profondeur. Autres solutions : acheter ou louer des armoires à vins, où température et humidité sont maintenues constantes.

Les moisissures qui tapissent les parois des vieilles caves garantissent des conditions idéales d'humidité.

la position des bouteilles

- **Couchées** Vous ne risquez pas de vous tromper si vous conservez vos bouteilles en position horizontale : le contact du liquide empêchera les bouchons de liège de se dessécher.
- **Debout** Les bouteilles de champagne se conservent également en position debout (en raison de la pression exercée sur leurs parois). Quant aux bouteilles fermées par des bouchons synthétiques, il n'est pas nécessaire de les coucher ; peut-être la position horizontale est-elle même à déconseiller, mais on ne dispose pas encore d'études suffisantes sur les effets à long terme de ces nouveaux bouchons.
- **Inclinées** Pour les vins soumis à des variations de température, la position inclinée est parfois conseillée : les bouteilles sont conservées la tête en haut, de manière que le bouchon de liège soit en contact à la fois avec le liquide et avec la poche d'air. La difficulté consiste à se procurer des porte-bouteilles qui permettent de conserver les bouteilles de cette façon.

Ce petit ustensile permet d'entailler la capsule qui recouvre les bouchons de liège. À défaut, il suffira d'utiliser une lame de couteau.

Le tire-bouchon de sommelier est muni d'un bras de levier articulé qui s'adapte au goulot de la bouteille. Mais la force s'exerce en oblique sur le bouchon : on risque souvent de le déchirer.

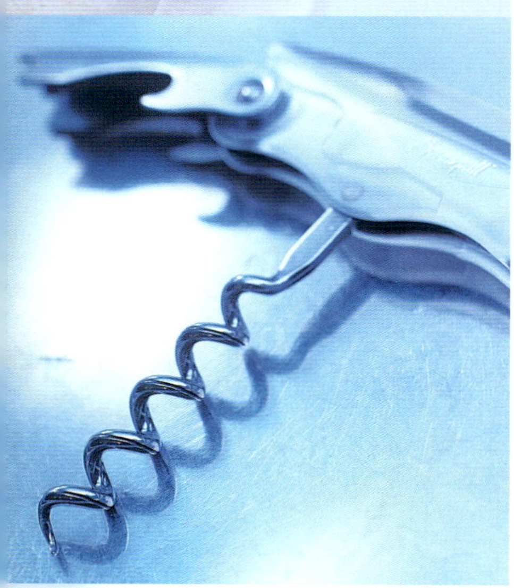

servir le vin

L'ouverture de la bouteille, le choix des verres et la température de service jouent un rôle essentiel dans l'appréciation du vin.

Pour servir le vin, il n'est pas nécessaire de dépenser des sommes folles : pour ouvrir une bouteille, il suffit d'un tire-bouchon, et pour déguster le vin, il suffit d'un verre.

Certes, il existe des tire-bouchons plus efficaces et des verres mieux adaptés que d'autres, mais la question s'arrête là : inutile de s'encombrer d'ustensiles superflus et souvent coûteux.

L'OUVERTURE DE LA BOUTEILLE

Les tire-bouchons classiques sont des tire-bouchons à vis, qui sont formés d'une hélice de métal et d'un manche : la vis sans fin peut s'enfoncer dans n'importe quel bouchon, en particulier dans ceux qui sont faits en liège. Les meilleurs tire-bouchons permettent de tirer le bouchon à la verticale, sans risquer de l'abîmer. Les hélices recouvertes de Téflon conviennent idéalement aux bouchons traditionnels, mais sont moins bien adaptées aux nouveaux bouchons synthétiques, dans lesquels elles pénètrent plus difficilement. Le tire-bouchon de sommelier convient mieux aux bouchons synthétiques qu'aux bouchons de liège, qui risquent de se déchirer sous l'effet du levier. Quand une partie du bouchon reste emprisonnée dans le goulot, la solution la plus simple consiste à l'enfoncer dans la bouteille, puis à filtrer le vin.

Pour enlever la capsule métallique qui recouvre le bouchon, vous pouvez vous servir d'un ustensile conçu à cet effet ou d'une lame de couteau. Une fois le bouchon retiré, veillez à débarrasser soigneusement le goulot de toutes les impuretés (poussières, moisissures), en vous servant d'un linge propre légèrement humidifié.

Pour déboucher les bouteilles de champagne ou de mousseux, il existe un ustensile conçu à cet effet, qui se présente sous la forme d'une pince à quatre

Pour déboucher les bouteilles de champagne, il existe un ustensile conçu à cet effet, qui permet d'obtenir une meilleure prise sur le bouchon.

Les meilleurs **tire-bouchons** permettent de tirer le bouchon à la **verticale**, **sans risque** de l'abîmer.

1

CAPSULE ET MUSELET

Retirez la capsule. Tenez la bouteille inclinée à 45°. Desserrez le muselet en maintenant le bouchon avec le pouce. Retirez le muselet en conservant une main sur le bouchon.

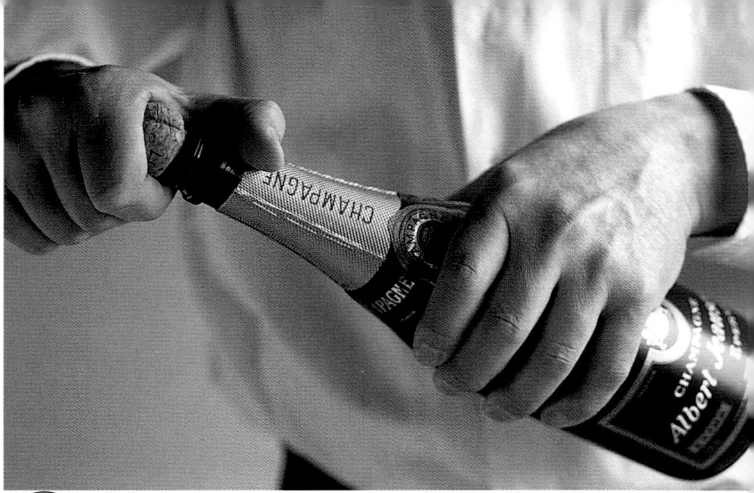

2

DÉBOUCHAGE

Dévissez lentement le bouchon de liège. Idéalement, il faut le tenir et tourner la bouteille : de cette façon, le bouchon ne risque pas de se casser.

mâchoires. C'est une solution pratique, mais vous pouvez aussi déboucher vos bouteilles à la main, à condition de bien contrôler la montée du bouchon et de surveiller la trajectoire de celui-ci…

Après avoir enlevé le bouchon (*voir ci-dessus*), tenez la bouteille de champagne inclinée à 45° en attendant que la mousse se dissipe. Puis remplissez les verres aux deux tiers, au maximum, en les inclinant légèrement vers la bouteille pour limiter l'ébullition.

LE CHOIX DES VERRES

Pour déployer toutes leurs qualités, les vins ont besoin de verres qui leur soient adaptés : le verre à vin est toujours muni d'un pied, qui permet de le saisir sans réchauffer son contenu et de le faire tourner pour apprécier le bouquet de celui-ci ; sa contenance est suffisamment importante pour qu'il ne soit jamais nécessaire de le remplir à ras bord (idéalement, il ne faut pas dépasser le tiers de la contenance) ; enfin, les verres épais et colorés sont à proscrire, car ils empêchent d'admirer la couleur du liquide.

Si la plupart des grandes régions viticoles ont mis au point des verres aux formes spécifiques, leur acquisition n'est pas indispensable. Pour servir les vins rouges et les vins blancs, c'est le verre tulipe, légèrement rétréci à l'ouverture, qui convient le mieux. Pour le champagne, c'est la flûte qui s'impose : à la différence des coupes, elle préserve l'effervescence du vin. Enfin, pour servir le porto ou le sherry, rien n'empêche de recourir à un petit verre tulipe, qui en préservera les arômes grâce au rétrécissement de sa forme.

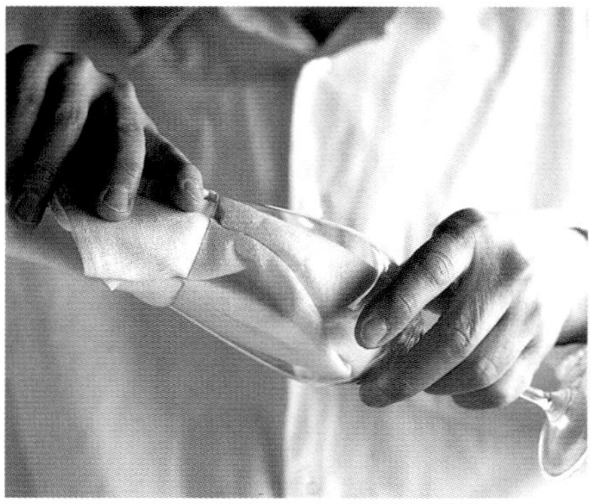

Pour essuyer le fond des verres, il suffit d'enrouler un linge propre exclusivement réservé à cet usage autour d'une cuillère en bois.

LE LAVAGE DES VERRES

Comme le vin, les verres exigent des soins attentifs. Il est préférable de les laver à l'eau chaude, avec le moins de détergent possible ; si vous utilisez un lave-vaisselle, évitez les produits de rinçage et retirez les verres avant le programme de séchage. Pour les essuyer, servez-vous d'un torchon de vaisselle bien propre ; pour atteindre le fond du verre, enroulez le torchon autour d'une cuillère en bois. Dans les armoires, entreposez les verres à l'endroit pour éviter les odeurs de renfermé, et n'hésitez pas à les laver une nouvelle fois après une longue période d'inutilisation.

L'AÉRATION

Nombreux sont les efforts qui ont été déployés pour savoir s'il convenait de laisser « respirer » le vin avant de le servir. Comme la question est toujours controversée, nul doute qu'il y aura encore beaucoup d'amateurs pour se retrouver, autour d'une bonne bouteille, à discuter des mérites de l'« aération ». Ce qui est indiscutable, c'est

Pour servir les vins, il n'est pas indispensable de posséder tous les modèles de verres : le grand verre tulipe (à gauche) convient aux vins rouges et aux vins blancs ; la flûte (à droite) est le verre qui convient aux champagnes et aux mousseux ; le petit verre tulipe (au milieu) convient au porto et au sherry.

qu'une bouteille ouverte doit être bue mais, pour le vin, la différence est sans doute minime, car la surface qui entre en contact avec l'air est dérisoire.

Les partisans de l'aération estiment que le vin exposé à l'air dans une bouteille ouverte subit une légère maturation, qui rehausse ses arômes. Pour leurs adversaires, c'est un faux argument : ils jugent que le vin subira la même évolution dans le verre, ou simplement que l'effet est négligeable. À mon avis, l'aération peut permettre de laisser s'épanouir des vins jeunes de qualité supérieure (parfois même des vins blancs, comme les bourgognes) ou à faire évoluer de jeunes vins rouges, comme le barolo, le ribera del duero et le cabernet-sauvignon de Californie. Certains vins très vieux ont parfois besoin d'une aération (bouteille ouverte puis refermée) pour retrouver leur couleur et leurs arômes.

LA DÉCANTATION

Cette manipulation consiste à séparer les vins rouges des dépôts qui ont pu se former dans la bouteille en les versant dans une carafe à décanter en cristal, à long col et à ventre sphérique. Elle permet en outre au vin, en s'aérant et en se réchauffant, d'exprimer tout son bouquet et, parfois, de raviver sa robe.

Avant de décanter le vin et au cours de l'opération, il est impératif de maintenir la bouteille en position couchée ou légèrement inclinée, même pendant le débouchage, afin d'éviter la dispersion des dépôts. Après avoir débouché la bouteille sans la brusquer, on essuie le goulot à l'extérieur et à l'intérieur avec un linge propre. On tient le goulot à quelques centimètres de la carafe et l'on commence à verser délicatement en surveillant les dépôts grâce à une lumière (la flamme d'une bougie) qui permet de voir ceux-ci et le vin par transparence. On laissera au fond de la bouteille le vin contenant les impuretés.

Si le vin est très vieux, il faut ouvrir la bouteille au dernier moment et ne pas la décanter.

SERVIR LES VINS ROUGES

La température de service d'un vin dépend de nombreux facteurs, et notamment de la saison. Mais d'une manière générale, il faut reconnaître que les vins sont souvent servis à des températures qui ne leur rendent pas justice : si les blancs et les rosés sont parfois victimes d'un séjour prolongé au réfrigérateur, les rouges sont fréquemment servis trop chauds. Soucieux de « chambrer » leur vin, combien d'amateurs ne cherchent-ils pas à lui donner la température de la pièce, ignorant que l'expression « chambrer un vin » nous vient d'une époque où la température de la « chambre » était bien inférieure à la température de nos intérieurs surchauffés.

Aujourd'hui, force est de constater que la température moyenne d'une habitation (20 °C) est supérieure à la température de service des vins rouges les plus corsés, dont la plupart devraient être servis à 18 °C tout au plus. Les bordeaux rouges se boivent en principe à 16 ou 18 °C, et les bourgognes rouges à 17 ou 18 °C. Les beaujolais, les vins légers de la Loire ou les vins corsés à faible teneur en tanin sont censés être servis légèrement frais, et non glacés comme trop souvent ! Pour rafraîchir ces vins, il suffit d'en placer les bouteilles dans un seau à glace.

SERVIR LES VINS BLANCS

À moins de recourir à des sacs isothermes, le seau à glace est encore le moyen le plus efficace pour rafraîchir un vin blanc. En hiver, il suffira parfois de laisser la bouteille à l'extérieur.

Les vins blancs doivent être servis à une température comprise entre 6 et 11 °C. Une température inférieure est conseillée pour les blancs légers et les rosés, de même que pour la plupart des mousseux, qui ont besoin de fraîcheur. En revanche, il faut éviter de rafraîchir excessivement les champagnes millésimés et les rouges pétillants d'Australie.

Les blancs corsés, comme les bourgognes et les chardonnays du Nouveau Monde, exigent une température relativement élevée. Quant aux sauvignons, aux rieslings, au manzanilla et au xérès, ils se boivent à une température d'une dizaine de degrés. Dans tous les cas, il

Quand le vin est transféré dans une carafe à décanter, les dépôts s'accumulent à l'entrée du col de la bouteille. Surveillez l'opération en éclairant celle-ci, et cessez de verser avant que les dépôts ne parviennent au goulot.

Enfermées dans un sac isotherme, les bouteilles de champagne ou de vin blanc conservent toute leur fraîcheur.

faut se rappeler qu'il est préférable de servir les vins à une température inférieure à leur température de service, car tous ont tendance à se réchauffer une fois versés dans un verre.

LES VINS ET LE MENU

L'ordre dans lequel les vins sont servis à table dépend évidemment du menu, mais l'usage exige aussi de respecter une certaine progression des saveurs : les vins légers avant les vins lourds, les vins secs avant les vins doux, les vins blancs avant les vins rouges.

Certes, cette règle n'est pas absolue : les blancs liquoreux, comme le sauternes, accompagnent le foie gras et les terrines ; le sancerre est souvent servi avec les fromages de chèvre ; les vins effervescents d'Asti ou les muscats sont parfois proposés en entrée. Entre les plats, il suffira d'un morceau de pain ou d'un verre d'eau pour préparer le palais à de nouvelles saveurs. Après le foie gras et le sauternes, il faudra servir avec le poisson un blanc sec et fruité, tel un chablis ou un chardonnay ; si vous servez un plat de viande, c'est un vin rouge relativement léger, par exemple un bordeaux jeune ou un cabernet de Coonawarra, qui succédera le mieux au sauternes.

LES VINS ET LES SAISONS

Le menu n'est pas le seul critère de choix : les vins sauront aussi s'adapter à la saison et aux circonstances. Ainsi éviterez-vous de servir au déjeuner des vins à forte teneur alcoolique, comme le zinfandel (14,5°), ou de les proposer à des convives habitués à des vins légers. Quant au vinho verde du Portugal, la grisaille des journées hivernales le priverait sans doute d'une grande partie de sa séduction. De même, un repas servi au jardin par une belle journée d'été appelle davantage un vin de pays, un blanc de Provence ou de Loire, qu'un grand cru du Bordelais, qui risquerait de perdre rapidement ses précieux arômes.

APRÈS LE REPAS

Les agapes terminées, il n'est pas rare que de précieuses bouteilles restent à demi pleines sur la table. Si l'après-repas se prolonge par une bonne discussion entre amis autour de la table, rien ne vous interdit de déguster le reste du vin, même après le service du café. Toutefois, on voudra souvent conserver ce vin.

Après avoir mis à l'épreuve les multiples gadgets proposés dans le commerce pour les refermer et protéger leur contenu contre l'agression de l'air, je suis arrivée à la conclusion qu'il fallait revenir à la bonne vieille méthode traditionnelle : récupérer le bouchon de liège et conserver la bouteille au réfrigérateur.

Si la quantité restante est inférieure à la moitié de la bouteille, il ne sera pas inutile de la transférer dans une demi-bouteille que vous aurez soigneusement rincée au préalable : la proportion du volume d'air emprisonné sera ainsi réduite. La plupart des vins se conserveront pendant deux ou trois jours, mais, s'il s'agit d'un vin rouge, n'oubliez pas de le ramener à une température adéquate avant de le servir. Enfin si vous jugez que le vin n'est plus digne d'accompagner un repas, il vous reste la possibilité d'utiliser les fonds de bouteille pour cuisiner ou faire votre vinaigre.

Les bouchons métalliques destinés aux bouteilles de mousseux sont les seuls dont j'aie pu vérifier l'efficacité. Avec une telle obturation, le vin conserve un léger pétillement – quoiqu'il tende à s'oxyder et à prendre les odeurs. Les cuillères à café, elles, ne sont guère efficaces : le mousseux y perd rapidement de son effervescence et de sa fraîcheur.

De plus en plus concurrentiel,
le marché du vin s'est étendu
à la planète entière, et la production
ne cesse de gagner en qualité.

les vins du monde

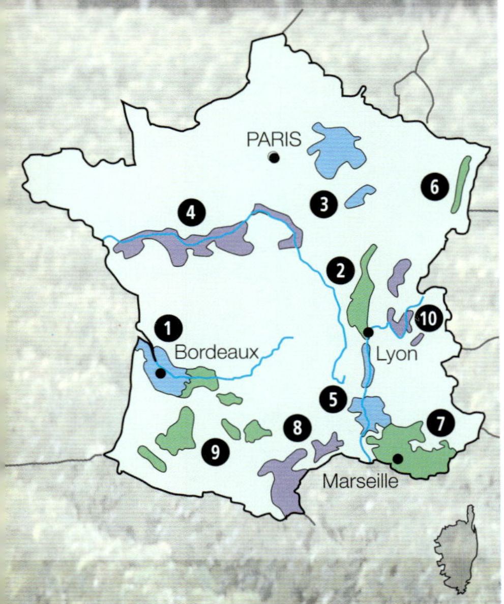

① BORDEAUX

② BOURGOGNE

③ CHAMPAGNE

④ VAL DE LOIRE

⑤ VALLÉE DU RHÔNE

⑥ ALSACE

⑦ PROVENCE ET CORSE

⑧ LANGUEDOC-ROUSSILLON

⑨ SUD-OUEST

⑩ JURA ET SAVOIE

Page ci-contre : vignoble du Bordelais (en haut) ; vendange à la main (à droite) ; le clos-de-vougeot, un des grands crus bourguignons (en bas, à droite) ; le vignoble de Saint-Émilion (à gauche).

France

La production viticole française s'appuie sur une tradition séculaire, favorisée par la variété exceptionnelle des sols, des climats et des cépages.

Si les vins de Californie, d'Australie, de Nouvelle-Zélande, d'Italie ou d'Espagne ont aujourd'hui conquis leurs lettres de noblesse, tous, d'une manière ou d'une autre, ont une dette envers les vins français. C'est en France, en effet, que furent mises au point les méthodes de vinification et de vieillissement en fûts de chêne, et c'est de ce même pays que sont originaires la plupart des cépages qui peuplent les vignobles du Nouveau Monde, tels le chardonnay, le cabernet, le sauvignon, le merlot et la syrah.

Faut-il en conclure que les vins de France sont les meilleurs du monde ? Tout dépend de leur qualité. Rares sont les vins étrangers qui sont en mesure d'égaler la subtilité, la complexité et la faculté de vieillissement des grandes appellations françaises. Mais si l'on descend dans la gamme, les vins du Nouveau Monde n'ont plus rien à envier aux productions traditionnelles de France, dont les saveurs sont parfois jugées austères.

APPELLATIONS ET CLASSIFICATIONS

Le système des appellations d'origine, souvent imité mais relativement rigide, est à la fois un des atouts et une des contraintes de la production française. La mention « appellation d'origine contrôlée » (AOC), reproduite sur l'étiquette de la plupart des meilleurs vins, est la première catégorie définie par la législation française. Ce n'est pas nécessairement une garantie de qualité : si tous les crus renommés jouissent de cette appellation, tous les vins d'AOC n'occupent pas le sommet de la gamme. L'appellation d'origine contrôlée garantit simplement l'authenticité d'une production, définie par l'origine géographique, par le type de cépage et par certaines méthodes de culture et de vinification.

Aux appellations d'origine contrôlée succèdent, dans la classification officielle, les vins délimités de qualité supérieure (VDQS), vins régionaux qui sont soumis à une réglementation moins stricte. Puis viennent les vins de pays, dont la production est en plein essor : la souplesse de la réglementation a permis à certains producteurs de mettre au point des saveurs nouvelles, qui rompent avec la tradition des appellations contrôlées. Enfin, les vins de table forment la dernière catégorie de la classification.

CLOS DE VOUGEOT
CHAMPY PERE
BEAUNE

Les caves du Château-Ausone, premier grand cru classé de Saint-Émilion.

bordelais

Les vins de cette région jouissent d'un prestige si exceptionnel dans le monde entier que, à l'étranger, le meilleur de la production française est souvent confondu avec les grands crus du Bordelais.

Le vignoble bordelais est la région de France qui rassemble le plus grand nombre d'appellations contrôlées (52), après la Bourgogne (109). Nulle part ailleurs la gamme des vins fins n'est aussi étendue… Cependant, tous les bordeaux ne sont pas équivalents. « Bordeaux » n'est qu'une appellation d'origine contrôlée : si tous ces vins (rouges, blancs, rosés) ont mérité l'appellation, leur qualité est extrêmement variable. Malgré les efforts déployés depuis quelques années pour durcir les critères de classification, bien des bordeaux sont de qualité moyenne. Et ne vous laissez pas abuser par l'appellation « bordeaux supérieur » : elle signifie simplement que le vin possède une teneur en alcool légèrement supérieure.

LES APPELLATIONS

Les appellations génériques « bordeaux » et « bordeaux supérieur » peuvent être produites dans toute l'aire girondine, elle-même divisée en appellations régionales. En remontant la rive gauche de la Gironde puis de la Garonne, on traverse toutes les régions dont le nom a donné naissance aux appellations les plus prestigieuses du Bordelais.

Le Médoc, d'abord, avec ses six appellations (saint-estèphe, pauillac, saint-julien, margaux, moulis et listrac, tous des rouges) ; puis les Graves, avec les vignobles mythiques de Pessac et Léognan qui produisent des blancs et des rouges ; enfin le Sauternais, avec les somptueux vins liquoreux de Cérons, Sauternes et Barsac, auxquels on peut rattacher les belles appellations de la rive droite (sainte-croix-du-mont et loupiac).

Au-delà s'étend le vignoble de l'Entre-Deux-Mers, réputé pour ses vins blancs secs. Passé la Dordogne s'étend le riche Libournais, avec ses grands vins rouges de Saint-Émilion, Pomerol, Fronsac, qui abrite aussi les robustes rouges des côtes de Francs et des côtes de Castillon.

L'aire bordelaise s'achève au nord par les côtes de Blaye et les côtes de Bourg, où sont élaborés des vins rouges et des blancs secs de très bonne qualité.

LES CLASSIFICATIONS

Dans les années 1850, les producteurs bordelais éprouvèrent le besoin d'établir un classement officiel des grands crus. En 1855, il était réalisé et se traduisait par la publication d'une « liste des vins rouges classés de la Gironde » qui devint fameuse et fut peu retouchée par la suite.

Cinquante-sept crus du Médoc et un cru des Graves y étaient répertoriés, dont 4 en premiers grands crus classés, 12 en seconds, 14 en troisièmes, 11 en quatrièmes et 17 en cinquièmes. (En 1973, le Château-Mouton-Rothschild fut reclassé en premier grand cru.)

quelques producteurs

Outre les crus classés, on recommandera les producteurs suivants (ch. = château, dom. = domaine)

Rouges

Ch. d'Aiguilhe, ch. d'Archambeau, ch. Canon (Canon-Fronsac), ch. Carbonnieux, ch. la Dauphine, ch. la Grave (Fronsac), ch. Landiras, ch. Marsau, ch. Meyney, ch. les Ormes-de-Pez, ch. les Ormes-Sorbet, ch. de Pez, ch. Potensac, ch. Poujeaux, ch. Puygueraud, ch. Sociando-Mallet, ch. de Sours, ch. Thieuley, ch. la Tour-de-By, ch. Tour de Mirambeau, clos Floridène, Calvet, Dourthe, Sirius.

Blancs secs

Ch. Bonnet, ch. Reynon, ch. de Sours, ch. Thieuley, ch. Tour de Mirambeau, Calvet, Dourthe.

Blancs doux

Ch. Cérons, ch. Loubens, ch. Loupiac-Gaudiet, ch. Reynon, dom. du Noble.

MILLÉSIMES RÉCENTS

Dans le Bordelais, les récoltes sont capricieuses. Les grands vins rouges datent des années où la fin de l'été fut longue, chaude et sèche. Le millésime 2000 est excellent : c'est le meilleur depuis 1990. Si 1995, 1996 et 1998 sont de bonnes années, 1991 et 1992 sont les plus mauvaises de la décennie. Pour les vins doux, 1990, 1996, 1997 et 1999 sont les meilleures années, et 1991, 1992 et 1993 sont les moins bonnes.

En 1855, les vins blancs de Sauternes et Barsac furent également classés en premier grand cru, premier cru et deuxième cru.

La hiérarchie des vins de Saint-Émilion repose sur deux appellations : saint-émilion et saint-émilion grand cru. Pour avoir droit aux mentions grand cru classé ou premier grand cru classé, les vins doivent répondre aux conditions de production établies pour l'appellation saint-émilion grand cru, et avoir fait l'objet d'un classement officiel. Onze crus répondent à ces critères.

Les Graves produisent 15 crus classés en blancs et en rouges, dont le Château-Haut-Brion, le seul à avoir été classé en 1855.

À Pomerol, il n'existe pas de classement officiel, mais il est d'usage de reconnaître trois catégories : cru hors classe (le seul Château-Petrus), neuf premiers grands crus et neuf grands crus.

On notera que les crus bourgeois du Médoc sont classés en crus bourgeois, crus grands bourgeois et crus grands bourgeois exceptionnels.

LES CÉPAGES

Les bordeaux rouges sont généralement obtenus à partir d'un assemblage de cabernet sauvignon, de merlot et de cabernet franc, parfois associés au petit verdot et, occasionnellement, au malbec ou côt. Si le cabernet sauvignon donne aux vins du haut Médoc et des Graves leurs arômes caractéristiques de cassis, de violette et d'épices, c'est aujourd'hui le merlot qui est devenu le cépage principal du Bordelais, où il est en progression continue. Donnant des vins souples et parfumés, il s'est répandu dans le monde entier.

En même temps, de nouvelles techniques de vinification ont permis de mieux faire s'exprimer les arômes des vins dominés par le cabernet. Pour les uns, cette évolution risque d'effacer les différences de terroir (*voir page 113*), qui donnaient leur personnalité aux vins des Graves (plus minéraux), de Saint-Estèphe (plus musclés) ou de Margaux (plus souples) ; pour les autres, c'est un progrès incontestable, qui rend les bordeaux rouges plus séduisants qu'autrefois.

Les bordeaux blancs sont traditionnellement issus d'un assemblage de sémillon et de sauvignon, parfois associés à la muscadelle, même si beaucoup de vins blancs sont désormais obtenus exclusivement à partir du sauvignon. Le sémillon, qui renforce la corpulence du vin, entre principalement dans la production des grands vins liquoreux, mais il contribue aussi à celle des vins secs de longue garde, encore que ce ne soit pas sa vocation.

LE VIEILLISSEMENT

Presque tous les bordeaux de qualité moyenne se prêtent à une consommation immédiate, ou dans les deux ou trois ans qui suivent leur commercialisation, en particulier pour les rouges. Les crus bourgeois et leurs équivalents exigent habituellement trois années de cave. Les crus classés méritent souvent une dizaine d'années de vieillissement, mais certains peuvent se révéler excellents au bout de cinq ans seulement : tout dépend du millésime. Si les blancs secs de Pessac-Léognan méritent aussi une dizaine d'années de cave, les vins inférieurs se boivent plus jeunes. Quant aux grands vins de Sauternes et de Barsac, qui peuvent se conserver pendant des dizaines d'années, rien n'empêche de les boire jeunes.

La petite bourgade de Saint-Émilion est le centre d'un des vignobles les plus réputés du Bordelais.

Le château de Corton-André donne son nom à un des crus réputés de la côte de Beaune.

Bourgogne

Les grands vins de Bourgogne sont réputés pour la délicatesse de leurs arômes et la richesse de leur bouquet, qu'ils doivent en particulier au pinot noir (rouges) et au chardonnay (blancs).

Les bourgognes rouges sont des vins à la fois souples et parfumés, et particulièrement équilibrés : malgré leur délicatesse, ils ne manquent pas de corps et possèdent une remarquable faculté de vieillissement. Les bourgognes blancs doivent leur finesse et leur fruité au chardonnay, cépage de tous les grands vins blancs de la région.

APPELLATIONS ET CLASSIFICATIONS

Le vignoble bourguignon, qui s'étend du nord au sud entre Auxerre et Villefranche-sur-Saône, doit surtout sa renommée aux vins de la Côte-d'Or, qui comprend la côte-de-nuits et la côte-de-beaune. Dans ces deux régions, le vignoble de chaque commune est divisé en crus appelés « climats ». Les grands crus, qui sont les plus prestigieux, sont désignés uniquement par le nom du climat (musigny, montrachet), alors que les premiers crus, qui leur succèdent dans la classification, portent le nom de leur commune d'origine suivi de celui du climat (chambolle-musigny-les-amoureuses, puligny-montrachet-les-referts).

Au nord-ouest de la Côte-d'Or se trouve le vignoble de Chablis, dont les vins blancs sont parmi les plus réputés. Les vins de Chablis sont répartis en quatre appellations : chablis grands crus, chablis premiers crus, chablis et petit chablis. Au sud-ouest de Chablis s'étend le petit vignoble d'Irancy, dont les vins rouges légers proviennent surtout du pinot noir. Quant aux vins blancs de Saint-Bris-le-Vineux, ils sont issus d'un cépage de sauvignon blanc.

La côte Chalonnaise, située au sud de la Côte-d'Or, est une région viticole renommée pour ses cinq appellations : montagny (blancs issus du chardonnay), bouzeron (blancs aligotés), mercurey et rully (rouges et blancs issus du pinot et du chardonnay), et givry (rouges). Plus au sud, le Mâconnais est réputé pour ses vins blancs issus du chardonnay (pouilly-fuissé, pouilly-vinzelles, pouilly-loché, viré-clessé, saint-véran, mâcon-villages). La côte Chalonnaise produit aussi du crémant de bourgogne, vin effervescent à mousse légère, et le Mâconnais des vins rouges tirés à partir de l'assemblage du gamay et du pinot noir.

Enfin, le Beaujolais occupe la partie la plus méridionale du vignoble bourguignon. Ses dix crus (saint-amour, juliénas, chénas, moulin-à-vent, fleurie, chiroubles, morgon, brouilly, côte-de-brouilly, régnié) font la fierté de la région, qui possède aussi les appellations « beaujolais », « beaujolais supérieur » et « beaujolais-villages ». Vin jeune de l'année, le beaujolais nouveau ne manque pas de séduction.

L'amateur de vin peut se trouver désemparé devant cette extraordinaire variété des appellations bourgui-

quelques producteurs

Ghislaine Barthod, J.-M. Boillot, Champy, Robert Chevillon, J. Drouhin, René Engel, J. Faiveley, J.-C. Fourrier, Ch. de Fuissé, Geantet-Pansiot, Anne Gros, L. Jadot, Michel Lafarge, dom. des comtes Lafon, Laroche, Dominique Laurent, dom. Leflaive, Olivier Leflaive, Bonneau du Martray, Hubert de Montille, François Raveneau, Tollot-Beaut, Verget.

Beaujolais

Dubœuf, Éventail de vignerons producteurs, Jacky Janodet, M. Lapierre, Loron, Sarrau, Louis Tête.

MILLÉSIMES RÉCENTS

Pour les vins blancs, les meilleurs millésimes de la dernière décennie sont : 1990, 1992, 1995, 1996, 1999 et 2000 ; pour les vins rouges, les meilleurs millésimes sont : 1990, 1994, 1995, 1996, 1999 et 2000. Les années 1991 et 1993 (pour les blancs) et 1992 et 1994 (pour les rouges) sont plus faibles. Tous les vins, même les plus grands, peuvent se boire après dix ans de cave. Les vins jeunes seront plus puissants.

gnonnes (régionales, communales, premiers crus et grands crus), mais il doit se souvenir qu'il s'agit là de l'expression d'une qualité du terroir et d'un travail des hommes plusieurs fois centenaire. Il ne cessera jamais de s'initier à ces vins qui lui réservent nombre de joies insoupçonnées.

À droite : vignes de pinot noir dans le vignoble d'Auxey-Duresses, dans les côtes de Beaune.
En bas : le vignoble de la montée de Tonnerre, composé de chardonnay, fournit un des premiers crus de chablis.

Champagne

Si les producteurs de mousseux et de vins effervescents du monde entier recourent à la méthode champenoise, seuls les vins de Champagne ont droit à la prestigieuse appellation.

Alain Terrier, chef de caves chez Laurent-Perrier, examine les dépôts d'une bouteille de champagne.

quelques producteurs

Paul Bara, Billecart-Salmon, Bollinger, Charles Heidsieck, Deutz, Fleury, Jacquesson, Krug, Larmandier-Bernier, Pol Roger, Louis Roederer, Ruinart, Salon, Veuve Clicquot, Vilmart.

Jean-Pierre Girondin, chef de caves chez Taittinger, procède à l'opération de remuage.

À l'instar des autres grandes régions viticoles, la Champagne possède son échelle de crus, dont les premiers rangs sont occupés par les grands crus et les premiers crus. Néanmoins, la plupart des champagnes sont issus d'un assemblage fort savant de différentes cuvées. En fait, cette classification régit le classement des communes viticoles. Ce qui importe d'abord, c'est la réputation du producteur.

CHAMPAGNES MILLÉSIMÉS

Le critère du millésime est plus significatif. Les champagnes non millésimés, qui sont le fruit d'assemblages de plusieurs récoltes (issues de parcelles et d'années différentes), trahissent surtout le style du producteur. Prêts pour la consommation lors de leur vente, ils gagnent souvent à n'être bus que six mois plus tard.

Les champagnes millésimés proviennent des meilleures années et sont produits en quantité limitée. De qualité supérieure, ils vieillissent plus lentement et leur évolution est moins facile à prévoir. Rarement prêts à la consommation lorsqu'ils sont commercialisés, il faut parfois attendre cinq ans avant de les servir. Les expressions « cuvée de luxe » ou « cuvée prestige » sont habituellement réservées aux grands champagnes millésimés, produits en quantité limitée et vendus à des prix élevés. L'année 1990 a été la meilleure de la dernière décennie. On peut aussi distinguer 1996.

Si le marché est dominé par les grandes maisons, telle celle de Moët et Chandon, de petites entreprises familiales continuent d'exploiter leurs propres vignes, réalisant elles-mêmes leur vin ou livrant leur récolte à une coopérative. Des deux côtés, on trouve le meilleur et le pire : la qualité est indépendante de la taille des entreprises.

CÉPAGES ET STYLES

Le champagne, y compris le champagne rosé, provient généralement d'un assemblage de trois cépages : le chardonnay, le pinot noir et le pinot meunier. Si le chardonnay renforce sa faculté de vieillissement, le pinot noir lui donne du corps et le pinot meunier de la rondeur. À l'opposé, le blanc de blancs provient uniquement de raisins blancs à jus blanc comme le chardonnay, tandis que le blanc de noirs est issu exclusivement de raisins rouges à jus blanc, comme le pinot noir, le pinot meunier ou un assemblage de ces deux cépages.

Les champagnes se caractérisent aussi par leur taux de sucre. Les mentions habituelles distinguent ainsi, du plus sec au plus doux : l'extra-brut, le brut, l'extra-dry, le sec, le demi-sec et le doux.

À Bonnezeaux, le moulin de la Montagne domine le vignoble de chenin qui fournit un des meilleurs vins blancs des coteaux du Layon.

quelques producteurs

Patrick Baudoin, Bossard, Bouvet-Ladubay, Ch. de Fesles, Clément, confrérie de Oisly et Thésée, Coulée de Serrant, D. Dagueneau, dom. des Aubuisières, Filliatreau, Huët, H. Pellé, Jo Pithon, O. Raffaut, Sauvion, Vacheron, E. Vatan.

MILLÉSIMES RÉCENTS

À l'exception des meilleurs rouges, des blancs doux et des vins de Savennières, les vins de Loire se boivent jeunes. 1990, 1995, 1996 (surtout), 1997 et 2000 sont considérés comme les meilleurs millésimes.

À la Châtellerie, les vignes de Joseph Mellot s'étendent autour de la petite ville de Sancerre.

Val de Loire

Depuis l'Auvergne jusqu'à l'Atlantique, les rives de la Loire et de ses affluents sont bordées de vignobles dont sont issus quelques-uns des plus beaux vins de France.

La diversité des climats, des sols et des cépages explique la variété de la production : rouges, blancs ou rosés, effervescents, secs ou moelleux, les vins de Loire offrent à l'amateur un choix particulièrement étendu.

LES CÉPAGES

Si les vignobles de Sancerre, de Pouilly-sur-Loire, de Menetou-Salon, de Quincy et de Reuilly sont les terres d'élection du sauvignon, Sancerre et Menetou-Salon produisent aussi des rouges et des rosés issus du pinot noir. À l'ouest, le sauvignon de Touraine donne de bons vins blancs meilleur marché que ceux de Sancerre. À Vouvray et à Montlouis, le chenin, ou pineau blanc, fournit de remarquables vins blancs, secs ou moelleux, tranquilles ou mousseux. Les rouges et les rosés de Touraine, eux, proviennent d'un assemblage de cépages où dominent cabernet franc et gamay.

Plus à l'ouest, le cabernet franc fournit les rouges de Chinon, de Bourgueil et de Saint-Nicolas-de-Bourgueil. En Anjou, le chenin est le cépage principal des célèbres vins mousseux de Saumur, des blancs secs de Savennières et des blancs liquoreux des coteaux du Layon (quarts-de-chaume, bonnezeaux), alors que le cabernet franc, le cabernet sauvignon et parfois le gamay sont les cépages des vins rouges (saumur, saumur-champigny, anjou, anjou-villages) et des vins rosés.

Dans le pays nantais, le célèbre muscadet est issu du melon de Bourgogne, dont les vignobles sont concentrés au sud-est de Nantes (muscadet-de-sèvre-et-maine) ainsi que tout autour d'Ancenis (muscadet-des-coteaux-de-la-loire).

Le vignoble de Château-Grillet, l'une des plus petites appellations contrôlées de France, produit un vin blanc unique en son genre, issu du viognier.

quelques producteurs

Nord
Albert Belle, Chapoutier, Chave, cave des Clairmonts, A. Clape, Colombo, Cuilleron, Ch. Curson, Delas, Graillot, Guigal, Jaboulet, Jamet, Jasmin, A. Perret, Rostaing, Vernay.

Sud
Chapoutier, Ch. de Beaucastel, Ch. de Fonsalette, Ch. Fortia, Ch. de l'Isolette, Ch. Rayas, clos des Papes, dom. du Cayron, dom. de la Mordorée, dom. Sainte-Anne, Jaboulet, la Vieille Ferme, Vieux Télégraphe.

MILLÉSIMES RÉCENTS

La qualité des millésimes varie selon les régions. Dans les Côtes du Rhône septentrionales, 1990, 1991, 1992 (en blanc), 1995, 1997, 1998 et 1999 sont d'excellentes années ; dans les côtes du Rhône méridionales, 1990, 1995, 1998 et 1999 sont de bons millésimes. L'année 2000 est partout prometteuse.

Vallée du Rhône

Entre Vienne et Avignon, le vignoble des côtes du Rhône offre une grande diversité. Les rouges, souvent corsés, mais aussi les très grands vins blancs, secs ou liquoreux, sont présents.

La plupart des vins du Rhône sont commercialisés sous l'appellation côtes-du-rhône, ou côtes-du-rhône-villages suivie d'un nom de commune. Les meilleurs crus et les grandes appellations n'ont rien à envier aux grands vins de Bourgogne ou du Bordelais.

LE NORD

Les vignobles des côtes du Rhône septentrionales s'étendent entre Vienne et Valence. Les meilleurs vins rouges, souvent produits en quantités limitées à partir de la syrah, sont des vins généreux qui vieillissent lentement. Hermitage et crozes-hermitage plantés sur la rive gauche, côte-rôtie, condrieu, château-grillet, saint-joseph, cornas et saint-péray sur la rive droite sont les appellations les plus prestigieuses.

Les vins blancs, qui ne sont pas moins corsés, sont issus principalement de trois cépages. Le viognier, le plus renommé, est le seul cépage des vins exceptionnels de Condrieu et de Château-Grillet ; la marsanne et la roussanne sont associées pour donner les remarquables vins blancs de hermitage, de crozes-hermitage, de saint-joseph et de saint-péray (un vignoble qui, outre des vins secs, produit un excellent vin effervescent).

LE SUD

Les vins des côtes du Rhône méridionales sont issus de quelque seize cépages différents (le grenache, le mourvèdre, le carignan, la syrah…) Ces cépages sont présents selon des dosages divers dans les vins de Châteauneuf-du-Pape, mais aussi dans ceux de Gigondas, de Vacqueyras ou de Lirac. La syrah est également un des cépages des rosés de Lirac, mais est absente des vignobles de Tavel, qui produisent de célèbres rosés fins, secs et capiteux. Quant au muscat, il est le cépage exclusif des vins doux naturels de Beaumes-de-Venise, ceux de Rasteau étant issus du grenache. Les autres vins blancs de la région sont généralement secs et robustes, mais le blanc de Châteauneuf-du-Pape développe des arômes des plus intéressants – et est aussi onéreux que le rouge du même nom.

VILLAGES

La plupart des vins qui sont vendus sous l'appellation côtes-du-rhône-villages proviennent du sud de la région : de la Drôme, du Gard ou du Vaucluse. Dans ces départements, certaines communes ont en effet obtenu le droit d'adjoindre leur nom à l'appellation régionale : Rochegude, Rousset-les-Vignes, Saint-Maurice, Saint-Pantaléon-les-Vignes, Vinsobres (Drôme), Chusclan, Laudun, Saint-Gervais (Gard), Beaumes-de-Venise, Cairanne, Rasteau, Roaix, Sablet, Séguret, Valréas, Visan (Vaucluse). Enfin, il ne faut pas négliger de très belles AOC, comme les côtes-du-ventoux, les coteaux-du-tricastin et les côtes-du-lubéron, en rouge et en blanc.

Le vignoble de Zinnkoepfle, un des grands crus d'Alsace, produit des gewurztraminers dont les arômes sont particulièrement originaux.

Alsace

Le vignoble alsacien est le seul en France à avoir donné à ses vins le nom de leurs cépages. Dominée par les blancs, sa production offre une gamme de saveurs exceptionnelle.

À l'exception des 50 terroirs qui ont droit à l'appellation alsace grand cru, tous les vins y sont rassemblés sous l'AOC alsace ou vin d'Alsace, et se distinguent par le nom du cépage utilisé.

L'absence d'indications sur les étiquettes des vins d'Alsace rend parfois le choix difficile, car tous les vins secs ne sont pas équivalents, et certains sont même des demi-secs. Les seules expressions réglementées sont réservées aux vins liquoreux, reconnaissables à la présence des mentions « vendanges tardives » ou « sélection de grains nobles ».

Le chasselas, le sylvaner, le pinot blanc et l'auxerrois donnent naissance à des vins légers et fruités, tandis que le muscat, le tokay-pinot-gris, le gewurztraminer et le riesling sont à la base des grands crus, qui allient une grande finesse à leur complexité d'arômes. Le pinot noir donne de grands rouges chez les meilleurs producteurs. L'edelzwicker, résultat de l'assemblage de plusieurs cépages, est un vin frais et agréable. Le crémant-d'alsace est un vin effervescent obtenu par la méthode champenoise. Il peut réserver de belles surprises.

quelques producteurs

Paul Blanck, Marcel Deiss, Rolly Gassman, Hugel, Albert Mann, Schlumberger, Schoffit, Trimbach, Turckheim co-op, Zind-Humbrecht.

MILLÉSIMES RÉCENTS

Si les années 1990, 1997 et 1999 furent exceptionnelles, la qualité s'est bien maintenue depuis 1993, à l'exception de l'année 1994, plus inégale. Les années chaudes conviennent généralement aux rieslings, alors que les années froides profitent davantage aux gewurztraminers. Les vins doux ne sont pas fabriqués chaque année.

Provence

Le vignoble provençal s'étend d'Arles à Nice et pratiquement jusqu'à Digne au nord. Que ce soit en rosé, en rouge ou en blanc, il offre un magnifique éventail de vins enchanteurs.

Dans la région viticole de Provence, sans doute la plus ancienne de France, un grand nombre de petits producteurs maintiennent la tradition des vins amoureusement élaborés.

Les principales appellations de producteurs sont les côtes-de-provence, les coteaux-d'aix-en-provence, les baux-de-provence et les coteaux-varois. Le petit vignoble de Bandol produit un remarquable vin rouge, issu essentiellement du mourvèdre, qui vieillit bien. Cassis est réputé pour ses vins blancs. Bellet et Palette sont aussi de petits vignobles, dont la réputation est depuis longtemps établie. Si les rosés de Provence sont les plus connus, la région produit également de remarquables vins rouges, issus d'un grand nombre de cépages (grenache, cinsaut, mourvèdre, syrah, cabernet sauvignon), et de bons vins blancs, issus principalement de clairette et d'ugni blanc, enrichis parfois par le rolle, un cépage caractéristique de la région.

quelques producteurs

Ch. de Pibarnon, ch. Routas, ch. de Selle, ch. du Seuil, ch. Simone, ch. Vignelaure, dom. Ott, dom. Tempier, dom. de Trévallon.

MILLÉSIMES RÉCENTS

Les rosés et la plupart des blancs se boivent dans l'année. Les rouges plus corsés, issus d'un assemblage de mourvèdre, de cabernet et de syrah, vieillissent souvent bien.

Le mas de Daumas-Gassac, surnommé le « Château-Lafite du Languedoc ».

Languedoc-Roussillon

Le Languedoc-Roussillon, qui s'étend entre les Pyrénées et le delta du Rhône, s'est imposé en quelques décennies comme l'une des régions viticoles les plus dynamiques de France.

La réputation de cette région s'est établie sur la qualité de ses rouges fruités, qui conservent la robustesse des vins traditionnels du Midi, sur la variété de ses vins de pays, qui se sont adaptés aux goûts nouveaux du marché international, et sur l'existence d'une production haut de gamme. Actuellement, chaque appellation a développé son identité rivalisant en qualité. La région a également su développer nombre de vins de pays qui s'affirment de plus en plus.

Il est très difficile de caractériser les vins du Languedoc-Roussillon, avec leurs 35 appellations, à moins de décrire chaque terroir en recensant les cépages utilisés et en décrivant les diverses méthodes des viticulteurs. Les tendances principales reflètent l'importance accordée au cépage dominant dans l'élaboration de chaque vin : mourvèdre à l'est, syrah au centre, carignan à l'ouest.

Les rouges traditionnels sont issus des trois cépages précités ainsi que du grenache, mais le cabernet sauvignon et le merlot gagnent du terrain. Les vins blancs sont moins importants, mais le chardonnay, le viognier, le sauvignon blanc et, dans une moindre mesure, la marsanne donnent de bons vins de pays. Les vins rouges de Banyuls et de Maury sont des vins doux naturels issus du grenache, alors que Rivesaltes et Frontignan sont réputés pour leurs muscats.

quelques producteurs

Abbotts, Alquier, caves de Mont-Tauch, chais Baumière, ch. de Lastours, comte Cathare, dom. Capion, dom. Clavel, dom. Gauby, dom. du Mas Blanc, mas de Daumas-Gassac, mas Julien, dom. Virginie, Voulte Gasparet.

MILLÉSIMES RÉCENTS

1998 fut une année exceptionnelle et 2000 est un bon millésime. À l'exception des rouges corsés, qui ont besoin de vieillir, la plupart des vins se boivent dans l'année.

En bas, à gauche : Aimé Guibert, propriétaire du mas de Daumas-Gassac.
Ci-dessous : le vignoble du Languedoc, au pied des Pyrénées.

Le château de Monbazillac, une des propriétés qui appartiennent à la coopérative locale.

quelques producteurs

La Chapelle l'Enclos, ch. du Cèdre, ch. de la Jaubertie, ch. Montus, ch. du Plat Faisant, ch. Richard, ch. Tirecule la Gravière, ch. de Tiregand, clos Triguedina, clos Uroulat, clos d'Yvigne, dom. Bru-Baché, dom. Cauhape, dom. du Garinet, Robert Plageoles, Producteurs Plaimont, la Tour des Gendres.

MILLÉSIMES

Les millésimes varient tout autant en qualité que ceux du Bordelais. Les blancs secs se boivent jeunes ; la plupart des rouges et les meilleurs blancs liquoreux se bonifient en vieillissant.

Sud-Ouest

La région viticole du Sud-Ouest, particulièrement étendue, abrite une grande variété de vignobles : c'est une mosaïque de terroirs qui produit des vins de qualité, pleins de personnalité.

À l'est de Bordeaux s'étendent les grands vignobles de Dordogne (bergerac, monbazillac, montravel, pécharmant, rosette, saussignac), tandis qu'au sud-est se trouvent ceux du Lot-et-Garonne (côtes-de-duras, côtes-du-marmandais, côtes-de-buzet). Ces terroirs, de même que ceux du Bordelais, sont dominés par le merlot et le cabernet sauvignon pour les rouges, le sémillon, le sauvignon et la muscadelle pour les blancs. Les vins eux-mêmes ont des traits des vins du Bordelais : aux sauvignons secs de Bergerac et de Duras s'opposent les blancs liquoreux de Monbazillac et de Saussignac, qui évoquent les vins de Sauternes.

Quand on s'éloigne vers l'est en direction de Cahors, ou vers le sud en direction des Pyrénées, les cépages du Bordelais cèdent la place au malbec (à Cahors, sous les noms de côt ou d'auxerrois), au tannat (à Madiran, dans le Béarn, et à Irouléguy, dans le Pays basque), à la négrette (dans les côtes du Frontonnais), au duras (à Gaillac) ou au fer-servadou ou braucol. La plupart de ces vins rouges sont des vins robustes, à l'image des vins de Madiran et de Cahors.

Les vins blancs aussi ont leur personnalité : le jurançon – issu du gros manseng et du petit manseng – et le pacherenc du Vic-Bihl sont des vins liquoreux ou moelleux uniques en leur genre. Enfin, Gaillac est aussi réputé pour ses vins blancs secs ou doux, tranquilles ou effervescents, issus du mauzac. Le rouge, issu du duras, ne doit pas être ignoré.

Jura

Le Jura compte 10 AOC, ce qui n'est pas étonnant si l'on considère la diversité des sols et des façons d'élever le vin. Son plus beau fleuron est le vin jaune, issu du seul cépage savagnin et produit dans toutes les côtes du Jura, à Arbois, à l'Étoile et à Château-Chalon. Il faut aussi découvrir les vins blancs secs issus du chardonnay, remarquablement fruités, et des rouges aux arômes de fruits rouges ayant un bon potentiel de garde. Il existe également quelques très grands rosés et une curiosité, le vin-de-paille, un vin doux exceptionnel.

Savoie et Bugey

Le vignoble de Savoie sera très certainement la révélation du XXIe siècle en France. En effet, le potentiel des terroirs et des cépages y est fort riche, et les 17 AOC régionales, tous styles confondus, donnent des vins tantôt virils et bouquetés, tantôt racés et subtils, parfois légers et pétillants, mais aussi amples et veloutés. Toujours pleins de finesse, exprimant des arômes de violette, de fruits secs (noisettes, amandes, noix), ils sont empreints d'une suave délicatesse, à laquelle concourent leurs parfums soutenus de chèvrefeuille et d'aubépine…

Corse

Les vins corses méritent l'attention, car ils ont toutes les qualités de typicité, d'unicité des vins issus d'un véritable vignoble, celui qui bénéficie d'une tradition, d'un climat caractéristique, d'un terroir et de cépages nobles. Le vermentino est le cépage des grands vins blancs secs de Corse. Le sciacarello donne un vin rouge plein de finesse, élégant, à la robe claire, discrètement colorée, qui a du caractère. Quant au nielluccio, il apporte aux vins rouges une couleur profonde, de la puissance, de la complexité, un bouquet d'arômes capiteux.

① LE PIÉMONT ET LE NORD-OUEST

② LA TOSCANE, LE CENTRE, LES ABRUZZES ET LES MARCHES

③ LA VÉNÉTIE ET LE NORD-EST

④ LE SUD ET LES ÎLES (SICILE ET SARDAIGNE)

Page ci-contre : le vignoble des Cinque Terre, près de La Spezia, en Ligurie (en haut, à gauche) ; le palissage de la vigne à Frascati (en haut, à droite) ; le vignoble de Marsala, en Sicile (en bas).

Italie

Les vignobles italiens, composés jusqu'ici exclusivement de cépages indigènes, commencent à intégrer des variétés étrangères.

Les vins italiens doivent l'originalité de leurs saveurs à la variété des cépages locaux et aux particularités des traditions vinicoles. Qu'ils soient légers ou corsés, les rouges possèdent souvent un goût acidulé de cerise qui fait toute leur séduction. Les blancs sont moins caractéristiques, la plupart d'entre eux étant des vins légers à peine parfumés. L'Italie du Nord possède cependant de remarquables vins bouquetés, et dans toute la péninsule se trouvent des producteurs qui proposent des chardonnays riches en tanin. Enfin, l'Italie est aussi réputée pour ses vins de dessert, issus de raisins passerillés : comme le vin de paille français, le passito provient de raisins qui ont été séchés avant fermentation pour augmenter leur teneur en sucre. Le vin santo d'Ombrie et de Toscane ainsi que le recioto de la région de Vérone appartiennent à cette catégorie, même s'ils sont rarement désignés par la mention « passito ».

APPELLATIONS ET CLASSIFICATIONS

Inspiré du système français, le système italien des appellations place aux deux premiers rangs la « Denominazione di origine controllata e garantita » (DOCG) et la « Denominazione di origine controllata » (DOC). Les vins sont désignés par le lieu d'origine (Barolo), ou par le nom du cépage complété par le nom de la région (Nebbiolo delle Langhe). Les vins DOC n'offrent qu'une garantie d'authenticité et de provenance ; seule la mention DOCG offre aussi une garantie de qualité, comme pour les vins français d'appellation d'origine contrôlée. Néanmoins, il ne faut pas se fier aveuglément aux appellations : des vins de première qualité, comme les nouveaux vins de Toscane, issus de cépages étrangers et élevés en fûts de chêne, appartiennent encore à la catégorie des vins de table (*vini da tavola*), parce que leurs producteurs n'ont pas fait de démarches pour obtenir l'appellation DOC ou DOCG. Par ailleurs, certains vins de table sont aujourd'hui classés sous la nouvelle appellation « Indicazione Geografica Tipica » (IGT), qui occupe le troisième rang de l'échelle. En général, c'est le nom du producteur qui fournit la meilleure garantie de qualité.

Dans certaines régions, les vins issus du cœur traditionnel du vignoble ont droit à la mention « classico », qui complète le nom d'origine (chianti classico, soave classico). Parfois, la mention « riserva » est appliquée à des cuvées particulières, qui se révèlent souvent d'une qualité supérieure. Enfin, il ne faut pas négliger les milliers de crus qui échappent à la classification officielle et qui offrent souvent d'heureuses surprises.

En Italie du Nord, les rangées d'arbres servent parfois de support au palissage des vignes.

Piémont et Nord-Ouest

Les régions du nord-ouest de l'Italie – Piémont, Ligurie, Lombardie et Val d'Aoste – produisent de somptueux vins rouges et des vins blancs délicats et parfumés.

Des trois cépages rouges les plus importants, le nebbiolo est sans aucun doute le plus prestigieux. Le barbera, lui, donne des vins rouges de qualité variée. Le dolcetto, enfin, fournit des vins fruités qui se boivent relativement jeunes, même s'il arrive que certains producteurs en tirent des vins plus robustes. Ces cépages engendrent des vins DOC et DOCG, mais interviennent aussi dans les assemblages des vins IGT ou des vins de table, en association avec le cabernet sauvignon, par exemple, qui gagne un peu partout du terrain. Le bonarda, le brachetto (pour les rouges mousseux), le freisa, le pinot noir et le grignolino sont quelques-uns des autres cépages qui peuplent le vignoble italien, en quantités limitées toutefois.

LES VINS ROUGES

Le nebbiolo se retrouve surtout dans le vignoble de Barolo (Piémont), qui produit des vins DOCG d'une grande finesse. Qualité et coûts ont considérablement augmenté durant les vingt dernières années, mais la hausse des prix s'est aujourd'hui ralentie. Le barolo est un vin corsé de longue garde, bien qu'on le boive souvent plus jeune qu'autrefois. Plus léger, le barbaresco est produit en quantités limitées. Le gattinara, le ghemme, le carema et le spanna proviennent des zones voisines : ce sont de bons vins DOC, mais il est souvent plus intéressant de leur préférer un simple nebbiolo delle langhe provenant d'un bon producteur de barolo ou de barbaresco.

Le barbera donne d'excellents vins du même nom – les meilleurs sont ceux d'Alba et d'Asti – qui souvent sont élevés en fûts où ils perdent leur acidité naturelle tout en gagnant en complexité. Leurs saveurs fruitées leur valent un succès croissant auprès de la clientèle internationale.

Le dolcetto est cultivé dans les Langhe, autour d'Alba et de Dogliani, où il produit des vins relativement denses, et autour d'Asti où il fournit des vins plus délicats.

LES VINS BLANCS

De tous les cépages blancs du Piémont (arneis, cortese, erbaluce, favorita, vermentino, trebbiano), le moscato est sans doute le plus connu grâce à l'asti, ce vin doux effervescent, léger et parfumé. Si les vins de Lombardie sont moins souvent exportés que ceux du Piémont, les mousseux de Franciacorta et les blancs de Lugana jouissent d'une bonne réputation. Enfin, il ne faut pas négliger les vins (rouges, blancs, mousseux) du Val d'Aoste et de l'Oltrepò Pavese (partie méridionale de la province de Pavie), ainsi que les vins blancs de Ligurie.

quelques producteurs

Altare, Bava, Braida, Ca' del Bosco, Ceretto, Clerico, Aldo Conterno, Giacomo Conterno, Fontanafredda, Angelo Gaja, B. Giacosa Prunotto, Sandrone, Scavino, Vajra, Vietti, R. Voerzio.

MILLÉSIMES RÉCENTS

La qualité des millésimes est inégale dans le Nord, en particulier dans les vignobles de nebbiolo, dont la maturation est lente. Pour le barolo et le barbaresco, 1990, 1996, 1997, 1998, 1999 et 2000 sont de grandes années, alors que 1991, 1992 et 1994 sont décevantes.

Les tours médiévales de San Gimignano dominent le vignoble du Monte Oliveto.

Toscane et Centre

Les meilleurs vins de l'Italie centrale sont les vins rouges, issus principalement du sangiovese. Les vins blancs, qui proviennent surtout du trebbiano, sont ordinaires, légers et non parfumés.

Outre le sangiovese et le trebbiano, l'Italie centrale possède de nombreux cépages, aussi bien rouges (cabernet sauvignon, merlot, lambrusco, montepulciano, sagrantino, canaiolo) que blancs (vermentino, vernaccia, sauvignon blanc, malvasia, greco, grechetto). Néanmoins, ce critère compte moins qu'ailleurs, car leur nom est rarement indiqué sur les étiquettes.

LES VINS ROUGES

Les vins du Chianti, la plus célèbre région viticole de Toscane, ont si bien profité de l'amélioration des méthodes de culture et de vinification depuis une vingtaine d'années qu'ils jouissent aujourd'hui d'une réputation internationale. Un peu plus corsés que le chianti, le brunello di montalcino et le vino nobile di montepulciano (deux vins DOCG) sont traditionnellement rangés dans une catégorie supérieure, quoique la réalité soit devenue différente. Le vin de Montepulciano ne doit pas être confondu avec le cépage du même nom, robuste et fruité, qui donne les vins DOC des Abruzzes et des Marches (rosso cònero). Le morellino di scansano est un peu plus léger et un peu plus foncé que le chianti, alors que le carmignano, dont le cépage est souvent associé au cabernet sauvignon, est un vin plus complexe et plus élégant.

En Ombrie, le torgiano est depuis toujours un vin apprécié, mais il est aujourd'hui surpassé en qualité par les vins du Chianti et par la nouvelle valeur sûre de la région, le sagrantino de Montefalco, issu du cépage du même nom. En Émilie-Romagne, le lambrusco est un agréable vin moustillant, mais dont la teneur en sucre est souvent renforcée pour les besoins de l'exportation, ce qui lui enlève son picotement caractéristique.

Si les vins de Chianti se boivent souvent jeunes, ceux de Bolgheri, issus du sangiovese, du merlot et du cabernet, et la plupart des grands vins de Toscane méritent une conservation plus longue.

LES VINS BLANCS

Le vernaccia de San Gimignagno (issu du cépage du même nom), le galestro, le montefiascone et le frascati (tous quatre issus du trebbiano et du malvasia), ainsi que les vins d'Orvieto (issus d'un assemblage de trebbiano, de malvasia et de cépages indigènes), sont les vins les plus connus de l'Italie centrale. Le malvasia (en français, malvoisie) donne aux vins un arôme de noisette caractéristique. Les mêmes cépages servent aussi à fabriquer un vin blanc liquoreux, le vino santo. Quant au chardonnay, il entre dans l'encépagement des vins de table et des grands vins de Toscane.

quelques producteurs

Altesino, Antinori, Argiano, Avignonesi, Banfi, Biondi-Santi, Costanti, Fonterutoli, Fontodi, Frescobaldi, Isole e Olena, Lungarotti, Ornellaia, Le Pupille, Sassicaia, Selvapiana, Tenuta di Capezzana, Tenuta San Guido, Teruzzi e Puthod, Volpaia.

MILLÉSIMES RÉCENTS

Le classement des millésimes n'est pas nécessairement le même en Toscane que dans les autres régions d'Italie. Le critère du millésime intervient surtout dans le choix des vins rouges de qualité supérieure : pour le sangiovese, 1990, 1997 et 1999 sont des années excellentes ; 1995 est un millésime exceptionnel ; 1991 et 1992 sont des années décevantes.

Vénétie et Nord-Est

Les meilleurs vins blancs italiens viennent du nord-est du pays : corsés mais jamais lourds, ils offrent une grande variété d'arômes. Les vins rouges sont veloutés, souvent légers et fruités.

Le château de Soave domine les vignobles qui entourent cette petite bourgade de la province de Vérone.

quelques producteurs

Allegrini, Anselmi, Bolla, Dal Forno, M. Felluga, Gini, Gravner, Jermann, Lageder, Maculan, Masi, Pieropan, Pojer e Sandri, Quintarelli, Mario Schiopetto, Tedeschi, Zenato.

MILLÉSIMES RÉCENTS

La plupart de ces vins se boivent jeunes, aussi convient-il d'en préférer les millésimes les plus récents. Seule exception : le recioto et l'amarone de Vénétie, qui se conservent pendant plusieurs années. Pour la dernière décennie, je recommande les vins de 1990, 1993, 1995, 1997 et 2000.

L'éventail des cépages est extrêmement large. Les blancs comprennent le chardonnay, le gewurztraminer (ou traminer), le müller-thurgau, le pinot gris, le pinot blanc, le riesling italico, le riesling renano (le vrai riesling), le sylvaner, le goldmuskateller, le ribolla, le garganega et le trebbiano (dont le mélange donne les vins de Soave), le tocai friulano, le verduzzo et le prosecco (principal cépage du vin mousseux du même nom).

À l'exception du merlot et des deux cabernets, qui se retrouvent dans tout le Nord-Est, les cépages rouges sont moins connus. Les principaux sont le lagrein, le vernatsch ou schiava (la plupart des rouges du Trentin-Haut-Adige, dont le santa maddalena et le lago di caldaro, proviennent de ces cépages), ainsi que le moscato rosa et le refosco du Frioul-Vénétie-Julienne.

Le valpolicella est issu d'un mélange de corvina, de rondinella et de molinara : une bonne vinification offre des vins aux riches arômes de cerise qui n'ont rien à voir avec les vins bon marché fabriqués à grande échelle. Issu du même assemblage, le bardolino est généralement plus léger.

LES ASSEMBLAGES

Dans le Trentin-Haut-Adige, la plupart des vins DOC sont issus d'un seul cépage, tandis que ceux du Frioul-Vénétie-Julienne et de la Vénétie résultent souvent d'un assemblage. Le valpolicella et le soave doivent la richesse de leurs arômes à ces mélanges : le recioto di soave et le recioto di valpolicella sont des vins doux, concentrés et complexes ; l'amarone della valpolicella, issu de raisins passerillés, est un vin sec, doux-amer, au goût de fumé ; le ripasso di Valpolicella, issu du recioto ou de l'amarone, est conservé sur ses lies pour renforcer la complexité de ses arômes. Les prix de tous ces vins sont élevés, mais leur qualité les justifie.

À Ferrari, dans le Trentin, le vignoble de chardonnay de Mauro Lunelli donne des vins mousseux qui jouissent d'une excellente réputation.

Les vignobles d'aglianico occupent les premiers contreforts du Vulture, principal massif volcanique de la Basilicate.

Sud et îles

Bien que les vins de l'Italie du Sud et de la Sicile soient moins connus que ceux du Piémont ou de la Toscane, ils n'ont rien à leur envier sur le plan gustatif.

L'Italie du Sud offre aujourd'hui une vaste gamme de vins rouges, souvent généreux, et de vins blancs frais et parfumés. Malgré l'augmentation des prix, parallèle à l'amélioration de la qualité, ils restent souvent meilleur marché que leurs homologues des autres régions.

LES CÉPAGES

Les vins rouges sont fort intéressants, car ils sont issus principalement non pas du cabernet et du merlot, mais de cépages indigènes : aglianico, negroamaro, malvasia nera, primitivo, gaglioppo, monica, nero d'avola, cannonau (grenache) et carignano (carignan), et aussi, parfois, le sangiovese et le montepulciano. Dans les Pouilles, l'aleatico, qui ressemble au muscat, produit des vins doux et corsés. En Sicile, la syrah est le cépage étranger qui possède sans doute le plus bel avenir.

Si les vins blancs proviennent de cépages tantôt étrangers (chardonnay, sauvignon), tantôt italiens (trebbiano, malvasia), certaines variétés locales sont encore répandues en Campanie (fiano, greco, falanghina) et en Sicile (catarrato, grillo, inzolia). Quant à l'île de Pantelleria, située entre la Sicile et la Tunisie, le moscato (muscat) y donne un vin liquoreux vendu sous l'appellation « moscato di pantelleria ».

À l'exception des appellations contrôlées issues d'un cépage unique, tels l'aglianico del vulture (Basilicate), le primitivo di manduria (Pouilles), le fiano di avellino (Campanie) ou le moscato di pantelleria (Sicile), la plupart des vins proviennent d'un assemblage de cépages. Si le célèbre taurasi (Campanie) est généralement issu du seul aglianico, les appellations « salice salentino », « copertino » ou « brindisi » (Pouilles) doivent leur puissantes saveurs épicées ou chocolatées à un mélange dominé par le negroamaro. Quant au cirò (Calabre), il provient principalement du gaglioppo. Mais l'intervention du vinificateur influence les saveurs et les qualités de ces vins au moins autant que le mélange des cépages.

LES VINS DE LIQUEUR

L'Italie du Sud est en outre réputée pour ses vins de liqueur, dont le plus connu est le marsala : originaire de l'ouest de la Sicile, celui-ci a pendant longtemps souffert de son succès, qui entraîna la diffusion de marsalas sucrés aux saveurs diverses (à l'œuf, à la crème, au café), mais les producteurs privilégient aujourd'hui un retour à la qualité, qu'il s'agisse du marsala sec ou du marsala doux. Si vous vous laissez tenter, choisissez de préférence un marsala vergine ou un superiore riserva – et ne vous laissez pas abuser par la mention « marsala fine », qui s'applique en fait aux marsalas un peu moins riches en alcool.

quelques producteurs

Marco de Bartoli, Calatrasi, Candido (Salice Salentino), Cantina Sociale di Copertino, Donnafugata, Duca di Salaparuta, Fratelli d'Angelo, Librandi, A. Mano, Mastroberardino, Planeta, Regaleali, Sella e Mosca, Settesoli, Spadafora, Terre di Ginestra.

MILLÉSIMES

Les différences sont minimes entre les millésimes. À l'exception du fiano d'avellino, la plupart des blancs se boivent dans les deux à trois ans. Les rouges se boivent généralement dans l'année, mais ceux qui sont issus de l'aglianico (taurasi) et du negroamaro (salice salentino) vieillissent bien.

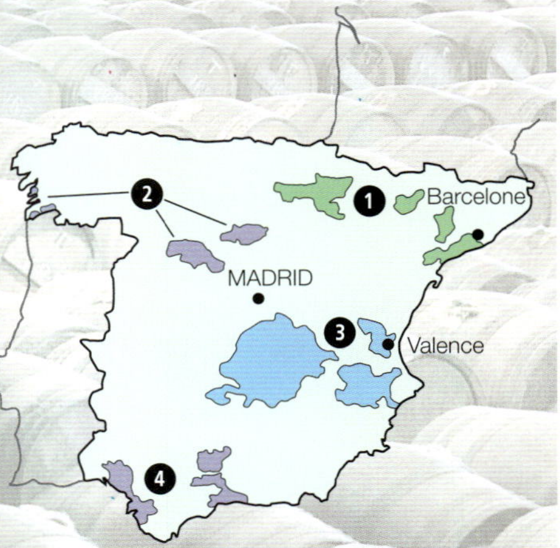

① LA RIOJA, LA NAVARRE ET LA CATALOGNE

② LA RIBERA DEL DUERO, TORO, LA RUEDA ET LE NORD-OUEST

③ LA MANCHE ET VALENCE

④ L'ANDALOUSIE

À Priorato (Catalogne), le vignoble du Clos l'Ermita, propriété des Bodegas Alvaro Palacios, est composé de vieilles vignes de garnacha (grenache).

Espagne

Les meilleurs vins de la péninsule Ibérique ont séduit de nombreux amateurs par leurs qualités et leurs saveurs fruitées renouvelées.

Les vins rouges traditionnels de l'Espagne, souvent réputés pour leur arôme de vanille, existent toujours, mais ils sont de plus en plus supplantés par une nouvelle gamme de rouges, plus frais et plus fruités. Les régions les plus connues, comme la Rioja, sont aujourd'hui concurrencées par d'autres, comme le Priorato, où la tradition viticole est souvent ancienne, mais que le public vient seulement de découvrir.

Les vins blancs, eux, n'ont jamais été le point fort du pays. À l'exception des albariños du nord-ouest, la plupart des vins traditionnels, qui sont des vins oxydés d'un jaune intense, sont aujourd'hui délaissés par la clientèle, qui leur préfère les vins nouveaux, plus légers.

APPELLATIONS ET CLASSIFICATIONS

Pour identifier les meilleurs vins, le système espagnol d'appellations n'a qu'une valeur indicative, car il existe de grandes différences à l'intérieur d'une même catégorie. Le premier rang de la classification est occupé par les vins à « denominación de origen calificada » (DOCa), tels ceux de la Rioja. Puis viennent les vins à « denominación de origen » (DO), soit plus de 50 appellations d'origine de qualités très inégales, ensuite les « vinos comarcales » et les « vinos de la tierra », équivalents des vins de pays français, et, en fin de liste, les « vinos de mesa » (vins de table). S'il arrive que des vins de qualité supérieure, qui ne proviennent pas d'un vignoble d'appellation d'origine, soient rangés dans les deux dernières catégories, la souplesse de la législation ibérique permet souvent à leurs producteurs de tenter de nouvelles expériences à l'intérieur même des terroirs qui jouissent d'une appellation d'origine.

La classification des vins rouges selon leur âge est souvent utile, même si la terminologie varie selon les régions. Ainsi faut-il savoir que les rouges frais et fruités qui n'ont pas été élevés en fûts de chêne sont vendus sous la mention « joven » (jeune) ou « sin crianza », tandis que la mention « crianza » est réservée aux vins d'au moins deux ans élevés en fûts de chêne pendant six mois (blancs et rosés) ou un an (rouges). Quant aux « reservas », ce sont généralement des vins âgés de deux ans pour les blancs et trois ans pour les rouges, et qui ont été élevés en fûts pendant un an ou deux. Les « gran reservas », eux, atteignent les cinq ans d'âge, et ont été élevés en fûts pendant deux ans avant de rester en bouteilles pendant trois ans (pour les rouges ; quatre ans pour les blancs).

En Navarre, ces rangées de cyprès protègent les vignes des Bodegas del Senorio de Sarra.

quelques producteurs

Agramont, Finca Allende, Artadi, Chivite, Clos l'Ermita, Clos Mogador, Clos de l'Obac, Codorníu, CVNE, Enate, Freixenet, Guelbenzu, Marqués de Murrieta, Marqués de Riscal, Martínez Bujanda, Ochoa, Raimat, Remelluri, La Rioja Alta, Roda, Torres, Viñas del Vero.

MILLÉSIMES RÉCENTS

Pour la dernière décennie, dans la Rioja, les meilleures années ont été 1994 et 1995. 1996, 1997, 1999 et 2000 ont été de bons millésimes, et 1991 une année décevante.

Rioja, Navarre et Catalogne

Le rioja est le plus connu des vins rouges espagnols. Cependant, outre ses grands vins traditionnels, le nord-est de l'Espagne produit aussi des vins plus légers et plus frais.

Les cépages rouges sont ceux qui se retrouvent dans toute l'Espagne : le tempranillo, le garnacha, le graciano, le cariñena et le monastrell, assemblés au cabernet sauvignon, au merlot et parfois au pinot noir. Les cépages blancs comprennent le viura, le parellada, le xarello, le chardonnay, le sauvignon blanc, le muscat et le gewurztraminer. Si Penedés (en Catalogne) et Somontano (entre la Navarre et la Catalogne) privilégient les cépages étrangers, la Rioja reste fidèle aux cépages traditionnels – bien que cette situation commence à se modifier.

LES APPELLATIONS

La région de la Rioja, en fait, est en pleine mutation : alors que ses vins blancs ont gagné en fraîcheur et en légèreté, ses vins rouges hésitent encore entre la robustesse des crus qui ont fait sa célébrité et la délicatesse des vins fruités ; mais le goût du public encourage toujours plus les producteurs à renouveler les éléments de leur offre. Ainsi les uns remplacent-ils le chêne d'Amérique de leurs fûts – qui donnait au rioja son arôme de vanille – par du bois de chêne français, tandis que d'autres renoncent aux mentions « reserva » et « gran reserva » pour leur substituer des noms de cuvées. Parallèlement, chacun d'eux cherche à mettre l'accent sur le caractère de son terroir : alors qu'autrefois les vins étaient assemblés à partir des récoltes de trois sous-régions (Rioja Alavesa, Rioja Alta, Rioja Baja), ceux d'aujourd'hui sont souvent issus d'un seul vignoble – même si, au bout du compte, les différences entre terroirs sont souvent imperceptibles dans le verre.

La Navarre produit des vins rouges ainsi que des rosés et des blancs, issus du cabernet sauvignon ou du chardonnay. Costers del Segre, vignoble dominé par l'entreprise de Raimat, donne des blancs provenant du même type d'encépagement, que le public a commencé à apprécier dans les années 1980. Et les vignes de Somontano, situées au pied des Pyrénées, engendrent des rouges et des blancs qui remportent également beaucoup de succès. Quant au cava (mousseux) de Penedés, obtenu selon la méthode champenoise, il a conquis une réputation internationale. Les vins de ce vignoble sont dominés par la production de Torres, qui fut l'une des premières sociétés à adopter des cépages étrangers.

Cependant, les vins rouges puissants et concentrés de l'ancien vignoble de Priorato (au nord de Tarragone) sont sans doute encore les plus recherchés. Mais comme, devant l'augmentation de la demande, les producteurs ont été amenés à planter de nouvelles vignes, une question se pose : leur succès ne va-t-il pas mettttre bientôt en péril leur qualité ?

Ribera del Duero, Toro, Rueda et Nord-Ouest

Les régions du Nord-Ouest, dont certaines viennent seulement d'acquérir leurs lettres de noblesse, sont réputées pour la qualité des vins blancs originaires des Rías Baixas et de la Rueda.

quelques producteurs

Alion, Belondrade y Lurton, Felix Callejo, Martín Códax, Condes del Albarei, Marqués de Griñon, Marqués de Riscal, Pazo de Seoane, Pesquera, Pingus, Protos, Senorio de Nava, Teofilo Reyes, Vega Sicilia.

MILLÉSIMES RÉCENTS

Ce sont les vins de la Ribera del Duero qui sont les plus sensibles à la qualité des récoltes, mais les mauvaises années sont rares. 1994 et 1996 sont des millésimes exceptionnels ; 1990, 1991, 1995, 1997, 1998 et 1999 sont de bonnes années.

Les albariños des Rías Baixas sont des vins acidulés qui possèdent des arômes de pêche, et les vins de la Rueda, issus du verdejo et du sauvignon blanc, associent les arômes de la noix et de la reine-claude. Néanmoins, ce sont les vins rouges, en particulier ceux de la Ribera del Duero, qui retiennent surtout l'attention. Jusque dans les années 1980, il n'y avait pourtant guère que le célèbre vega sicilia pour représenter ce vignoble, un des plus renommés de l'Espagne. Sa production, aujourd'hui, s'est heureusement diversifiée, et si la qualité n'a pas toujours suivi, le prestige du vega sicilia est resté intact. Les meilleurs vins de la Ribera del Duero possèdent l'élégance de leurs homologues de la Rioja, mais ils sont plus concentrés et plus puissants, et en outre ils vieillissent bien. Mais leur qualité est souvent inégale, le tempranillo, principal cépage rouge de la région, étant généralement assemblé à divers autres plants, indigènes ou étrangers (garnacha, mencía, cabernet sauvignon, merlot). Les vins de Toro, qui proviennent aussi du tempranillo, sont plus rustiques que ceux de la Ribera del Duero.

Manche, Valence et Centre

Ces régions produisent surtout des vins à consommer jeunes. Dans la vaste plaine de La Manche, au sud de Madrid, l'airen est le cépage le plus répandu, mais sa suprématie est menacée.

quelques producteurs

Agapito Rico, Bodegas Castaño, Casa de la Viña, Señorio del Condestable, Félix Solís (Viña Albali), Castilla de Liria, Nuestro Padre Jesús del Perdón (Yuntero), Rodriguez y Berger, Los Llanos, Vinícola de Castilla.

MILLÉSIMES

D'une année à l'autre, les différences de qualité sont minimes.

Les vignes d'airen de La Manche sont progressivement remplacées par de nouveaux cépages (tempranillo, cabernet, syrah, petit verdot, merlot), destinés à la production de vins rouges légers se buvant jeunes. À Jumilla, à Almansa et à Yecla, les mêmes cépages sont associés au bobal, au garnacha et au monastrell pour obtenir des vins robustes, mais de plus en plus fruités. Alors que les vins rouges de Valence sont plutôt légers, ceux de Valdepeñas sont corsés, élevés en fûts de chêne comme dans la Rioja.

Le viura et le chardonnay (surtout cultivés dans la Ribera del Guadiana), ainsi que le moscatel, qui fournit un vin doux aux arômes de sucre d'orge, sont les principaux cépages blancs. Mais les blancs ne représentent plus désormais qu'une part négligeable de la production.

Andalousie

Le xérès ou jerez (originaire de Jerez de la Frontera), également connu sous le nom anglais de sherry, est le plus célèbre des vins d'Andalousie. Mais la région produit aussi de bons vins de table.

À Jerez de la Frontera (Andalousie), une grande pergola de vignes ombrage la rue qui sépare les bâtiments des Bodegas González Byass.

quelques producteurs

Arguëso (Herederos), Barbadillo, Bodegas González Byass, Domecq, Bodegas Lopez Hermanos, Vinícola Hidalgo, Lustau, Osborne, Valdespino, Williams & Humbert.

En Espagne, le xérès conserve toute sa noblesse, car il est consommé à l'état naturel de vin sec. Quelles que soient ses variétés (manzanilla, fino, amontillado, oloroso), le xérès espagnol subit rarement le sort des xérès destinés à l'exportation, qui ont une forte teneur en sucre.

LES CLASSIFICATIONS

Les différentes sortes de xérès, qui sont généralement issues du palomino, se distinguent par les méthodes de vinification. La manzanilla, la plus légère et la plus délicate, et la manzanilla fina proviennent des environs de Sanlúcar de Barrameda et se caractérisent par une saveur un peu amère, légèrement salée. Comme le fino, tout aussi léger et délicat, la manzanilla vieillit mal. Il existe toutefois une manzanilla pasada qui développe les mêmes saveurs que la manzanilla fina. Le fino, léger et sec, se consomme jeune.

Plus coloré et plus corsé, l'amontillado possède un goût de noisette : s'il n'a pas été sucré, c'est un vin austère, sec et élégant. Plus foncé et plus riche, l'oloroso se distingue par des saveurs de fruits secs ; il en existe des variétés sucrées, généralement désignées par la mention « dulce » (doux), par opposition aux xérès secs qui eux portent la mention « seco ». La plupart des xérès ne sont pas millésimés : sur les étiquettes, la seule indication est fournie par l'expression « muy viejo » (très vieux), et chacun d'eux peut changer de catégorie en vieillissant.

AUTRES VINS DE LIQUEUR

Même si la plupart des xérès proviennent du palomino, une petite partie de la production est issue du pedro ximenéz, qui donne un xérès doux, foncé et sirupeux. Le même cépage est cultivé à Montilla-Moriles, où sont produits des vins analogues aux xérès, c'est-à-dire secs et doux, mais plus légers et moins parfumés. La région de Condado de Huelva produit des vins de même nature, et celle de Málaga est réputée elle aussi pour ses vins de liqueur : il y reste de bons producteurs qui élaborent d'excellents vins aux arômes de caramel et de raisins secs.

À Puerto de Santa María, près de Cadix, le xérès oloroso de la société Osborne est conservé en fûts dans les caves de La Palma.

① LE NORD, LE DOURO, LE MINHO ET LE PORTO

② LE DÃO, LA BAIRRADA ET LE CENTRE

③ LE SUD

④ MADÈRE

À droite : les vignobles de la Quinta do Noval s'étagent en terrasses sur les pentes de la vallée du Douro.

Portugal

Si les vins de liqueur de Porto et de Madère sont depuis longtemps réputés, le Portugal produit aussi un joli vin blanc : le vinho verde.

Les vins portugais doivent leur originalité à leurs cépages : le borrado das moscas (« chiure de mouches ») ou l'esgana cão (« chien étrangleur »). À quelques exceptions près, les meilleurs vins du Portugal sont des rouges corsés aux arômes de chocolat. Les vins du Nord sont un peu plus délicats et ceux du Sud généralement plus parfumés, mais dans beaucoup de régions les producteurs sont encore en train de leur chercher une personnalité. Hormis quelques grands crus à la mode dont le prix de vente est excessif, la plupart des vins portugais offrent un excellent rapport qualité/prix.

APPELLATIONS ET CLASSIFICATIONS

Le système des appellations, calqué sur ceux de la France, de l'Espagne ou de l'Italie, classe les vins en quatre catégories : les vins à « denominação de origem controlada » (DOC), dont les meilleurs et les plus âgés méritent parfois la mention « reserva » ; les vins à « indicação de proveniência regulamentada » (IPR) ; les « vinhos regionais » (VR), vins régionaux ; les « vinhos de mesa », vins de table.

Les vendangeurs de la Quinta do Bomfim, principal domaine de la maison Dow, se servent encore des hottes traditionnelles.

quelques producteurs

Churchill, Cockburn, Dow, Ferreira (Barca Velha), Fonseca Guimarães, J. M. da Fonseca, Graham, Niepoort, Quinta do Côtto, Quinta do Crasto, Quinta do Noval, Quinta da Rosa, Quinta de Vesuvio, Ramos Pinto, Smith Woodhouse, Taylor, Warre.

MILLÉSIMES RÉCENTS

Dans le nord du Portugal, la qualité des millésimes est particulièrement inégale. Pour le porto vintage, 1991, 1992, 1994 et 1997 sont les meilleures années de la dernière décennie. Pour les vins vendus sous l'appellation « douro », la qualité des millésimes est moins capricieuse, mais 1993 fut une année catastrophique alors que 1994 et 1997 sont des millésimes exceptionnels. Quant au vinho verde, il faut le boire le plus vite possible.

Nord, Douro, Minho et Porto

Le vinho verde (« vin vert ») et le porto, tous deux produits dans le nord-ouest du Portugal, sont les vins les plus contrastés qui soient.

Les vinhos verdes du Portugal sont des vins rouges ou blancs qui doivent leur acidité et leur pétillement caractéristiques à des méthodes de vinification particulières. Si la production est de loin dominée par les vins rouges, ce sont les blancs qui sont les plus connus à l'étranger : ces vins légers et secs sont obtenus à partir d'une grande variété de cépages, dont l'alvarinho, l'équivalent de l'albariño espagnol.

LES VINS DE PORTO

Le porto provient des vignobles qui peuplent les pentes escarpées de la vallée du haut Douro et de ses affluents. Les cépages rouges sont de loin les plus nombreux : le touriga nacional, le touriga franca, le tinta barocca, le tinta roriz et le tinto cão sont les plus importants. Outre des portos, ces variétés donnent des vins DOC de plus en plus raffinés, vendus sous l'appellation « douro » et dont les meilleurs méritent la mention « reserva ».

Le porto est un vin muté auquel l'arrêt de la fermentation (par adjonction d'eau-de-vie) permet de conserver une teneur élevée en sucre et en alcool. Les années exceptionnelles donnent le vintage, vin millésimé conservé en bouteilles après deux ans d'affinage en fûts. Ce porto, qui est le meilleur et le plus cher, porte le nom de la maison productrice : Dow, Taylor, Sandeman, etc. À la différence du vintage, le single-quinta est issu d'une récolte qui n'a pas donné lieu à une production millésimée ; mais comme son nom l'indique, il provient d'un seul vignoble et non d'un mélange. Étant plus léger, ce porto se boit plus rapidement : alors que le vintage exige au moins dix ans de vieillissement, le single-quinta ne se conserve que sept ou huit ans en bouteilles.

Comme les bouteilles de vintage contiennent un dépôt important, il faut les décanter ; tel est aussi le cas du « crusted port », issu d'un mélange de vintages. Les portos millésimés qui sont mis en bouteilles tardivement et vendus sous la mention « late bottled vintage » (LBV) sont donc généralement filtrés : il est inutile de les décanter. L'absence de filtrage est du reste habituellement mentionnée sur l'étiquette.

Le « vintage character » est un mélange de différents millésimes, commercialisé lorsqu'il est prêt à la consommation. Malgré son nom, il ne possède pas le caractère d'un vintage. Quant au « ruby », c'est un porto rouge relativement jeune et qui, avec le « tawny » bon marché, arrive dans les derniers rangs sur l'échelle de qualité. Le tawny bon marché est un ruby jeune, qui doit sa couleur à l'utilisation de porto blanc et à des méthodes de vinification particulières.

Le véritable tawny est un vin d'assemblage de portos blancs et rouges : élevé en fûts pendant de nombreuses années, il prend la couleur fauve qui lui donne son nom et développe des arômes de noisette et de raisin sec. Les meilleures bouteilles portent une indication d'âge (10, 20, 30 ou 40 ans), qui correspond à l'âge moyen du mélange. Le colheita est un vin similaire, mais qui provient d'une seule récolte. Tous deux se servent légèrement frais.

Le porto blanc, lui, se sert bien frais, de préférence en apéritif. Les meilleurs portos blancs, qui sont rarissimes, sont des vins secs d'une belle couleur dorée ; les moins bons sont des vins lourds et épais.

Luis Pato, propriétaire de la Quinta da Cha, est un des grands producteurs de la Bairrada.

Dão, Bairrada et Centre

Les vins du Dão et de la Bairrada ont pendant longtemps été considérés comme les meilleurs vins de table du Portugal. Mais aujourd'hui, les viticulteurs revoient leurs méthodes d'élaboration.

Les vins rouges du Dão sont issus d'un assemblage de cépages : un cinquième de touriga nacional et, pour le reste, bastardo, jaen, tinta roriz, tinta pinheira, alfrocheiro preto ou autres. Dans la Bairrada, plus humide, est privilégiée la culture du baga, qui est plus tannique. Néanmoins, les deux régions ne produisent pas nécessairement des vins différents, et, quand les différences existent, elles ne sont pas toujours celles que les cépages suggèrent : si les vins de la Bairrada sont souvent plus légers et plus fruités, et ceux du Dão plus robustes, cela est surtout dû à des méthodes de vinification dissemblables. Les deux régions produisent aussi des vins blancs : des vins ordinaires de qualité inégale pour le Dão, et de bons vins acidulés aux arômes végétaux pour la Bairrada.

quelques producteurs

Casa da Saima, Casa de Santar, Caves Aliança, Caves São João, Luis Pato, Quinta dos Roques, Sogrape.

MILLÉSIMES

Les vins rouges sont traditionnellement des vins de longue garde, mais la tendance est aujourd'hui d'offrir des vins qui se boivent plus rapidement. Entre les millésimes, les différences de qualité sont minimes, mais 1993 est une année décevante et 1997 une année exceptionnelle.

Près de Mangualde, les vignobles peuplent les hauteurs qui dominent la vallée du Dão.

Sud

Dans le sud du Portugal, les régions de l'Alentejo, du Ribatejo et de l'Estrémadure offrent aujourd'hui des vins qui rivalisent avec les appellations traditionnelles.

Dans les régions méridionales du pays, la classification officielle ne traduit plus les différences de qualité : nombreux sont les vins régionaux qui n'ont plus rien à envier aux meilleurs vins DOC. Aussi vaut-il mieux, pour établir son choix, se fier au nom du producteur ou du cépage. La gamme des plants réunit la plupart des variétés portugaises : touriga nacional, joão santarem (castelão, periquita…) et alfrocheiro preto (pour les rouges) ; arinto, esgana cão et fernão pires (pour les blancs). Dans la région des Terras do Sado, les variétés étrangères, comme le cabernet sauvignon et le chardonnay, participent aussi à l'encépagement.

quelques producteurs

Bright Bros, Cartuxa, Caves Aliança, Cortes de Cima, Herdade de Esporão, Herdade de Mouchão, J. M. de Fonseca, J. P. Vinhos, Quinta de Abrigada, Quinta da Boa Vista, Quinta do Carmo, Quinta da Lagoalva, Quinta de Pancas, Reguengos de Monsaraz.

MILLÉSIMES

Les vins traditionnels, aujourd'hui plus rares, comprennent les rouges corsés et les blancs doux de Colares, les blancs acidulés de Bucelas et les vins de liqueur de Carcavelos. Ailleurs, ce sont les vins plus légers qui dominent : entre les millésimes, les différences sont minimes.

Madère

Depuis plus de quatre cents ans, les vins de Madère sont exportés dans le monde entier. Et malgré leur réputation, ils subissent une baisse de la demande.

Ce changement tient essentiellement au fait que le madère est un vin muté à l'alcool, et que de nos jours ce genre de vin se consomme moins qu'autrefois.

LES CLASSIFICATIONS

Il existe quatre variétés de madère, du plus sec au plus doux (comme pour les vins doux naturels). En principe, ce sont les cépages qui les définissent : le sercial donne les vins les plus secs et les plus austères, le verdelho des vins un peu moins secs, le bual des vins demi-doux, et le malmsey (ou malvoisie) des vins liquoreux. Tous les madères désignés par une de ces quatre appellations sont issus d'un mélange qui contient au moins 85 % du cépage principal. Les autres, qui proviennent principalement du tinta negra, sont désignés simplement par leur teneur en sucre (secs, demi-secs, doux), mais ils ne sont pas nécessairement inférieurs car le tinta negra permet d'obtenir des vins pleins de caractère.

Néanmoins, c'est aux méthodes de vieillissement, et non à la nature des cépages, que les vins de Madère doivent leurs arômes et leur teneur en sucre. Conservés en fûts pendant de longues années, ils sont placés dans des caves (les « estufagens ») où règne une température élevée.

Le madère est réputé pour son aptitude à prendre de l'âge sans perdre son goût, ce qui permet de le conserver pendant plus d'un siècle.

Dans les Adegas de São Francisco, le vin est élevé en fûts pendant de longues années.

quelques producteurs

Blandy, Cossart Gordon, Henriques & Henriques, Leacock, Rutherford & Miles.

MILLÉSIMES

Les vins qui ont entre 3 et 5 ans d'âge sont des vins ordinaires : les grands vins de Madère ont au moins 10 ans. Blandy propose aujourd'hui un vin millésimé de Madère, plus jeune, dont l'étiquette porte la mention « harvest » (récolte), et non « vintage » (millésime).

quelques producteurs

Bassermann-Jordan, Georg Breuer, Burklin-Wolf, Diel, Dönhoff, Maximin Grunhaus, Gunderloch, Fritz Haag, von Hövel, Toni Jost, Karthäuserhofberg, von Kesselstatt, Koehler-Ruprecht, Künstler, Leitz, Dr Loosen, Egon Müller, Müller-Catoir, J. J. Prüm, Willi Schaefer, von Schubert, Selbach-Oster, Robert Weil, Zilliken.

MILLÉSIMES RÉCENTS

Les rieslings allemands vieillissent très bien en bouteilles : il leur faut d'ailleurs plusieurs années pour déployer toutes leurs qualités. Les vins issus des autres cépages se boivent souvent plus jeunes. Les millésimes de la dernière décennie sont remarquables : aucune année n'est vraiment décevante, et 1990, 1993, 1995 et 1997 sont exceptionnels.

Page ci-contre : sur les versants escarpés du Mittelrhein, les vendanges se font encore à la main (en haut, à gauche) ; le vignoble de Bassgeige domine le village d'Oberbergen, dans le pays de Bade (en haut, à droite) ; l'abbaye Sainte-Hildegarde surplombe le vignoble du Klosterberg, sur la commune de Rüdesheim, dans le Rheingau (en bas).

Allemagne

Renommés pour leurs vins blancs moelleux, les vignobles allemands offrent une production variée dont la qualité s'est considérablement améliorée.

Si l'Allemagne produit encore un grand nombre de vins ordinaires qui sont d'excellents vins de table, nombreux sont les producteurs qui se sont efforcés d'élaborer des vins racés et délicats, destinés à la clientèle la plus exigeante, ou d'adapter leur gamme de vins moelleux au goût nouveau du marché international, qui demande des vins plus secs.

APPELLATIONS ET CLASSIFICATIONS

L'Allemagne a établi un système de classification plus précis que tout autre en vigueur dans le reste de l'Europe : outre l'origine géographique et le nom du cépage, les étiquettes de ses vins fournissent une indication sur le degré de maturation des raisins au moment de la récolte.

Les vins qui jouissent de l'appellation « Qualitätswein bestimmter Anbaugebiete » (QbA, version germanique de notre « appellation d'origine contrôlée ») sont répartis en treize régions : Ahr, Bade, Franconie, Hessische Bergstrasse, Mittelrhein, Moselle-Sarre-Ruhr, Nahe, Palatinat, Rheingau, Hesse rhénane, Saale-Unstrut, Saxe, Wurtemberg. Pour ceux qui sont classés comme « landwein » (ce qui équivaut à nos « vins de pays »), les régions sont différentes, mais ces vins sont beaucoup moins exportés. Quant à la désignation « tafelwein » (correspondant à celle de « vin de table »), elle est appliquée occasionnellement à des productions plus expérimentales qui ne répondent pas aux critères d'octroi des appellations précédentes.

Les treize régions QbA sont divisées en sous-régions (« Bereiche »), partagées elles-mêmes en grands vignobles (« Grosslagen ») puis en terroirs particuliers (« Einzellagen »). En général, il vaut donc mieux préférer un einzellage à un grosslage ou un bereich. Les vins issus d'une sous-région, comme Bernkastel, sont toujours identifiés par la présence du mot bereich sur l'étiquette ; en revanche, les vins issus d'un Grosslage ne sont jamais présentés comme tels. Pour l'acheteur, la difficulté consiste donc à distinguer les noms de grosslagen de ceux d'einzellagen. Pour éviter toute confusion, la plupart des producteurs haut de gamme ont choisi de ne pas utiliser les premiers. Aujourd'hui est à l'étude un projet qui consisterait à remplacer les noms des grosslagen par des noms d'« ursprungslagen » (sites d'origine), strictement réglementés. Depuis 1999, la mention « erstes gewächs » (premier cru) est utilisée, pour la première fois en Allemagne, dans la région du Rheingau.

Sur les rives escarpées de la Moselle, le vignoble de Brauneberger Juffer, l'un des plus prestigieux de la région, est planté en riesling.

Les vins issus d'un seul terroir portent le nom de leur commune d'origine suivi du nom du vignoble : ainsi le bernkasteler doktor provient du vignoble Doktor situé sur la commune de Bernkastel. La classification allemande distingue aussi les vins selon la maturité des raisins vendangés. Il existe ainsi une catégorie supérieure aux QbA : l'appellation « Qualitätswein mit Prädikat » (QmP). Six mentions différentes qualifient le degré de maturité des raisins : « kabinett » (raisins mûrs), « spätlese » (vendanges tardives), « auslese » (sélection de grappes cueillies à surmaturation), « beerenauslese » (sélection de grains nobles), « trockenbeerenauslese » (sélection de grains nobles et desséchés), « eiswein » (vin de glace). Plus le degré de maturation est élevé, plus la teneur en sucre est forte : les kabinett sont généralement des demi-secs ; les spätlese sont un peu plus doux ; les auslese sont doux ; les autres sont des vins liquoreux.

Néanmoins, beaucoup de producteurs tendent aujourd'hui à privilégier les vins plus secs, en particulier dans les régions méridionales. Sur les étiquettes, ces vins furent d'abord désignés par les mots « trocken » (sec) et « halbtrocken » (demi-sec), qui apparaissent encore à côté des mentions kabinett, spätlese et même auslese, mais sont petit à petit supprimés depuis l'an 2000. Le nouveau système en vigueur répartit les vins secs et demi-secs en deux catégories, en tenant compte de leur qualité et non plus de leur teneur en sucre : la mention « classic » est attribuée aux vins issus d'une région particulière et la mention « selection » s'applique à des vins de qualité supérieure provenant d'une région et d'un vignoble typiques. En outre, cette réglementation interdit d'associer les nouvelles mentions à celles qui étaient devenues traditionnelles.

Le système des appellations allemandes est donc relativement complexe, mais, sur l'étiquette, le nom du cépage suffit souvent à donner une indication de qualité.

LES CÉPAGES

Le riesling est le raisin le plus raffiné : dans le Rheingau, en Moselle-Sarre-Ruwer et dans bien d'autres régions, c'est de loin le meilleur cépage. Les différents pinots rivalisent avec lui dans le Palatinat et le pays de Bade, tandis qu'en Franconie le sylvaner est habituellement le meilleur cépage. En Allemagne, le pinot blanc est souvent appelé weissburgunder, le pinot gris est parfois désigné sous les noms de rulánder ou de grauburgunder (pour les vins secs), et le pinot noir porte le nom de spätburgunder. Les autres cépages de qualité sont le rieslaner, le gewurztraminer (ou traminer), le scheurebe et le kerner. Évitez le müller-thurgau. Durant ces dernières années, les vins rouges ont gagné en qualité tels le spätburgunder, le dornfelder et le lemberger.

Les treize régions viticoles d'Allemagne ne jouissent pas du même prestige. La Moselle-Sarre-Ruhr et le Rheingau sont les plus célèbres : la première produit des rieslings légers, délicats, qui vieillissent très bien, et la seconde des rieslings tout aussi prestigieux et souvent plus généreux. La Hesse rhénane est réputée pour ses sylvaners, qui sont désignés sur les étiquettes par les initiales RS (« Rheinhessen Silvaner »). Dans le pays de Bade et le Palatinat, les vins sont un peu plus lourds, y compris les rouges ; les blancs du Palatinat sont remarquablement épicés. La Franconie donne d'excellents sylvaners, généralement secs. La Saxe est aussi connue pour ses blancs secs, rarement exportés. La vallée de l'Ahr est réputée pour ses vins rouges, relativement doux. Le Wurtemberg produit lui aussi une grande quantité de rouges.

quelques producteurs

W. Brundlmayer, Feiler-Artinger, Freie Weingärtner Wachau, F. Hirtzberger, E. Knoll, A. Kracher, H. Lang, Malat, Lenz Moser, Nikolaihof, W. Opitz, Pfaffl, F. X. Pichler, F. Prager, Prieler, Salomon-Undhof, Schloss Gobelsburg, H. Schrock, E. Triebaumer, J. Umathum.

MILLÉSIMES RÉCENTS

Les vins doux sont élaborés chaque année, mais la qualité des récoltes est extrêmement variable. Les années 1990 et 1995 sont excellentes, et 1993, 1994, 1997, 1998, 1999 et 2000 sont de très bons millésimes. Les meilleurs grüner veltliners et les meilleurs rieslings peuvent se conserver longtemps.

Autriche

Les vins autrichiens possèdent une réelle originalité, qui s'explique à la fois par les conditions climatiques et les traditions viticoles.

Comme en Allemagne, ce sont en effet le cépage d'origine et le degré de maturation des raisins vendangés qui servent à la classification des vins, mais les vallées autrichiennes, étant situées plus au sud, produisent des vins corsés et généreux qui sont souvent des vins secs.

APPELLATIONS ET CLASSIFICATIONS

La première catégorie rassemble les vins qui ont obtenu l'appellation « Qualitätswein ». Leur qualité est supérieure à celle des vins allemands QbA, et ceux qui portent la mention « kabinett » en constituent une sous-catégorie de qualité supérieure. Pour définir le degré de maturité des raisins, sept termes sont utilisés, qui sont dans l'ordre ascendant : « spätlese », « auslese », « beerenauslese », « strohwein » (vin de paille) ou « eiswein », « ausbruch » (sélection de grains nobles) et « trockenbeerenauslese ».

Quand sur leur étiquette apparaissent les mots « Qualitätswein », « kabinett » ou « spätlese », les vins autrichiens sont généralement des vins secs. Certains vins rouges vendus en tant qu'« auslese » le sont également (la mention « trocken » apparaît parfois). Les autres vins sont des vins doux ou liquoreux. Pour classer ses blancs secs, la région de la Wachau utilise ses propres appellations : du plus léger au plus corsé, ils sont désignés comme étant « steinfeder », « federspiel » ou « smaragd ».

Le cépage le plus répandu est de loin le grüner veltliner, qui fournit de nombreux blancs secs et aussi certains blancs délicats aux arômes épicés, en particulier dans les vallées de Basse-Autriche (Wachau, Kremstal, Kamptal). Le welschriesling, qui donne de bons vins secs ou doux, peuple également beaucoup de vignobles, alors que le müller-thurgau est sur le déclin. Parmi les cépages blancs, il faut encore citer le chardonnay (parfois appelé morillon ou feinburgunder), le riesling, le neuburger, le muskat ottonel,

Situé dans la région de la Wachau, le vignoble de Weissenkirchen produit des rieslings et des grüner veltliners d'une grande délicatesse.

le traminer, le pinot gris, le pinot blanc et le sauvignon blanc. Le cépage rouge le plus répandu est le zweigelt, variété indigène aux arômes de cerise ; il est suivi de près par le blaufränkisch et le blauer portugieser. En sus du sankt laurent et du blauer burgunder (pinot noir), le vignoble autrichien accueille encore le cabernet sauvignon, récemment importé. Enfin, deux cépages rouges sont cultivés exclusivement dans la région de Thermen : le zierfandler (ou spätrot) et le rotgipfler.

Durant ces dernières années, les rouges ont gagné en robustesse et en générosité, au point de souffrir parfois d'un excès de tanin. Leur prix élevé s'explique par la forte demande du marché intérieur. La plupart des meilleurs crus sont originaires des régions méridionales, plus chaudes, en particulier du Burgenland, qui produit en outre des vins doux et liquoreux plus proches des vins de Sauternes que de ceux d'Allemagne. Les rives du lac de Neusiedl, dont l'humidité favorise la pourriture noble, sont bordées de vignobles qui donnent des blancs secs et doux. Les autres grandes régions viticoles sont le Donauland, le Weinviertel, le Donanland, le Carnuntum et Traisental, la Styrie et la région de Vienne.

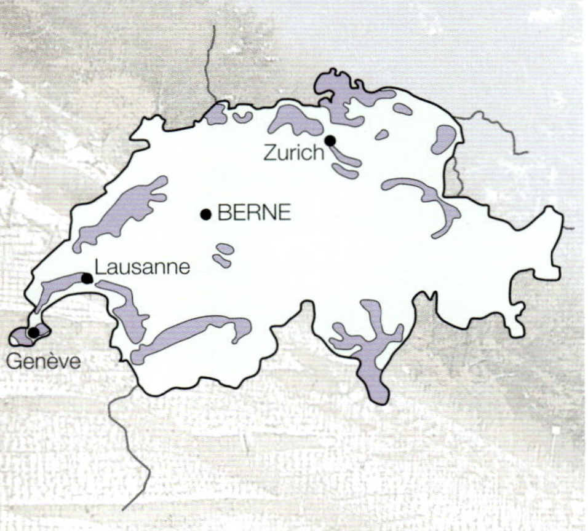

Suisse

Les vins suisses sont peu exportés car leur prix est élevé. Pourtant les vins des cantons du Valais et de Vaud mériteraient d'être mieux connus à l'étranger.

Les cantons francophones ont établi un système d'appellations contrôlées qui est progressivement étendu à ceux de langues allemande et italienne. Dans le Tessin, où l'on parle italien, les meilleurs merlots sont désignés par le sigle VITI.

En Suisse romande, le principal cépage est le chasselas, connu sous le nom de « fendant » dans le Valais : la bonne capacité d'adaptation dont est dotée cette variété lui permet de refléter les différences de terroir. Le sylvaner, appelé « johannisberg » dans le Valais, le pinot gris, le pinot blanc et l'ermitage (marsanne) sont les autres cépages qui peuplent le vignoble suisse aux côtés des nombreuses variétés indigènes, souvent aromatiques, comme l'amigne, la petite arvine et l'humagne blanche. Les vins rouges sont tirés du pinot noir et du gamay, que l'on assemble parfois pour produire les vins fruités de Dôle ; enfin, la syrah a fait une apparition timide mais prometteuse. En Suisse alémanique, on trouve comme principaux cépages le blauburgunder (pinot noir) et le riesling-sylvaner (müller-thurgau). Dans le Tessin, les vignobles de merlot donnent des rouges qui vont des plus légers aux plus robustes.

quelques producteurs

Bovard, Caves Imesch, Frères Dubois, dom. Les Hutins, Rouvinez, Hans Schlatter, Werner Stucky, Tamborini, Testuz.

MILLÉSIMES

Durant ces dernières années, les vins suisses, en particulier les rouges, ont nettement gagné en qualité, mais leur prix à l'exportation les prive encore d'une reconnaissance internationale. Si la qualité des millésimes est variable, les récoltes n'ont jamais déçu depuis 1995.

Grande-Bretagne

Bien que l'Angleterre et le pays de Galles ne comptent pas moins de quatre cents vignobles, la plupart de leurs vins sont inconnus du grand public.

La principale raison de cette méconnaissance est que les Britanniques, pourtant grands amateurs de vin, manquent de patriotisme dans ce domaine : leur propre production ne les intéresse guère. Force est d'admettre que les vins nationaux lancés au début des années 1980 n'ont pas laissé de bons souvenirs : les blancs, en particulier, n'étaient que d'insipides demi-secs. Mais depuis leur qualité s'est améliorée : dans les vignobles, de vrais professionnels ont remplacé les amateurs qui, dans le courant des années 1970 (avec une accélération du mouvement après l'été chaud de 1976), s'étaient lancés dans la viticulture sans en connaître les méthodes de culture et de vinification.

LES CÉPAGES

À cause de l'humidité du climat britannique, la vigne se trouve concentrée dans le sud et l'est de l'Angleterre. Certains vignobles se sont pourtant implantés jusqu'à Durham, au nord, et Cornwall à l'ouest. Les premiers cépages introduits dans le pays furent le müller-thurgau, le bacchus, le schönburger et le seyval blanc, variété hybride, et ils demeurent aujourd'hui encore dominants, mais le riesling, le chardonnay, le pinot noir et le pinot gris gagnent du terrain.

Les conditions climatiques font aisément comprendre pourquoi les vins rouges et les vignobles de cabernet sauvignon sont des exceptions au sein d'une production où dominent les vins blancs, de loin plus nombreux. D'abord influencés par les demi-secs allemands aux arômes de fleurs, les vins britanniques se sont aujourd'hui rapprochés des vins secs de la Loire, aux arômes herbacés. Pour réduire leur acidité, on fait fréquemment appel à la fermentation malolactique et à l'élevage en fûts de chêne. Les rares vins doux sont souvent excellents, mais ce sont les mousseux qui actuellement sont les plus prometteurs : les meilleurs d'entre eux résultent de l'application de la méthode champenoise.

Les vins de Chapel Down sont issus du vignoble de Tenterden et de raisins d'autres comtés.

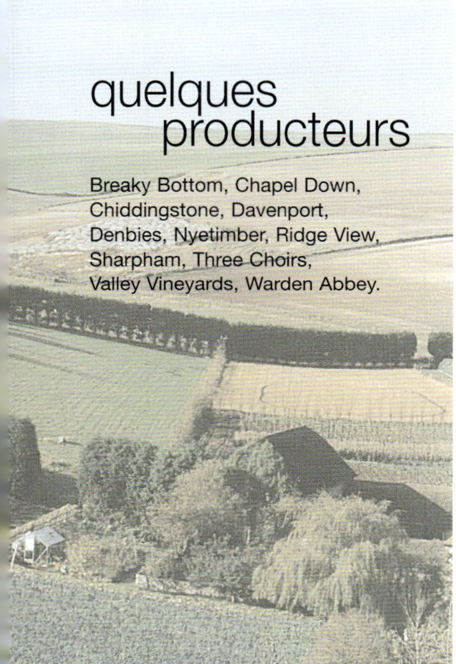

quelques producteurs

Breaky Bottom, Chapel Down, Chiddingstone, Davenport, Denbies, Nyetimber, Ridge View, Sharpham, Three Choirs, Valley Vineyards, Warden Abbey.

Dans le Sussex, les mousseux de Nyetimber sont issus du pinot noir et du pinot meunier.

Méditerranée orientale

Confrontés au déclin de leurs vins traditionnels, les viticulteurs ont renouvelé leur production et obtenu parfois de remarquables résultats.

Grèce

On ne connaît souvent que le « retsina », le célèbre vin résiné. Mais la Grèce, longtemps tenue à l'écart des transformations de la viticulture dans le sud de l'Europe, rattrape son retard. Tout comme au Portugal, dans le midi de la France ou en Italie du Sud, ses producteurs ont eux aussi été contraints de modifier leurs habitudes. Face à la chute de consommation des vins résinés, ils ont compris que la seule issue possible consistait à miser sur la qualité et à s'adapter aux nouvelles exigences du marché.

Les meilleurs cépages rouges sont : le xynomavro, aux arômes de cerise, qui donne les vins de Naoussa et ceux d'Ighoumenitsa ; l'agiorgitiko (saint-georges), au parfum de prune, qui fournit les vins de Némée ; le mavrodaphne, souvent utilisé pour réaliser des vins de dessert, en particulier à Patras ; enfin le limnio, aux arômes végétaux.

Les cépages blancs sont au moins trois fois plus nombreux. Les plus importants sont : le moscophilero, très parfumé, qui donne les vins secs de Mantinée ; le robola de Céphalonie, aux arômes de citron ; enfin l'assyrtiko, une

Le producteur Evanghelos Gerovassiliou ; vendanges à Sithonia, en Grèce (à dr.).

variété de Santorin qui doit une partie de ses arômes aux sols volcaniques locaux. Les vignobles grecs accueillent aussi le muscat, qui donne les célèbres vins de Samos, ainsi que le chardonnay, le cabernet sauvignon, le merlot et la syrah, qui sont parfois assemblés à des cépages indigènes comme l'agiorgitiko.

Si les grandes maisons (Kourtakis, Boutari, Tsantalis, Achaïa Clauss) offrent toutes les garanties nécessaires, ce sont les petits domaines qui disposent des meilleurs crus. Certains vins souffrent parfois d'un séjour prolongé en fûts neufs, mais les meilleurs sont des vins excellents et qui vieillissent bien. Parmi les producteurs que l'on peut conseiller, il faut mentionner : Antonopoulos (pour les chardonnays), le domaine Carras, Gaïa, Gentilini, Gerovassiliou, Ktima, Kyr-Yanni, Kosta Lazaridi, le domaine Mercouri, Strofilia et Tselepos.

Liban

Le Liban ne manque pas de grands domaines viticoles. Les maisons Ksara et Kefraya, par exemple, produisent des vins qui jouissent d'une réputation internationale. La seconde, notamment, sous l'appellation comte de M, en propose un qui, issu d'un mélange de cabernet, de syrah et de mourvèdre, est excellent. Néanmoins, le célèbre château-musar reste le vin libanais le plus prestigieux. Dans la plaine de la Bekaa, où les températures sont adoucies par l'altitude, Serge Hochar a conçu un assemblage original de cabernet sauvignon, de cinsaut et de carignan : il en résulte un vin qui associe la robuste élégance d'un bordeaux et les arômes épicés d'un côtes-du-rhône méridional. Commercialisé au bout de sept années, il continue d'évoluer de nombreuses années : selon son créateur, sa durée idéale de garde est de quinze ans. Aux plus impatients, la maison propose un vin plus jeune vendu sous l'appellation « Hochar Père et Fils ».

Israël

La plus grande partie du territoire israélien est exposée à un climat chaud et sec qui ne convient guère à la viticulture, mais en altitude, sur le plateau du Golan, en Galilée ou sur les collines qui entourent Jérusalem, les conditions ne sont pas défavorables. La plupart des vins israéliens sont issus du cabernet sauvignon, du chardonnay ou de grands cépages étrangers : les meilleurs crus rappellent les vins de Californie, où de nombreux viticulteurs ont reçu leur formation.

Le marché est dominé par deux grands producteurs : la Golan Heights Winery, dont les vins sont vendus sous les appellations Yarden et Gamla, et le domaine du Castel, situé près de Jérusalem, dont les vins ressemblent aux bordeaux rouges. Parmi les autres producteurs, il faut mentionner : Baron Wine Cellars, Dalton, Margalit et Tishbi.

Dans la plaine de la Bekaa, au Liban, le domaine de Serge Hochar est encépagé de cabernet sauvignon, de cinsaut et de grenache.

Turquie

Par sa superficie, le vignoble turc est le quatrième du monde, mais comme le pays est musulman, l'essentiel de la récolte est destiné à fournir du raisin de table : moins de 3 % du raisin vendangé est vinifié. Si les vins des grands producteurs (Kavaklidere, Doluca) sont souvent excellents, la qualité est généralement inégale.

Chypre

Le commandaria, tiré des raisins séchés du mavrodaphne et du xynisteri, est le vin le plus célèbre de l'île de Chypre : liquoreux et de couleur dorée, il ressemble aux muscats d'Australie, mais il ne possède pas la complexité de leurs arômes. Le marché des vins de table est dominé par quatre coopératives, dont les plus connues sont KEO et ETKO ; les meilleurs crus de cette île sont les rouges et des blancs vendus sous les appellations Ancient Isle, Island Vines et Mountain Vines.

Europe de l'Est

Les aires viticoles de cette région cherchent encore leur voie, mais les investissements pour renouveler les vignobles devraient bientôt porter leurs fruits.

Bulgarie

Les robustes vins rouges de Bulgarie, issus du cabernet sauvignon, ont conquis le marché international dès les années 1980. Depuis lors, les producteurs se sont heurtés à la concurrence des vins d'Australie et du Nouveau Monde, plus légers et plus fruités, et aux difficultés suscitées par la chute du régime communiste. Après avoir été privatisées, les coopératives viticoles se sont efforcées de renouveler leurs équipements et se sont assuré l'aide de spécialistes étrangers. Néanmoins, la taille réduite des exploitations empêche encore aujourd'hui nombre d'entre elles d'assumer les investissements qui leur permettraient d'améliorer la qualité de leurs vins.

L'élevage en fûts n'en est encore qu'à ses débuts. En général, les vins rouges sont rapidement mis en bouteilles : ces vins jeunes et frais, destinés à une consommation rapide, sont souvent excellents. Parmi les rouges plus robustes, il faut mentionner le cabernet et le merlot d'Oriachovitza (stara zagora) ; le merlot d'Haskovo (haskovo) ; le cabernet de Suhindol (lovico suhindol) ; le cabernet de Jambol (jambol) ; le cabernet de la vallée de Yantra (ruse). Les nouvelles appellations des vignobles de Sliven sont parmi les plus prometteuses.

L'amélioration des méthodes de vinification a aussi permis l'essor d'une nouvelle gamme de vins blancs, plus légers : les chardonnays de Ruse, de Pomorie et de Slaviantzi sont des vins jeunes et frais, qui offrent un bon rapport qualité/prix.

La Bulgarie n'a pas de système d'appellations contrôlées. Si le controliran et les vins élevés en fûts sont les meilleurs, il est souvent préférable de se fier aux noms du producteur et du cépage.

À droite : scène de vendanges dans le vignoble bulgare de Suhindol.

Hongrie

Producteur de tokay, Gyula Borsos s'apprête à déguster le célèbre vin doux de Hongrie.

Les vignobles hongrois suscitent depuis plusieurs années l'intérêt des investisseurs étrangers. C'est la région de Tokaj (Tokay), située au nord-est, qui est la plus convoitée : ses célèbres vins de liqueur, qui proviennent surtout du furmint, sont réputés pour leur qualité, notamment le célèbre tokaji aszú, vin doux extrait de raisins atteints par la pourriture noble. Leur teneur en sucre est mesurée en « puttonyos », sur une échelle comprise entre 2 puttonyos (pour les plus secs) et 8 puttonyos (pour les plus doux). Une classification remontant au début du XVIIIe siècle partage le vignoble en sites de première, seconde et troisième classe. Les meilleurs producteurs sont : Disznókö, Megyer, Oremus, Pajzos, Royal Tokaji, Wine Company et István Szepsy.

Au nord-ouest de Budapest, le vignoble de Neszmély s'étend sur la rive droite du Danube : c'est là qu'Akos Kamocsay et son équipe ont élaboré une remarquable gamme de vins blancs, dont les sauvignons sont les meilleurs d'Europe de l'Est. Au nord-est du pays, le vignoble d'Eger est réputé pour ses vins rouges (tibor g'al, vilmos thummerer). Dans la région de Villány, près de la frontière croate, Attila Gere s'est associé à l'Autrichien Franz Weninger, qui possède aussi un domaine à Sopron, près de la frontière autrichienne. Enfin, l'Autrichien Kym Milne est l'un des nombreux producteurs étrangers qui ont investi dans les vignobles de la région du lac Balaton.

Roumanie

Le vignoble roumain est sans doute promis à un bel avenir, mais il souffre encore de la faiblesse des investissements. Les vins rouges issus du pinot noir (qui proviennent surtout de la région de Dealul Mare) et le frais gewurztraminer, fruité et épicé, figurent parmi ses valeurs sûres. Il conviendra de suivre en particulier la production des Caves Prahova, qui ont récemment investi dans le renouvellement de leurs équipements. Pour le moment, les meilleurs vins de Roumanie sont encore les vins doux des régions de Cotnari, au nord-est du pays, et de Murfatlar, dans la Dobroudja.

Près de Cernavoda, à l'ouest de Constantia (Roumanie), les rives du Danube sont bordées de vignobles.

autres pays

En Slovénie, le vignoble de Ljutomer est réputé pour son laski rizling mais produit également une gamme variée de vins blancs. La Croatie, elle, propose de bons vins rouges, dont le plavac mali, issu d'un cépage apparenté au zinfandel ; dans la profession, il faut citer le nom de Mike Grgich, qui a étudié en Californie.

En Slovaquie et en République tchèque, le frankovka (blaufränkisch) et le sankt laurent sont les principaux cépages rouges, et, pour les cépages blancs, les plus répandus sont le welschriesling, le pinot blanc, le pinot gris et l'irsai oliver. Des vins tchèques, on retiendra surtout les blancs de Znovin Znojmo, vendus sous l'appellation moravenka, ainsi que les vins mousseux de l'appellation bohemia sekt. En Slovaquie, les meilleurs crus sont les vins de la coopérative Vino Nitra et les vins doux de Tokay, voisins des vins hongrois du même nom.

La Moldavie possède de grands vignobles qui sont composés de cépages réputés, mais ses vins sont rarement exportés, à l'exception de ceux du vignoble d'Hincesti, des cabernets de Cricova, et d'un vin rouge proche du bordeaux connu sous le nom de negru de purkar. En Ukraine, la région la plus importante est la Crimée, qui produit de remarquables vins doux (massandra).

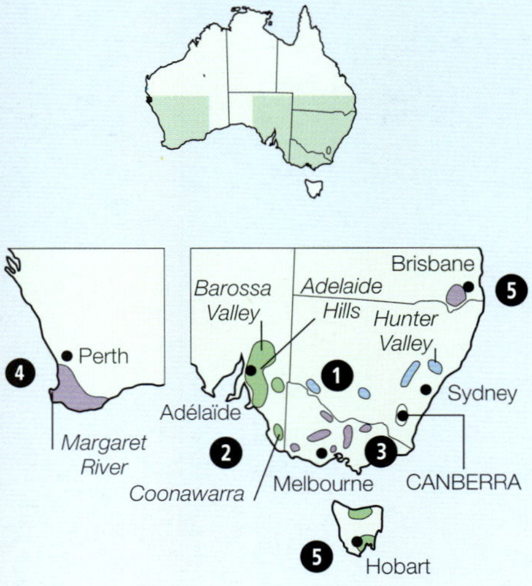

① NOUVELLE-GALLES DU SUD

② AUSTRALIE-MÉRIDIONALE

③ VICTORIA

④ AUSTRALIE-OCCIDENTALE

⑤ QUEENSLAND/TASMANIE

MILLÉSIMES

Si les raisins arrivent facilement à maturation en Australie, les récoltes varient d'une année à l'autre, en particulier dans les régions plus froides. La dimension du pays interdit de s'en tenir à des généralités, mais, dans l'ensemble, l'année 1998 fut excellente pour les vins rouges et l'année 2000 bonne pour la plupart des vins (à l'exception de ceux de Barossa et de McLaren Vale) ; l'année 1995, elle, fut plutôt décevante.

Presque tous les vins australiens sont prêts à la consommation quand ils sont commercialisés : rares sont ceux qui se bonifient en bouteilles. Parmi les blancs, les meilleurs rieslings et les meilleurs sémillons se conservent pendant au moins cinq ans. La plupart des rouges de bonne qualité se conservent pendant deux ans au moins, et plus longtemps pour les meilleurs shiraz et les meilleurs cabernets.

Australie

Les vins australiens jouissent aujourd'hui d'une réputation internationale. Ils rivalisent par leur constance avec les meilleurs vins étrangers.

Il aura suffi d'une quinzaine d'années aux producteurs australiens pour démontrer leur savoir-faire : leurs compétences techniques et leur dynamisme commercial sont à présent indiscutés. Les méthodes de vinification étant parfaitement au point, leur attention se porte désormais sur le renouvellement des cépages. Nombreuses sont en effet les régions où les vignobles de sauvignon blanc et de pinot noir ont souffert de la sécheresse ; aussi les producteurs se tournent-ils vers des régions plus froides, comme les Adelaide Hills. Ailleurs, ce sont de vieilles vignes, longtemps négligées, qui ont fait l'objet de nouveaux soins, à l'image de celles de la vallée de Barossa, plantées il y a plus d'un siècle. Leurs vins se distinguent par la richesse de leurs couleurs et de leurs saveurs, mais, produits en quantité limitée, ils sont vendus à des prix élevés. À l'autre bout de la gamme, les vins ordinaires ont eux aussi profité, dans les années 1990, d'un renouvellement des cépages : l'opération consista à remplacer les variétés de qualité inférieure, comme le sultana et le trebbiano, par le chardonnay, le cabernet sauvignon et le merlot.

Les puristes reprocheront peut-être aux vins d'Australie de manquer de ce supplément d'âme que procure aux grands vins la personnalité d'un terroir. Il est vrai que les vignobles de ce continent souffrent d'une certaine uniformité, mais c'est bien la seule objection qu'il soit possible d'adresser à leur production, dont la qualité présente une constance remarquable.

APPELLATIONS ET CLASSIFICATIONS

La plupart des vins australiens sont désignés par le nom de leur cépage, qui constitue, avec le nom du producteur, le principal critère d'appréciation. Cette pratique est d'autant plus commode que beaucoup d'entre eux sont issus d'assemblage de cépages, originaires de différentes régions. Néanmoins, le système d'appellations qui est en cours d'établissement vise à mettre l'accent sur les différences régionales : les nouvelles désignations, d'ordre géographique, sont réservées aux vins issus de raisins dont 85 % au moins proviennent de la même région. Le pays est ainsi divisé en grandes « zones » qui correspondent aux territoires des États (à l'exception de l'Australie du Sud-Est), et chaque zone est divisée en « régions » et en « sous-régions » : Lenswood, par exemple, est une sous-région des Adelaide Hills, qui constituent une région de la zone des Mount Lofty Ranges.

LES CÉPAGES BLANCS

Le chardonnay, le plus répandu, donne des vins généreusement fruités dont beaucoup sont riches en tanins. Le sémillon, aux arômes de citron, produit des vins qui sont tantôt anguleux, tantôt souples ; les plus riches et les plus tanniques viennent de la vallée de Barossa, et les plus corsés de la vallée de l'Hunter. Le sémillon fournit des vins doux issus de raisins atteints par la pourriture noble. Le riesling sert à fabriquer des vins doux, mais le plus souvent il donne des vins secs ou demi-secs. Les vins issus de sauvignon blanc, un cépage en voie de disparition, rappellent les sauvignons de Nouvelle-Zélande tout en offrant plus de rondeur. Enfin la marsanne donne des vins aux riches arômes de fruits, et le verdelho des vins à la saveur acidulée.

LES CÉPAGES ROUGES

La syrah (ou shiraz), le cépage rouge le plus répandu, donne des vins corsés et fruités qui doivent souvent leurs arômes de vanille au chêne d'Amérique. Les vins qui viennent des régions chaudes possèdent des arômes de chocolat et de réglisse, alors que ceux des régions froides se distinguent par des odeurs rappelant le poivre ou l'eucalyptus. Les mêmes nuances se retrouvent souvent, mêlées aux arômes de cassis, dans les vins issus du cabernet sauvignon. Si cabernet et shiraz sont souvent associés, le merlot gagne du terrain, en particulier comme cépage unique. Les amateurs de rouges corsés seront séduits par les vins issus du grenache et du mourvèdre (parfois appelé mataro) ou d'un assemblage de ces deux cépages. Ceux qui préfèrent les vins légers se tourneront vers les pinots noirs d'Australie : la plupart d'entre eux sont des vins tanniques nantis d'arômes de fraise, mais ils parviennent rarement à reproduire les parfums et la souplesse des bourgognes.

À l'instar du chardonnay, le pinot noir sert à fabriquer des mousseux : alors que les vins ordinaires perdent rapidement leurs arômes, les grands mousseux conservent longtemps toute la complexité de leur fruité. L'Australie produit aussi des rouges pétillants, souvent issus de shiraz, ainsi que des vins de dessert provenant des vignobles de muscat et de tokay (ou muscadelle) de Rutherglen.

À droite : Henschke exploite le célèbre vignoble Hill of Grace qui domine la vallée de l'Eden, en Australie-Méridionale. En bas : à Cowra, en Nouvelle-Galles du Sud, les vignobles de chardonnay.

Nouvelle-Galles du Sud

Ce grand État du sud-est de l'Australie est le berceau de la viticulture australienne : outre le vignoble de la vallée de l'Hunter, le plus connu, il abrite d'autres vignobles qui sont en plein essor.

Soumise à un climat humide, la Hunter Valley est réputée pour ses vins blancs, issus du sémillon, et ses vins rouges issus de la syrah, qui sont parmi les vins australiens les plus caractéristiques. Autour de Mudgee, les vignes donnent aussi des rouges et des blancs promis à un bel avenir. Plus au sud, s'étendent les vignobles d'Orange et de Cowra, renommés pour leurs chardonnays, ainsi que ceux des environs de Canberra, qui produisent de délicieux shiraz. Dans la Riverina, les vignobles irrigués par les eaux du Murrumbidgee fournissent une vaste gamme de vins de table, auxquels s'ajoutent les sémillons de Griffith, issus d'une sélection de grains nobles.

quelques producteurs

De Bortoli, Brokenwood, Evans Family, Lake's Folly, McWilliams, Rosemount, Rothbury, Tyrrells.

Australie-Méridionale

Les vignobles irrigués du Riverland privilégient la production des vins de table, mais l'Australie-Méridionale ne manque pas de vignobles réputés qui fournissent de remarquables vins.

La diversité des conditions climatiques est le principal atout de l'Australie-Méridionale : la variété des terroirs, dont les uns sont situés en altitude et les autres à proximité de la mer, permet d'acclimater presque tous les cépages. Selons les besoins, la production privilégie tantôt la quantité, tantôt la qualité.

Alors que les collines qui s'étendent au nord-est d'Adélaïde accueillent le chardonnay, le sauvignon blanc et le pinot noir, les vallées de la Clare et de l'Eden sont réputées pour leurs rieslings, vins secs aux arômes de citron. Au sud, Padthaway produit des vins blancs tirés du chardonnay, alors que le célèbre vignoble de Coonawarra est dominé par le cabernet sauvignon. Celui-ci est aussi le principal cépage des nouveaux vignobles de la Limestone Coast : Robe, Mount Benson et Wrattonbully. Au sud d'Adélaïde, McLaren Vale produit des cabernets réputés, tandis que la vallée de Barossa, située au nord-est de la capitale de l'État, est célèbre pour ses vins issus de la syrah.

quelques producteurs

Tim Adams, d'Arenberg, Ashton Hills, Wolf Bass, Grant Burge, Chapel Hill, Grosset, Hardy's, Henschke, Katnook, Leasingham, Peter Lehmann, Lindemans, Charles Melton, Mount Horrocks, Nepenthe, Orlando, Penfolds, Penley Estate, Petaluma, Primo Estate, St Hallett, Seaview, Shaw & Smith, Tatachilla, Torbreck, Veritas, Wirra Wirra, Wynns, Yalumba.

En haut : Darren de Bortoli, producteur de la Riverina, est réputé pour la qualité de ses sémillons. Au-dessous : les vignobles de la Clare Valley, en Australie-Méridionale, fournissent de remarquables rieslings.

En haut, à droite : fondé en 1860, le château Tahbilk est le plus ancien domaine viticole de l'État de Victoria. Ci-contre : près de l'océan Indien, le domaine de Leeuwin, situé sur le territoire de Margaret River, produit de superbes chardonnays.

Victoria

Les grands vignobles de l'État de Victoria s'étendent dans la vallée du Murray, au nord-ouest, mais la région est aussi réputée pour la qualité de ses vins de liqueur (muscats et tokays).

Les régions centrales sont le royaume des petites exploitations : c'est là que sont produits les meilleurs cabernets et les meilleurs shiraz (Bendigo, Heathcote, Grampians, Pyrenees, Goulburn Valley), qui se distinguent par la densité et la finesse de leurs arômes. Plus au sud, les vignobles sont surtout composés de pinot noir et de chardonnay (Yarra Valley, Geelong, Mornington Peninsula).

quelques producteurs

Bests, Brown Brothers, Coldstream Hills, Dalwhinnie, domaine Chandon, Mitchelton, Morris, Mount Langi Ghiran, Mount Mary, Yarra Yering.

Australie-Occidentale

Si les vignobles près de Perth produisent encore des chenins blancs et des verdelhos, les viticulteurs d'Australie-Occidentale ont aujourd'hui émigré vers les régions méridionales, plus tempérées.

Autour de la ville de Margaret River, les vignobles fournissent une gamme variée de cabernets, de chardonnays, de shiraz, de sémillons et de sauvignons blancs. Au sud, le long des côtes de l'océan Indien, s'étend un vaste territoire où la diversité des conditions climatiques permet de produire des rieslings, des shiraz et des cabernets de qualité remarquable. Au sud-est de Margaret River, le nouveau vignoble de Pemberton a d'abord été planté en chardonnay et en pinot noir, mais l'insuffisance des résultats suggère de remplacer ces cépages par de la syrah et du merlot, mieux adaptés au climat de la région.

quelques producteurs

Cape Mentelle, Cullens, Evans & Tate, Frankland Estate, Howard Park, Leeuwin Estate, Moss Wood, Pierro, Plantagenet, Vasse Felix.

autres régions

Le climat du Queensland ne convient guère à la viticulture, mais en altitude, sur les versants de la Granite Belt, le sémillon et la syrah offrent d'heureuses surprises. En Tasmanie, la fraîcheur du climat convient idéalement aux cépages blancs comme le chardonnay, le riesling, le pinot gris, le sauvignon blanc et le gewurztraminer. L'île abrite plusieurs producteurs, dont certains vendent une part de leurs récoltes à leurs collègues du continent australien, mais seul Pipers Brook jouit d'une réputation internationale.

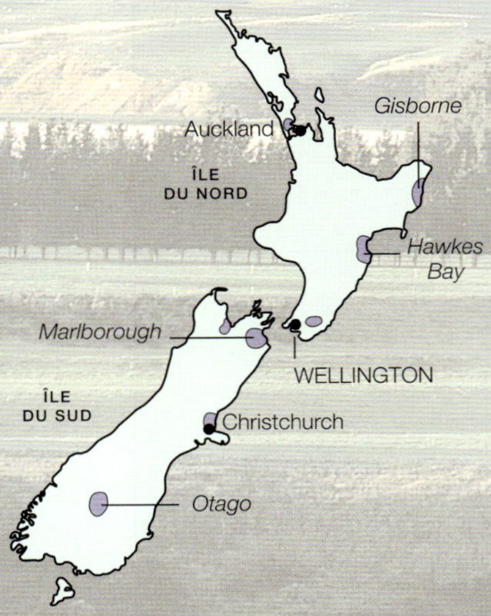

quelques producteurs

Auckland et environs : Babich, Collards, Corbans, Kim Crawford, Delegat's, Goldwater, Kumeu River, Matua Valley, Montana, Nobilo-Selaks, Stonyridge, Villa Maria.

Canterbury : Giesen, Waipara West.

Otago : Felton Road, Rippon.

Gisborne : Millton.

Hawkes Bay : Craggy Range, Esk Valley, Morton Estate, Ngatarawa, Sileni, Stonecroft, Te Mata, Trinity Hill, Unison.

Marlborough : Cloudy Bay, Fromm, Huia, Hunters, Isabel Estate, Jackson Estate, Lawson's Dry Hills, Nautilus, Seresin, Vavasour, Wairau River.

Martinborough : Ata Rangi, Dry River, Martinborough Vineyards, Palliser.

Nelson : Neudorf.

MILLÉSIMES

En Nouvelle-Zélande, les récoltes sont particulièrement tributaires des caprices du climat. Après 1995, qui fut une année pluvieuse, le temps fut relativement favorable : les récoltes de 1999 et de 2000 ont donné de bons vins blancs ; l'année 1998 fut exceptionnelle pour les rouges. La plupart des vins peuvent se boire dès leur acquisition, mais les rouges apparentés aux bordeaux se conservent pendant cinq ans.

Nouvelle-Zélande

La Nouvelle-Zélande est le pays producteur le plus froid de l'hémisphère austral. Ses vins se distinguent par leur fraîcheur et leur vivacité.

Selon les critères de l'hémisphère austral, le climat de la Nouvelle-Zélande fut longtemps jugé inadapté à la viticulture, à tel point que, jusqu'aux années 1970, seuls les cépages allemands de qualité inférieure, comme le müller-thurgau, paraissaient en mesure de s'y adapter. Mais dans les années 1980, le phénoménal succès international remporté par les sauvignons blancs du vignoble de Marlborough (plantés à partir de 1973) vint bouleverser les idées reçues. Les plus sceptiques furent définitivement convaincus quand des chardonnays et des mousseux, tout aussi prometteurs, apparurent sur le marché. Les Néo-Zélandais entreprirent alors d'élargir leur gamme de cépages blancs ; mais subsistait la question des rouges : si le pinot noir avait donné de bons résultats, beaucoup de vignerons refusaient encore de miser sur le cabernet et le merlot. Puis vint l'extraordinaire récolte de l'année 1998…

De nos jours, ce sont les cépages de nebbiolo, de tempranillo, de touriga nacional et de viognier qui affrontent le clan des sceptiques, mais il existe heureusement des producteurs enthousiastes pour défendre les nouveaux arrivés. Si l'on considère que les Européens mirent des siècles à adapter leurs cépages à leurs terroirs (sans parler des méthodes de culture), on est obligé de reconnaître que les progrès accomplis par les Néo-Zélandais en vingt-cinq ans seulement sont tout à fait remarquables.

LES CÉPAGES BLANCS

Le sauvignon blanc est le cépage le plus communément associé à la Nouvelle-Zélande, ce qui s'explique largement par le succès des vins de Marlborough. Néanmoins, ces vins acides, qui associent arômes fruités (groseille, raisin de Corinthe) et odeurs végétales, ne conviendront sans doute pas à tous les publics. Si vous préférez des vins moins acerbes, vous adopterez les sauvignons de Hawkes Bay, souvent plus corsés, mais dont les arômes sont plus doux.

S'il est le plus connu, le sauvignon n'est pas pour autant le plus répandu des cépages néo-zélandais : c'est en effet le chardonnay, lequel produit des vins de qualité variable, depuis les vins ordinaires, qui dégagent des arômes de pêche, jusqu'aux plus fins qui rappellent les bourgognes. Présent dans la plupart des régions, depuis l'Otago (île du Sud) jusqu'à Gisborne (île du Nord), le chardonnay donne souvent des vins excellents, mais qu'il est difficile de distinguer : leur production n'en étant qu'à ses débuts, le style du vinificateur l'emporte sur les différences

locales. En général, ce sont des vins riches en tanin et légèrement acides. Parfois assemblé au pinot noir, le chardonnay de Marlborough est aussi utilisé pour réaliser des mousseux, dont les plus raffinés rappellent les champagnes, tandis que les plus ordinaires rivalisent facilement avec leurs concurrents étrangers de la même gamme. Parmi les cépages blancs, il faut aussi mentionner le gewurztraminer, le pinot gris et le riesling : le premier, présent dans toute l'île du Sud, donne des vins souvent corsés, aux arômes de citron et de pomme, qui rappellent les vins d'Alsace ; le riesling de Nouvelle-Zélande produit aussi d'excellents vins doux, qu'il est actuellement interdit d'exporter au sein de l'Union européenne.

Le vignoble de Cloudy Bay, dans la région de Marlborough, produit des sauvignons qui jouissent aujourd'hui d'une réputation internationale.

LES CÉPAGES ROUGES

Le pinot noir, qui ne cesse de gagner du terrain, fournit des vins excellents qui se distinguent par leurs arômes de cerise et leur texture veloutée ; les meilleurs proviennent à la fois de l'île du Sud (Otago, Marlborough, Waipara, Nelson) et de l'île du Nord (Martinborough). Le cabernet sauvignon et le merlot se sont particulièrement bien acclimatés dans le Nord (Hawkes Bay, Northland, Waiheke Island). Dans la région de Hawkes Bay, des vins apparentés aux bordeaux, qui dégagent des saveurs bien définies, sont issus d'assemblages de merlot, de malbec et de cabernet franc. Les meilleurs parviennent à reproduire les caractères des vins fins du Bordelais, et leur prix est souvent à l'avenant. Enfin, la région de Hawkes Bay s'est aussi lancée dans la production de la syrah qui se distingue par la couleur foncée et ses arômes de poivre.

Dans la Brancott Valley (Marlborough), la distance qui sépare les vignes autorise le passage des machines à vendanger.

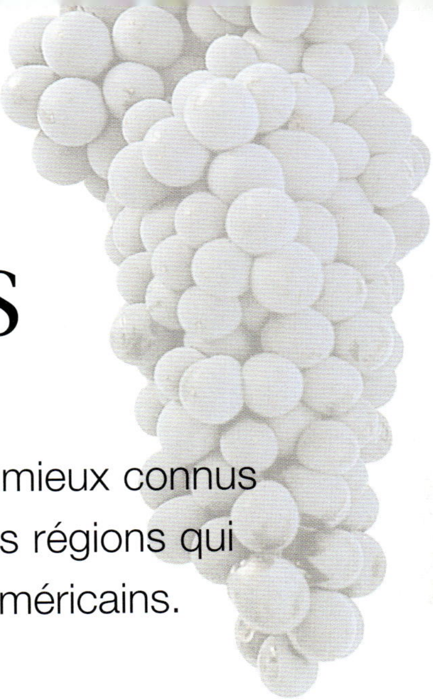

États-Unis

Si les vins de Californie sont les mieux connus à l'étranger, nombreuses sont les régions qui enrichissent la palette des vins américains.

Les États-Unis ne possèdent pas de système d'appellations, mais ont défini des « Approved Viticultural Areas » (AVA) : sur une étiquette, cette indication garantit qu'au moins 85 % des raisins proviennent de la région spécifiée (les producteurs conservant toute liberté pour choisir les différents cépages). Elle constitue par conséquent une garantie de provenance et non de qualité. Pour l'acheteur, le nom des cépages et la réputation des producteurs restent les meilleurs critères de choix.

① CALIFORNIE

② OREGON ET WASHINGTON

③ ÉTAT DE NEW YORK

quelques producteurs

Au Bon Climat, Beaulieu Vineyard, Beringer, Bonny Doon, Cain, Calera, Caymus, Chalone, Cline Cellars, Clos du Val, Diamond Creek, Dominus, Duckhorn, Fetzer, Frog's Leap, Gallo, Jade Mountain, Kendall-Jackson, Kistler, Robert Mondavi, Mumm Cuvée Napa, Joseph Phelps, Ravenswood, Ridge, Roederer Estate, Saintsbury, Schramsberg, Shafer, Sonoma Cutrer, Stag's Leap Wine Cellars.

MILLÉSIMES

La plupart des vins californiens peuvent se boire dès leur acquisition, mais certains chardonnays méritent d'être conservés une année de plus en bouteilles. Les meilleurs zinfandels, merlots et pinots noirs ne bonifient guère en bouteilles. Les meilleurs cabernets se conservent au moins cinq ans, mais rien n'empêche d'attendre quelques années de plus. À l'exception de l'année 1998, tous les millésimes de la dernière décennie sont excellents ; pour les rouges, les années 1994 et 1997 sont les meilleures.

Californie

Si la Californie est la quatrième région productrice du monde, la demande intérieure, qui absorbe l'essentiel de sa production, pousse les prix à la hausse et réduit la part des exportations.

Cette situation tient au fait que, sur le marché américain, les consommateurs se heurtent à la pénurie de bons vins ordinaires et, à l'autre bout de la gamme, à la cherté des vins de qualité supérieure. Pour découvrir les meilleures productions californiennes, il faut y mettre le prix, sans que cela soit toujours une garantie de qualité : certains vins présentés comme de grands crus souffrent d'un excès de tanin et d'alcool. Seuls les vins corsés, qui associent finesse et robustesse, parviennent à rivaliser avec leurs modèles européens, mais dans ce cas leur coût les rend généralement inaccessibles.

LES CÉPAGES BLANCS

Le climat ensoleillé de la Californie explique la nature généreuse de sa production vinicole. Ainsi le chardonnay donne naissance tantôt à de simples vins doux, tantôt à des vins somptueux aux arômes complexes. Le sauvignon produit des vins riches en tanin, tel le fumé blanc, qui dégagent souvent moins d'arômes herbacés que ceux de France ou de Nouvelle-Zélande. La vogue des cépages importés de la vallée du Rhône pousse les producteurs à se tourner vers le viognier : les meilleurs vins que les vinificateurs en tirent sont

Jeunes vignes de chardonnay, près de Forestville, dans la Russian River Valley (comté de Sonoma).

aussi corsés, aussi parfumés et aussi chers que le condrieu.

LES CÉPAGES ROUGES

Les grands vins de Californie sont souvent issus du cabernet sauvignon ou d'un assemblage, parfois présenté sous l'appellation « Meritage », de cabernet sauvignon, de merlot et de cabernet franc. Les cabernets les plus chers sont des vins de longue garde, qui associent la douceur de saveurs fruitées aux arômes des olives, des herbes ou de la menthe. Dans les années 1990, les merlots ont été victimes de leur succès : les meilleurs conservent la complexité de leurs arômes fruités, mais la plupart d'entre eux sont insipides et souffrent d'un excès de tanin.

La syrah, comme le viognier, a profité de l'engouement du public pour les vins de la vallée du Rhône : certains producteurs californiens (les « Rhône Rangers ») ont élaboré à partir de ce cépage des vins plus aromatiques que leurs modèles français, mais aussi plus corsés et plus épicés que la plupart des shiraz de leurs homologues australiens.

Pour élaborer leurs vins rouges les plus corsés, les producteurs californiens se servent surtout du zinfandel, qui donne des vins capiteux aux arômes de mûre mais qui est aussi à l'origine de rosés plutôt fades, connus sous le nom de « zinfandels blancs » et produits en grande quantité. Tout aussi caractéristique du vignoble californien, la petite syrah fournit des vins rouges qui sont plus robustes encore que les zinfandels. Parmi les cépages italiens, le barbera donne souvent des vins de table ordinaires, alors que le sangiovese est réservé à des productions plus ambitieuses. Enfin, le pinot noir obtient des résultats inégaux : ses meilleurs produits dégagent de merveilleux arômes de cerise et de groseille, mais leur prix est proportionnel à leur qualité.

LES RÉGIONS

Les meilleurs cabernets et les meilleurs merlots sont fournis par Howell Mountain, Stag's Leap, Oakville et Rutherford, quatre des plus importantes AVA de la Napa Valley, la plus célèbre région viticole californienne. Au sud de celle-ci s'étend le vignoble de Carneros, soumis à un climat plus tempéré, qui est le domaine d'élection du pinot noir et du chardonnay. Située au nord de San Francisco, la vallée de Sonoma abrite moins d'exploitations que celle de Napa, mais la diversité des conditions climatiques favorise la culture d'une grande variété de cépages, depuis le pinot noir (Russian River Valley) jusqu'au zinfandel (Dry Creek Valley). Plus au nord, le comté de Lake et le comté de Mendocino produisent notamment des vins mousseux d'une excellente qualité.

Au sud et à l'est de la baie de San Francisco s'étale la région viticole de la Central Coast, où les conditions climatiques favorisent la culture du pinot noir dans les zones tempérées (Monterey, Santa Maria Valley, Santa Ynez Valley), et l'acclimatation du cabernet et du zinfandel dans les zones plus chaudes (Paso Robles, Santa Cruz). La Central Valley, qui couvre une grande partie du centre de la Californie, se consacre surtout à la production à grande échelle de vins ordinaires. Le vignoble des Sierra Foothills constitue une exception : réputé pour la qualité de ses zinfandels, il abrite de vieilles vignes de barbera, de petite syrah et de grenache qui sont particulièrement convoitées.

Dans la Willamette Valley (Oregon), la maison Argyle est réputée pour la qualité de ses mousseux.

Oregon et État de Washington

Situés au nord-ouest des États-Unis, ces deux États ont mis à profit les particularités de leurs conditions climatiques pour développer une production originale et particulièrement variée.

La Willamette Valley, qui s'étend au sud de Portland, capitale de l'Oregon, jouit d'un climat qui rappelle celui de la Bourgogne : aussi le pinot noir y retrouve-t-il des conditions d'acclimatation idéales, comme en témoignent les résultats obtenus par la viticultrice bourguignonne Véronique Drouhin. Sous ces latitudes, la rareté du chardonnay, qui donne surtout des mousseux fabriqués selon la méthode champenoise, est plus surprenante : nombreux sont les producteurs qui lui préfèrent le pinot gris.

Si les espaces côtiers de l'État de Washington sont exposés à un climat froid et humide, la principale région viticole, la Columbia Valley, qui s'étend à l'est des Cascade Mountains, est soumise à un climat semi-désertique. En ces lieux où l'irrigation est indispensable à la viticulture, les hivers sont extrêmement rigoureux, et les vignes sont régulièrement menacées par le gel. Néanmoins, la longueur des périodes d'ensoleillement autorise la culture de nombreux cépages : le chardonnay, le sémillon et le riesling sont les principaux cépages blancs, et le cabernet, le merlot et la syrah donnent de robustes vins rouges. Quant au lemberger, le blaufränkisch des Autrichiens, il est de plus en plus remplacé par la syrah.

quelques producteurs

Oregon

Amity, Argyle, Beaux Frères, Broadley, domaine Drouhin, Elk Cove, Erath, Eyrie, King Estate, Ponzi, Ken Wright.

État de Washington

Andrew Will, Canoe Ridge, château Ste Michelle, Columbia Crest, Columbia Winery, Covey Run, l'Ecole No. 41, Hedges, Hogue Cellars, Leonetti.

Le vignoble de la Red Mountain s'étend dans la Yakima Valley, près de Benton City (État de Washington).

autres régions

La plupart des États possèdent des vignobles, mais leur production est souvent réservée à la consommation locale. L'État de New York exporte néanmoins les chardonnays et les rieslings du vignoble des Finger Lakes (Lamoreaux Landing, Fox Run, Wagner), ainsi que les merlots et les chardonnays de Long Island (Bridgehampton, Hargrave, Palmer, Peconic Bay, Pindar). Le Texas, la Virginie et le Maryland possèdent une industrie viticole en plein essor ; ailleurs, ce sont des producteurs isolés, tel Callaghan en Arizona, qui défendent la réputation de la viticulture américaine.

quelques producteurs

Château des Charmes, Henry of Pelham, Inniskillin, Marynissen, Mission Hill, Quail's Gate, Southbrook.

Canada

Le vignoble canadien est loin d'égaler l'importance de son voisin américain, mais la qualité de ses vins est particulièrement prometteuse.

En Ontario, les vignobles qui s'étendent à l'ouest du Niagara, entre le lac Érié et le lac Ontario, sont composés de riesling et de chardonnay. Quant au pinot noir, il n'a pas seulement retenu l'attention des producteurs locaux : la société bourguignonne Boisset est aujourd'hui associée à l'entreprise canadienne Inniskillin. Plus à l'ouest, en Colombie-Britannique, l'Okanagan Valley prolonge la Columbia Valley de l'État de Washington : malgré l'aridité du climat, la durée de l'ensoleillement est suffisante pour autoriser la culture de presque tous les cépages, comme le confirment les bons résultats des vignobles de merlot, de chardonnay et de pinot noir.

Parmi les vins blancs, ce sont les vins de glace qui font la réputation du vignoble canadien. Le climat du pays convient idéalement à la production de ces vins de dessert, qui proviennent généralement du riesling ou du vidal, un cépage hybride. Si la plupart d'entre eux sont des vins mielleux, les meilleurs conservent une acidité suffisante pour compenser leur teneur en sucre. En 2001, l'Union européenne a levé l'interdiction qui pesait sur les importations de ces vins canadiens.

En Colombie-Britannique, le vignoble de Quail's Gate jouit d'un climat tempéré par la proximité du lac Okanagan.

Chili

La viticulture chilienne s'est assuré une réputation internationale grâce à ses sauvignons et à ses merlots. Elle offre aujourd'hui une gamme de vins plus étendue.

Les vins issus du cabernet, du merlot et du carmenère demeurent les piliers de la production nationale, mais le pays s'est lancé dans celle de grands crus tout en accordant une attention particulière au choix des cépages.

APPELLATIONS ET CLASSIFICATIONS

Le système des appellations divise le vignoble chilien en trois grandes régions : l'Aconcagua, au nord, qui comprend le vignoble de Casablanca ; la Vallée centrale ; le Bío-Bío, au sud, où se trouvent les vignobles du Nuble et de Chillán. La Vallée centrale, qui est de loin la région la plus importante, est répartie en trois sous-régions, elles-mêmes partagées en différents vignobles : le Maipo (santiago, talagante, pirque, llano del maipo, buin) ; le Rapel (cachapoal, colchagua, santa cruz, peralillo) ; le Maule (curicó, talca, cauquenes, linares, parral). Nombreux sont les producteurs qui, soucieux de mettre en valeur les qualités d'un terroir, inaugurent de nouvelles appellations : privées de statut officiel, elles n'apparaissent pas dans le nom du vin, mais sont souvent mentionnées sur l'étiquette collée au dos de la bouteille.

Les vins qui portent le nom d'une sous-région ne sont pas nécessairement meilleurs que ceux qui sont simplement désignés comme des vins de la Vallée centrale. Les régions viticoles du Chili, qui sont particulièrement étendues, ne sont guère homogènes : malgré l'existence de caractères régionaux, leurs vins doivent souvent leur personnalité à l'intervention des producteurs. Seule exception : la vallée de Casablanca, qui est réputée pour la qualité de ses vins blancs issus du sauvignon blanc. Les autres régions cultivent une grande variété de cépages, lesquels ne sont pas toujours parfaitement adaptés à leurs terroirs.

LES CÉPAGES

La plupart des vins chiliens sont issus d'assemblages, et lors même qu'ils sont présentés comme issus d'un cépage unique ils résultent parfois d'un mélange. Jusqu'au début des années 1990, le carmenère fut en effet assimilé au merlot ; ce n'est qu'en 1996 que l'existence de ce cépage fut officiellement reconnue. Importé à la fin du XIXe siècle de la région de Bordeaux, où il est aujourd'hui en voie d'extinction, le carmenère compose la plus grande partie (entre 60 et 90 %) des vignobles qui étaient considérés comme encépagés en merlot. Depuis 1998, la législation permet

quelques producteurs

Almaviva, Caliterra, Carmen, Casa Lapostolle, Concha y Toro, Cono Sur, Cousiño Macul, Dallas Conte, domaine Paul Bruno, Errazuriz, Gracia, Mont Gras, Montes, San Pedro, Santa Carolina, Santa Rita, Terramater, Torres, Valdivieso, Veramonter, Villard, Viña Casablanca, Viña La Rosa.

MILLÉSIMES

À l'exception de 1998, année de « El Niño », les millésimes présentent une qualité relativement constante. La plupart des vins du Chili sont destinés à une consommation rapide ; même les plus grands vins doivent encore prouver qu'ils se bonifient en vieillissant.

de désigner ce vin comme un carmenère ; mais les deux cépages sont souvent associés dans les vignobles : nombreux sont les vins issus des deux cépages qui sont encore présentés comme des merlots.

De la même façon, le sauvignon et le sauvignon vert (sauvignonasse) sont souvent confondus, d'autant que les viticulteurs évitent d'utiliser le nom du second cépage, beaucoup moins prestigieux. Plus personne aujourd'hui ne plante de sauvignon vert, alors que le carmenère ne cesse de gagner du terrain : ce cépage, qui produit des vins veloutés d'une belle couleur foncée, contribue à donner aux vins du Chili la personnalité dont ils manquaient jusqu'alors.

Outre le cabernet, le merlot, le carmenère et le sauvignon, les producteurs chiliens cultivent aussi le pinot noir, le malbec, la syrah, le chardonnay, le sémillon et le gewurztraminer. Les vins rouges sont souvent des vins souples, particulièrement fruités, mais qui souvent manquent de caractère. Les chardonnays sont en général des vins charpentés, élevés en fûts neufs, qui offrent les saveurs fruitées de l'ananas ; ceux de Casablanca sont les plus complexes et les plus élégants. Les gewurztraminers sont des vins équilibrés et aromatiques tout à fait prometteurs.

Le vignoble Las Arboledas, propriété de la firme Caliterra, dans la vallée du Colchagua.

Le vignoble Don Maximiano, propriété de la firme Errazuriz, dans la vallée de l'Aconcagua.

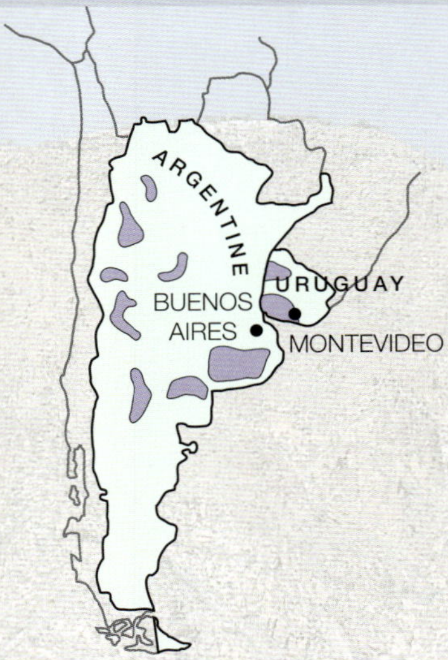

quelques producteurs

La Agricola, Alta Vista, Altos Los Hormigas, Balbi, Catena, Colomé, Etchart, Fabre Montmayou, Finca El Retiro, Finca Flichman, Humberto Canale, J. & F. Lurton, Nieto & Senetiner, Norton, Ricardo Santos, Valentin Bianchi, Viña Amalia, Weinert.

MILLÉSIMES

À l'exception de l'année 1998, victime de « El Niño », les millésimes offrent une qualité relativement constante. Les vins argentins se boivent jeunes, mais les meilleurs vins rouges peuvent se conserver pendant cinq ans.

Argentine

En Argentine, la production de vins destinés au marché international n'en est encore qu'à ses débuts, mais la viticulture progresse rapidement.

Les grands vins d'Argentine doivent une bonne partie de leurs qualités à l'altitude de leurs vignobles d'origine. Situés sur les premiers contreforts des Andes, ceux-ci sont parmi les plus élevés du monde et jouissent de conditions climatiques exceptionnellement tempérées. La plupart des vins argentins portent simplement le nom d'une province, car le pays est seulement en train de mettre en place un système d'appellations contrôlées.

LES CÉPAGES

En dehors du nom du producteur, celui du cépage est la plus importante information figurant sur les étiquettes. L'Argentine est réputée pour ses vins issus du malbec : corsés et dotés de saveurs épicées, les meilleurs semblent n'avoir rien à envier à leurs homologues de Cahors ou du Bordelais. Outre le merlot, le cabernet sauvignon et la syrah, le vignoble argentin inclut aussi des variétés italiennes, tels le barbera, le bonarda et le sangiovese, mais les vins qui en dérivent présentent souvent moins de caractère que leurs modèles d'origine. Le tempranillo, de la même façon, est plutôt destiné à la production de vins ordinaires. Connue pour ses vins rouges, l'Argentine ne manque pas non plus d'excellents vins blancs, qui proviennent du chardonnay, du viognier, du riesling, du sémillon et du torrontes. Ce dernier cépage donne des vins de liqueur aux riches arômes et dont la teneur en alcool est souvent élevée : le vignoble de Salta, planté à plus de 1 500 m d'altitude, convient idéalement à sa culture.

La province de Mendoza, où est localisée l'appellation contrôlée luján de cuyo, est la région viticole la plus importante. Puis viennent les provinces de San Juan, de la Rioja, de Salta et de Catamarca. En Patagonie, il faut mentionner les vins du Río Negro et de Neuquen.

Dans la province de Salta, le vignoble de la Bodega La Rosa (Miguel Torino) s'étend au pied des Andes.

Uruguay

L'Uruguay a une production viticole surtout destinée au marché intérieur, mais depuis quelques années, il cherche activement à développer ses exportations.

L'Uruguay produit surtout des vins rouges issus du tannat, le principal cépage du vin de Madiran, mais de même que du malbec d'Argentine dérivent des vins plus souples que leurs modèles de la région de Cahors, le tannat des vignobles uruguayens donne naissance à des vins moins âpres que les madirans. Le cabernet sauvignon, le merlot et le cabernet franc, qui sont parfois associés au tannat, ainsi que la syrah, promise à un bel avenir, sont les autres cépages rouges. Beaucoup moins importants, les vins blancs sont issus du sauvignon blanc, du riesling, du gewurztraminer et du viognier, souvent assemblés à l'ugni blanc. La plupart des régions viticoles sont situées dans le sud du pays : celle de Canelones, qui s'étend au nord de Montevideo, est la plus vaste. Les autres vignobles importants se trouvent à l'ouest (San José, Colonia) et au nord (Rivera, Salto). Sur les étiquettes, le nom du producteur reste néanmoins une indication beaucoup plus importante que celui de la région d'origine.

quelques producteurs

Carrau (Castel Pujol et Cerro Chapeu), Castillo Viejo (Catamayor), Los Cerros San Juan, Filguera, Juanicó, De Luca, Pisano, Plaza Bidiella, Stagnari.

MILLÉSIMES

La qualité des millésimes est relativement constante, mais les récoltes de 1998 et de 1999 ont souffert de « El Niño » ; l'année 2000 est considérée comme la meilleure de toutes. Les vins blancs se boivent dans l'année ; les tannats se conservent pendant trois ou quatre ans, et plus longtemps encore pour les meilleurs d'entre eux.

Mexique

La production des vins mexicains est longtemps restée modeste. Récemment, les progrès de la viticulture ont permis de développer des vins prometteurs.

La Basse-Californie, qui est la principale région viticole, cultive une grande variété de cépages, dont certains souffrent néanmoins du climat chaud et sec. Parmi eux, les rouges (cabernet sauvignon, petite syrah, merlot, malbec, grenache, zinfandel, nebbiolo, carignan) sont ceux qui donnent les meilleurs résultats ; les cépages blancs (chenin blanc, trebbiano, colombard, palomino) sont surtout destinés à la production d'eau-de-vie.

quelques producteurs

L. A. Cetto, Domecq, Santo Tomás.

Afrique du Sud

Malgré une tradition viticole remontant à la fin du XVIIe siècle, ses vins sont longtemps restés méconnus. Aujourd'hui, les exportations sont en plein essor.

Pendant longtemps, l'isolement de l'Afrique du Sud, condamnée pour sa politique d'apartheid, a empêché ses viticulteurs de profiter de l'essor du marché international, et jusqu'au début des années 1990, les vinificateurs y ont ignoré l'évolution des techniques aussi bien que celle des goûts. C'est donc avec un certain retard que cet État profite à présent de la vogue suscitée par les vins du Nouveau Monde.

Dès les années 1980, cependant, il s'était trouvé des producteurs audacieux qui cherchaient leur inspiration à l'étranger : ils équipèrent leurs caves de fûts de chêne neufs, particulièrement coûteux, qui permirent d'améliorer la qualité de leurs vins de façon spectaculaire. Maintenant que le pays n'est plus coupé du monde, c'est la qualité des cépages qui reste la principale préoccupation : le chardonnay, le sauvignon blanc, le cabernet sauvignon et le merlot ne représentent qu'un cinquième du vignoble sud-africain et n'assurent qu'une faible part de la production. Nombreux sont les viticulteurs qui voudraient renouveler leurs vignobles, mais les pépiniéristes sont incapables de satisfaire la demande de nouveaux cépages. Les besoins sont d'autant plus importants que les vignes ont pendant longtemps souffert de maladies virales qui empêchent les raisins d'arriver à maturation : nombreuses sont encore celles qui, ayant été contaminées, n'ont pas été remplacées.

LES CÉPAGES

Malgré ces difficultés, les viticulteurs sud-africains ont de bonnes raisons de croire en l'avenir : partout où les vignes sont saines, le climat ensoleillé du pays permet de produire des vins excellents, qui sont à la fois fruités et bien charpentés. Les vins issus du cabernet sauvignon, du merlot, du chardonnay, et plus récemment de la syrah, ont profité de l'amélioration des méthodes de culture et de vinification. Le sauvignon, qui donne des vins légèrement plus herbacés et plus acidulés que ceux de Nouvelle-Zélande, commence également à fournir de bons résultats.

Le pinotage et le chenin blanc figurent aussi parmi les atouts du vignoble sud-africain. Le premier, cépage hybride résultant du croisement du pinot noir et du cinsaut, est caractéristique de la région du Cap ; il donne des vins aux arômes de prune, de cerise et de banane qui sont tantôt des vins souples et fruités, tantôt des vins robustes et tanniques dotés d'une bonne faculté de garde. Le chenin, parfois désigné sous le nom de « steen », ne cesse de perdre du terrain mais reste encore, de loin,

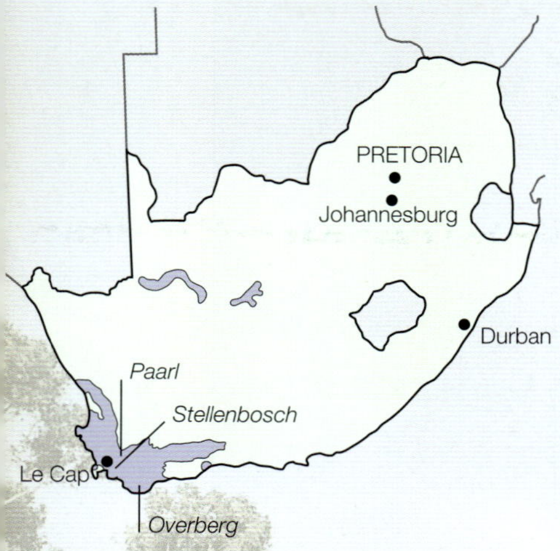

quelques producteurs

Constantia : Buitenverwachting, Klein Constantia, Steenberg.

Stellenbosch : Beyerskloof, Neil Ellis, Grangehurst, Jordan, Kanonkop, Longridge, Meerlust, Mulderbosch, Rust-en-Vrede, Rustenberg, Saxenberg, Simonsig, Stellenzicht, Thelema, Vergelegen, Vriesenhof, Warwick.

Paarl : Bellingham, Boschendal, Cabrière, Cathedral Cellars, Fairview, Glen Carlou, La Motte, Plaisir de Merle, Savanha, Spice Route, Veenwouden, Villiera.

Walker Bay : Beaumont, Bartho Eksteen, Bouchard Finlayson, Hamilton Russell.

Robertson : Graham Beck, Springfield, De Wetshof.

MILLÉSIMES

À l'exception de quelques vins doux, tous les vins blancs et la plupart des vins rouges se boivent dans l'année. Néanmoins, les grands vins issus de la syrah, du pinotage, du cabernet sauvignon et du merlot se conservent en bouteilles pendant deux ou trois ans. Les millésimes 1998 et 2000 se conserveront même beaucoup plus longtemps, mais l'année 1996 fut décevante.

le cépage le plus répandu. Si la plupart des vignobles sont destinés à la production de vins ordinaires, de vieilles vignes permettent parfois de produire en quantité limitée des vins pleins de caractère, parfois secs, généreux et tanniques, parfois doux et issus d'une sélection de grains nobles. Associé au colombard, le chenin donne aussi des vins secs de qualité moyenne, mais séduisant par leur fraîcheur.

Quand l'Afrique du Sud sera parvenue à renouveler la composition de son vignoble, il ne lui restera plus qu'à résoudre les difficultés sociales qui pèsent encore sur l'organisation de son industrie viticole. Comme ailleurs, il ne sera pas facile d'effacer les traces d'une longue tradition de ségrégation raciale : des centaines d'ouvriers noirs travaillent encore, pour un salaire de misère, sur de grands domaines viticoles appartenant à des propriétaires blancs.

RÉGIONS ET CLASSIFICATIONS

Introduite au début des années 1970, la classification officielle reconnaît aujourd'hui près de soixante appellations d'origine, qui jouissent de la mention « Wine of Origin » (WO). Si les plus petites appellations, comme constantia et durbanville, se distinguent par les particularités de leur sol et de leurs conditions climatiques, l'indication WO n'est en rien une garantie de qualité : sa présence sur une étiquette authentifie simplement l'origine géographique, le cépage et l'année de récolte du vin concerné.

Ci-contre : récolte du chardonnay en Afrique du Sud.
Ci-dessous : la campagne des environs de Paarl, dans la province du Cap.

À Hermanus, dans la région de Walker Bay (Overberg), les fûts s'alignent devant les caves du domaine d'Hamilton Russell.

Le domaine de Boschendal, dans la vallée du Groot Drakenstein (Franschhoek, province du Cap).

Les régions viticoles les plus connues se trouvent dans la province du Cap. Célèbre pour ses blancs doux au XVIIIe siècle, Constantia est aujourd'hui réputée pour ses vins issus du sauvignon blanc, du chardonnay, du cabernet sauvignon et du merlot. Située à l'est, la région de Stellenbosch, qui abrite un grand nombre de producteurs, est l'une des plus dynamiques du pays. La diversité de ses vins s'explique par la variété des sols (plus de 45 sortes différentes) et des conditions climatiques (entre les régions côtières et l'arrière-pays, l'amplitude thermale est particulièrement importante).

Au nord de Stellenbosch, la région de Paarl abrite le siège de la Société coopérative des viticulteurs (KWV). Chargée de fixer les prix et les quotas de production, cette association fut pendant longtemps l'organisme de contrôle de la viticulture sud-africaine. Aujourd'hui, ses compétences lui ont été retirées mais, forte de près de 4 600 membres, elle joue encore un rôle essentiel dans son domaine. Réputée pour la qualité de son « sherry » et de son eau-de-vie, la région de Paarl est généralement plus chaude que celle de Stellenbosch, mais certains vignobles, tel celui de la vallée du Franschhoek, à l'est, jouissent d'un climat plus tempéré.

À l'intérieur du pays, au nord-est du Cap, s'étendent les régions de Worcester et de Robertson. Alors que la première est réputée pour ses vins de liqueur, la seconde possède des vignobles de chardonnay qui se sont bien adaptés aux sols calcaires locaux : ils engendrent des vins mousseux, fabriqués selon la méthode champenoise, qui sont vendus sous la mention « méthode cap classique ». À l'est de Stellenbosch, le long de la côte, on trouve les vignobles d'Elgin et de Walker Bay, qui font partie de la région de l'Overberg : tempéré par l'altitude et par la proximité de la mer, le climat y favorise la culture du sauvignon, du chardonnay et du pinot noir. Enfin, le Swartland est la région la plus connue de celles qui s'étendent au nord du Cap, le long de la côte occidentale, même si la plupart de ses vins sont vendus sous les appellations génériques « Coastal Region » ou « Western Cape ». Son évolution est à surveiller dans l'avenir.

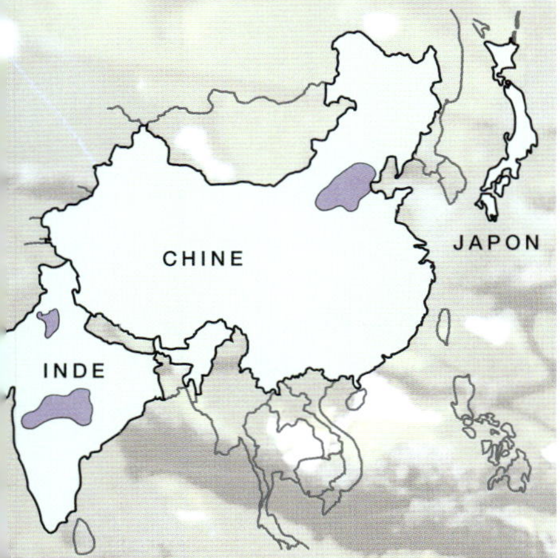

Inde et Extrême-Orient

L'Inde, la Chine et le Japon s'intéressent beaucoup aux vins occidentaux. Parallèlement, les producteurs se tournent vers la culture des cépages étrangers.

Inde

Le vin indien le plus connu est un vin effervescent du nom d'« omar khayyam » qui provient du château Indage, situé dans le Maharashtra. Lancé sur le marché dans les années 1980, il laissa d'abord une excellente impression, mais depuis il a souffert de la comparaison avec les mousseux d'Australie et de Nouvelle-Zélande, qui paraissent supérieurs. L'Inde produit aussi des vins tranquilles, issus du chardonnay, du cabernet sauvignon et d'un cépage indigène connu sous le nom de « bangalore ». Parmi les producteurs dignes d'intérêt, il faut surtout mentionner le nom de Grover, qui s'est assuré les services d'un spécialiste français, Michel Rolland.

Les vignes du producteur japonais Suntory font l'objet de soins attentifs.

Chine

La Chine possède nombre de vignobles, mais la plus grande partie de leurs récoltes est vendue comme raisin de table. Aujourd'hui, les vins issus des cépages indigènes se heurtent à la concurrence des vins de style occidental, qui sont importés ou produits sur place. Le marché intérieur, en plein essor, absorbe l'essentiel de la production. Parmi les principaux producteurs, souvent associés à des sociétés occidentales, il faut citer Dynasty, Dragon Seal (propriété de Pernot-Ricard) et Huadong, qui fabrique les vins de Ts'ing-tao. Les vignobles, en particulier sur la côte nord-est, occupent souvent des terrains alluviaux, mais il suffirait de les déplacer sur des pentes mieux drainées pour améliorer la qualité de leurs vins.

Japon

Même si les Japonais préfèrent depuis toujours les vins doux, le dixième du vignoble est aujourd'hui composé de cépages européens, destinés à la production de vins secs. Quelques producteurs cultivent aussi un cépage indigène, le koshu, pour des vins blancs qui s'inspirent des vins d'Alsace. Si le marché est dominé par les grandes maisons (château Mercian, Suntory, Mann's, Sapporo), les petits producteurs, comme celui du château Lumière, ont leur intérêt.

glossaire

acidité qualité essentielle d'un vin lorsqu'elle crée le juste équilibre entre ses différents composants.

assemblage pratique consistant à marier plusieurs vins de cépages ou de millésimes différents, mais de même origine, afin d'obtenir la typicité recherchée.

blanc vin élaboré à partir de raisins blancs ou rouges à jus blanc, après l'extraction du jus et la fermentation alcoolique.

botrytisation phénomène lié à un champignon qui permet de dessécher les grains du raisin pour en garder les sucres. *Voir aussi* pourriture noble.

cépage variété de plants de vigne de l'espèce *Vitis vinifera*. Chaque région viticole possède ses propres cépages qui déterminent les spécificités des vins.

château exploitation bordelaise se consacrant à la production du vin. Le château produit son vin à partir du seul vignoble du domaine. Le mot « château » suivi d'un nom propre équivaut, en bordelais, à un nom de marque pour un vin.

climat nom que l'usage a donné à une parcelle du vignoble d'une commune viticole bourguignonne, qui donne assez fréquemment des premiers ou grands crus.

coupage mélange de vins de différents millésimes et provenances, issus en général d'un même cépage. À ne pas confondre avec l'assemblage (*voir* ce mot, ci-contre à gauche).

cru vignoble ou parcelle de vignoble bourguignon produisant un vin de qualité aux caractères spécifiques (*voir aussi* climat). Les meilleurs crus ont pour appellation « grand cru » ou « premier cru ». Désigne également un vin du Bordelais provenant d'un domaine bien déterminé (*voir aussi* château).

cuvée lot de vins personnalisé ou destiné à célébrer une commémoration.

degré la teneur en alcool éthylique d'un vin est exprimée en degrés (°).

domaine vin produit par un viticulteur autonome.

effervescent vin contenant du gaz carbonique sous pression, dans une bouteille, lequel se dégage au moment du débouchage. Ce terme remplace de plus en plus le mot « mousseux ».

élevage ensemble des soins prodigués aux vins après la vinification pour leur assurer la meilleure qualité possible et un vieillissement harmonieux. L'élevage comprend l'ouillage, le soutirage, le collage et la filtration. Il permet de contrôler l'évolution biologique et physiologique du vin.

fermentation alcoolique au cours de la fermentation, les sucres se transforment en éthanol et en gaz carbonique. On passe ainsi du moût au vin.

goutte, vin de vin retiré du fût lors de l'opération de décuvage.

graves vignobles situés sur la rive gauche de la Garonne, plantés sur des sols constitués de gravier.

gris sorte de rosé pâle issu de raisins rouges à jus blanc.

INAO (Institut national des appellations d'origine) pour chaque appellation, l'INAO a défini les règles de production des vins et veille à leur respect.

lie résidu qui se dépose au fond des tonneaux et des cuves où fermentent les vins. Elle est constituée principalement de tartre et de levures mortes. L'élevage du vin sur lie (notamment pour le muscadet) permet d'enrichir le vin en arômes.

liquoreux vin blanc riche en sucre, tiré d'un raisin attaqué par une pourriture noble.

millésime année de production d'un vin. Les vins n'ont pas la même qualité tous les ans ; les conditions climatiques influent beaucoup sur la maturation du raisin, plus abondant dans les années humides, plus sucré dans les années sèches.

mise en bouteilles vins mis en bouteilles sur le lieu même de production.

moelleux vin blanc gras et sucré pouvant être classé entre le doux et le liquoreux.

moût jus de raisin non fermenté. Le moût contient de 70 à 80 % d'eau et 140 à 225 g de sucre par litre. La fermentation transforme ce sucre en alcool.

mutage opération visant à stopper la fermentation en ajoutant de l'alcool au moût pour obtenir un vin doux naturel.

paille vin liquoreux obtenu à partir de raisins desséchés.

passerillage dessèchement du raisin sur la souche ou à l'abri sur des lits de paille, qui a pour conséquence d'augmenter la concentration en sucre.

pays, vins de vins obligatoirement produits dans une région viticole ou un département donnés.

perlant qualifie un vin légèrement effervescent.

pétillant se dit d'un vin rendu légèrement mousseux par la fermentation du sucre encore présent au moment de la mise en bouteilles. Sa pression est moindre que celle d'un vin effervescent.

phylloxera puceron d'origine américaine qui vient piquer la vigne pour se nourrir, provoquant alors la mort de la souche. Au XIXe siècle, la plus grande partie du vignoble français s'est vue détruite par cet insecte.

pourriture noble le champignon *Botrytis cinerea* envahit les baies du raisin sans les blesser. Sous cette action, le raisin concentre les sucres et développe des arômes particuliers. Cette pourriture noble permet d'obtenir des vins liquoreux.

primeur vin fraîchement vendangé, à consommer rapidement.

rosé vin qui se boit jeune et frais en général. Il s'agit d'un vin habituellement obtenu à partir de raisins noirs qu'on laisse fermenter quelques heures avec leur peau et leurs pépins.

rouge vin élaboré en laissant du moût de raisin noir, obtenu par foulage, fermenter en cuve avec les peaux et les pépins avant le pressurage.

sec un vin sec est un vin contenant une faible quantité de sucre, inférieure à 49 g par litre. Pour le champagne, au contraire, c'est un vin légèrement sucré.

sélection de grains nobles lors des vendanges, on ne récolte que les raisins particulièrement touchés par la pourriture noble. Ces grains servent ensuite à l'élaboration de vins liquoreux.

tannique se dit d'un vin qui génère en bouche une certaine acidité, qui disparaîtra au fil du vieillissement.

terroir désigne le sol et le sous-sol sur lesquels pousse la vigne, mais aussi l'environnement qui la caractérise, de même que les conditions climatiques.

tranquille se dit d'un vin non effervescent.

vendanges tardives vendanges effectuées plus tard dans la saison, lorsque les températures et l'ensoleillement laissent entrevoir un raisin plus chargé en sucre, et donc plus savoureux. Procédé très usité pour les vins d'Alsace.

index

A

acheter le vin 136-147
acidité 67, 98
additifs 128
Afrique du Sud 214-216
agiorgitiko 56, 196-197
aglianico 56, 181
del vulture 56, 88, 181
airen 184
aka chiaretto 57
albariño 13, 42, 78, 83, 102, 182, 187
alcool (teneur en) 68
aleatico 181
alentejo 20
alfrocheiro preto 188-189
aligoté 48
alsace 34
gewurztraminer 12, 76, 106
riesling 12, 22
alsace grand cru 34
alsace-muscat 12
alsace-riesling 34
altesse 49
alvarinho 42, 187
amarone 57
della valpolicella 20, 90, 180
amigne 194
Angleterre 195
anjou 18, 171
anjou blanc sec 77
anjou-villages 171
aragonez 55
arinto 189
armagnac 43, 48
arneis 178
arômes 64-66, 70
assemblages 130-131
assyrtiko 13, 48, 196
asti 45, 98, 178
ausbruch 22
auslese 34, 104, 132, 192
Australie 200-203
Autriche 193-194
auxerrois 173, 175
auxey-duresses 141

B

bacchus 195
baga 56, 64, 188
bairrada 48
bandol 15, 20, 53, 70, 86, 103
bangalore 217
banuyls 25, 104, 133
barbaresco 20, 53, 88, 103, 153, 178
barbera 18, 19, 50, 57, 64, 88, 98, 103, 144, 178, 207, 212
d'alba 50, 90
d'asti 19, 50, 90
bardolino 18, 57, 84, 90, 180
barolo 20, 26, 53, 71, 88, 90, 103, 153, 160, 178
barossa 46, 71
barsac 22, 80, 107, 153
bastardo 188
baux-de-provence 15, 173
beaujolais 18, 47, 51, 70, 71, 84, 91, 97-98, 102, 107, 109, 168
beaujolais nouveau 70, 71, 168
beaujolais-villages 104, 107-109, 168
beerenauslese 22, 104, 132, 192
bellet 15
bergerac 10, 19, 82, 85, 153
sec 77
bergeron 49
bernkasteler doktor 192
bianco di custoza 10, 81, 102
bikavér 57
biodynamique (production) 115
blanc de blancs 16, 101-102, 108, 146, 170
blanc de noirs 146, 170
blancs medium-dry 12
blanquette-de-limoux 16, 78
blauburgunder 38-39, 85
blauer burgunder 194
blauer portugieser 194
blaufränkisch 51, 56-57, 194, 199, 208
blush wine 55
bobal 184
bolgheri 153
bonarda 56, 84, 90-91, 178, 212
bonnes-mares 153
bonnezeaux 22, 70, 105, 107, 153, 171
borba 86
bordeaux 15, 19, 26, 63, 65, 68, 70-71, 77, 82, 85, 87, 102-103, 109, 138, 141, 143, 153, 197, 199, 204-205
bordeaux blanc tranquille 10
bordeaux générique 52
borrado das moscas 186
bouchet 50
bouchonné (vin) 73
bouchons 143
bouquet 64-66
bourgogne 14, 19, 65, 67-68, 70, 71, 77, 85, 91, 98, 100-104, 106, 112, 138, 141, 143, 153, 160, 168, 204
bourgogne aligoté 10, 13, 78, 79
bourgogne-passetoutgrains 51
bourgueil 18, 50, 104, 106
bourses 138
bouteilles 143, 152
bouzeron 168
brachetto 178
braucol 175
breton 50
brindisi 57, 181
brouilly 168
brown muscat 45
brunello 54, 56
di montalcino 20, 56, 88, 153, 179
bual 25
Bulgarie 198
burgund mare 39
buzet 19, 85

C

cabernet 19, 37, 57, 70-71, 87, 89, 91, 102, 107, 142-143, 161, 164, 167, 173, 180, 197-200, 203, 204, 211
cabernet franc 18, 36, 50, 70, 104, 167, 171, 205, 207, 213
cabernet sauvignon 20, 26, 36, 40, 50, 52, 56-57, 64-65, 87, 167, 174-175, 178-179, 183, 189, 194-198, 200-202, 205, 207, 212, 217
cabernet-sauvignon 15, 18, 20, 38, 68, 70, 71, 85, 87, 89, 100, 103, 107, 112, 153, 153, 160
cadillac 80
cahors 71, 153
cairanne 86
calabrese 57
caldaro 18
Californie 206-207
Canada 209
canaiolo 179
cannonau 181
cararratto 71
carema 88, 178
carignan 56-57, 98, 172, 174, 197, 213
carignane 56
carignano 181
carignano del sulcis 56, 86, 88
cariñena 183
carmenère 20, 56, 71, 86, 89, 210-211
carmignano 89, 179
cassis 15
castelão 56, 189
francês 56
catarratto 48, 181
cava 16, 48, 78, 146, 183
cenibel 55
chablis 10, 13-14, 30, 69, 71, 78-79, 82-83, 100-102, 109, 114, 141, 161, 168
chablis premier cru 101, 102, 107
chambertin 38, 85, 153
chambolle-musigny-les-amoureuses 168
champagne 16, 47, 65, 70-71, 78, 98, 101-102, 107-108, 131, 150, 160, 170, 205
chardonnay 14, 16, 30-32, 36, 44, 46-48, 63, 67, 70-71, 77-78, 81, 83, 96-98, 100, 102-103, 109, 112, 114, 131, 141-142, 146, 152-153, 161, 164, 168, 170, 174-176, 179-181, 183, 189, 193, 195, 197, 189, 200-212, 214-217
chassagne-montrachet 77
chasselas 48, 173, 194
Château-Ausone 139, 166
Château-Cheval-Blanc 139
Château-Ducru-Beaucaillou 139
Château-Lafite 139
Château-Latour 139
Château-Margaux 166
Château-Mouton-Rothschild 166
château-musar 197
Château-Petrus 52, 139, 167
châteauneuf-du-pape 14, 20, 86, 88, 102, 153
châteauneuf-du-pape blanc 44, 49
chénas 168
chenin 42, 171, 214-215
chenin blanc 14, 70, 81, 98, 107, 203, 213-214
cheverny 10, 81
chianti 19, 71, 89, 98, 179
chianti classico 89, 142, 146, 176
chianti classico riserva 104
chiavennasca 53
Chili 210-211
Chine 217
cuisine 108
chinon 18, 50, 84, 104, 106
chiroubles 98, 168
Chypre 197
cinsaut 54, 56, 84, 173, 197
cirò 86, 181
clairette 48, 173
clairette-de-die 16, 45, 48
clape 14
clos-de-la-roche 153
clos-de-tart 153

Clos-de-Vougeot 38, 153
cognac 48
colheita 188
collioure 20, 86
colombard 43, 213, 215
commandaria 197
condrieu 14, 22, 68, 70, 102, 152, 207
conservation 150-155
constantia 79
conterno 139
controliran 198
copertino 57, 86, 88, 109, 181
corbières 86
cornas 20, 40, 88, 153
cortese 48, 98, 178
corton 153
corvina 57, 180
costers del segre 55
costières-de-nîmes 14
côt 167, 175
coteaux-d'aix 10, 20, 173
coteaux-du-giennois 51
coteaux-du-languedoc 72, 86
coteaux-du-layon 22, 42, 104-105, 107
coteaux-du-tricastin 86, 172
coteaux-varois 173
côte-de-beaune 109, 168
côte-de-brouilly 168
côte-de-nuits 168
côte-roannaise 51, 84
côte-rôtie 20, 40, 88, 103, 153
côte-rôtie-de-guigal 139
côtes-de-bourg 52
côtes-de-duras 82, 85
côtes-de-provence 146, 173
côtes-de-saint-mont 19, 77, 82
côtes-du-forez 51
côtes-du-lubéron 19, 86, 172
côtes-du-rhône 20, 70-71, 86, 90, 98, 103, 143, 153, 172
côtes-du-rhône-villages 86, 141, 172
côtes-du-ventoux 86, 172
côtes-du-vivarais 86
crémant 16
crémant-d'alsace 16, 173
crémant-de-bourgogne 16, 78
crémant-du-bugey 16
crémant-du-jura 16
Croatie 199
crozes-hermitage 19, 88, 103, 106
crusted port 187

D

Dão 188
décantation 160
défauts 73
dégustation 60-68
dépôts 128-131, 160
de vogüé 139
dolcetto 18, 57, 84, 90, 178
  d'alba 57
  di dogliani 57
dôle 84
Domaine-de-La-Romanée-Conti 38, 139, 153
dominus 139
dornfelder 57, 98, 192
douro 187
duras 19, 175

E F

edelzwicker 173
eiswein 22, 104, 192
Émilie-Romagne 57
enantio 142
enchères 138
entre-deux-mers 77
erbaluce 178
ermitage 44, 194
esgana cão 186, 189
Espagne 182-185
essensia 79
États-Unis 206-208
étiquettes 142, 144-147
falanghina 181
faugères 86
favorita 178
feinburgunder 31, 193
fendant 48, 194
fermentation 126
  malolactique 128
fernão pires 13, 48, 189
fer-servadou 175
fiano 181
  di avellino 181
filtrage 130
fitou 19, 86
fleurie 98, 107, 168
folle-blanche 48
frankovka 199
frascati 10, 81, 179
freisa 178
frontignan 45, 104-105
fumé blanc 206
  californien 32, 77
furmint 48-49, 199

G

gaglioppo 181
gaillac 71
gaja 139
galestro 179
Galles (pays de) 195
gamay 47, 51, 84, 168, 171, 194
gamay-de-touraine 18, 51, 84
garganega 180
garibaldi dolce 25
garnacha 20, 51, 86, 88, 91, 182, 184
gattinara 88, 178
génétique 119
gevrey-chambertin 153
gewurztraminer 12, 22, 43, 65, 69-71, 76, 83, 98, 106, 108-109, 173, 180, 183, 192, 203, 205, 211, 213
ghemme 88, 178
gigondas 15, 86, 98
givry 168
godello 49
goldmuskateller 180
gouais blanc 47
graciano 183
grand tokay 48
graubungunder 46, 192
graves 14, 71, 87, 153
Grèce 196-197
grechetto 179
greco 179, 181
grenache 15, 20, 51, 71, 84, 86, 88, 91, 98-99, 104, 133, 172-174, 201, 207, 213
grignolino 84, 90, 178
grillo 181
gros manseng 175
gros-plant 10, 79
grüner veltliner 13, 44, 71, 78, 80, 82, 153, 193
gutedel 48

H

halbtrocken 10, 13
Haut-Adige 12, 31
haut-médoc 107
hermitage 14, 19, 22, 26, 40, 88, 90, 98, 153
  blanc 44, 49
hermitage-la-chapelle-de-jaboulet 139
hermitage-laupiac 22
Hongrie 199
humagne blanche 194
hunter semillon 10
hunter valley semillon 153

I J K

icewine 22, 34, 104, 132
Inde 217
  cuisine 109
inzolia 181
irsai oliver 12, 48, 71, 199
irsay 48
Israël 197
Italie 81, 100, 176-181
jacquère 48
jaen 188
Japon 217
  cuisine 108-109
joão santarem 189
johannisberg 194
juliénas 168
jumilla 20
jurançon 22, 49, 82, 105-106, 109, 132, 175
kabinett 10, 12, 34, 63, 102, 192-193
kadarka 57
kékfrankos 18, 56-57, 84
kerner 48, 70, 192
kir 48
koshu 217

L

la mancha 55
lafon 139
lago di caldaro 90, 180
lagrein 18, 90, 180
lambrusco 16, 57, 179
Languedoc-Roussillon 174
laski rizling 34, 49, 199
late-bottled vintage (LBV) 25
lemberger (*voir aussi* limberger) 56, 192, 208
léoville-las-cases 139
leroy 139
Liban 197
lie 128, 130-131
liebfraumilch 34, 49
limberger (*voir aussi* lemberger) 18, 56
limnio 196
limoux 77
liqueur muscat 25, 45, 79, 104
liqueur tokay 49
lirac 15, 20, 86
listán 49
listrac 166
Lombardie 178
loupiac 22, 166
lugana 81
lynch-bages 139

M

maccabeo 25, 48, 133
mâcon 51, 77, 84, 100
mâcon-villages 77, 168
madère 24, 48, 62, 94, 133, 189
  bual 109
  verdelho 109
madiran 20, 71, 153, 213
málaga 25, 49, 104, 133
malbec 20, 52, 54, 71, 86, 88-89,

91, 167, 175, 205, 211-213
malmsey 25, 48, 189
malvasia 48, 179, 181
nera 181
malvoisie 25, 46, 133
manzanilla pasada 185
maria gomes 48
marlborough 80
marsala 25, 48, 133, 181
superiore 25
marsanne 14, 44, 81, 98, 100, 109, 172, 174, 194, 201
mataro 53, 201
maury 104, 133
mauzac 175
mavrodaphne 57, 196-197
de Patras 57
mavrud 57
medium-dry 82
médoc 87, 102
meilleurs-corbières 20
melon 47
melon de bourgogne 49
mencía 50, 184
menetou-salon 13, 18, 80, 82, 106
mercurey 77, 168
merlot 15, 18, 19, 20, 36, 50, 52, 56, 70, 85, 87, 89, 91, 96, 98, 100, 102, 107, 143, 152, 164, 167, 174-175, 179-181, 183-184, 194, 197-198, 200-204, 207-214, 216
meunier 57, 131
meursault 77, 102
Mexique 213
millésimes 152
minervois 19, 86
molinara 180
monastrell 20, 53, 86, 183-184
monbazillac 22, 104
mondeuse 57
monica 181
montagny 77, 106, 168
montefiascone 179
montepulciano 57, 179
d'abruzzo 19, 57, 90, 102
montilla 24, 49, 133
montlouis 107
montrachet 168
morellino 54
di scansano 89, 179
morey-saint-denis 153
morgon 168
morillon 31, 193
moscatel 45, 79, 104, 184
moscato 16, 45, 178, 181
di pantalleria 181
passito de Pantalleria 79
rosa 180
spumante 98
moscophilero 196
moselle-kabinett 62
moulin-à-vent 168
moulis 166
mourvèdre 15, 20, 53, 64, 71, 86, 103, 172-174, 197, 201
müller-thurgau 49, 66, 71, 180, 192-195, 204
muscadel 45
muscadelle 49, 175, 201
muscadet 10, 47, 49, 79, 81, 94, 128, 171
muscadet-de-sèvre-et-maine 171
muscadet-des-coteaux-de-la-loire 171
muscadet-sur-lie 10, 102, 107
muscat 45, 71, 76, 98, 104-105, 109, 133, 173-174, 183, 197, 201, 203
muscat blanc 48
muscat-de-beaumes-de-venise 22, 79, 104
muscat de Puglia 82
muscat-de-rivesaltes 22
muscat-de-saint-jean-de-minervois 104
muscat-grenache 25
muscat sec 12
musigny 168
muskat ottonel 45, 193
muskateller 45

N

navarra 15, 19, 55, 81, 90
nebbiolo 26, 50, 53, 57, 88, 178, 204, 213
delle langhe 178
négrette 175
negroamaro 57, 70, 86, 181
negru de purkar 199
nemea 56
nero d'avola 57, 181
neuburger 193
nielluccio 54, 175
Nouvelle-Zélande 204-205

O P Q

olaszrizling 34, 49
omar khayyam 217
opus one 139
orange muscat 79, 104
ornellaia 139
orvieto 10
secco 10, 81
oxydation 73
pacherenc 22, 175
pacherenc-du-vic-bilh 49
palette 15, 139, 153
palomino 49, 185, 213
parellada 183
Parker (Robert) 73
parrina di montalcino 89
pauillac 36, 107, 166
penedès 55
penfolds grace 139
periquita 56, 189
pessac-léognan 14, 153
petit chablis 147, 168
petit manseng 175
petit verdot 57, 167, 184
petite arvine 194
petite syrah 41, 213
Piémont 178
pineau 42
pino grigio 10, 12
pinot 47, 192
beurot 46
bianco 45, 109
blanc 46, 100, 102, 173, 180, 192, 194, 199
grigio 46, 79, 81, 83, 97
gris 22, 46, 48, 71, 76, 97, 100, 102, 106, 180, 192, 194-195, 199, 203, 208
meunier 57, 146, 170
nero 39
noir 16, 18, 26, 38-39, 46, 51, 54, 56-57, 64, 68, 71, 78, 84-85, 91, 95-96, 100, 102, 106, 108-109, 115, 123, 131, 141, 143, 146, 152, 168, 170, 178, 183, 192, 194-195, 199-209, 211, 216
pinotage 20, 54, 70, 88, 91, 214
piquepoul blanc 49
piquepoul-de-pinet 49, 102
plavac mali 199
pomerol 52, 102, 106, 108-109
pommard 153
porto 55, 57, 90, 104, 133, 139, 187
blanc 24, 187-188
fonseca 139
graham 139
quinta do noval nacional 139
single-quinta 25, 133, 153, 187
tawny 25, 63, 104, 133, 139
vintage 25, 107, 123, 133, 138, 153, 187
vintage character 187
Portugal 186-189
pouilly-fuissé 77, 109, 168
pouilly-fumé 13, 71, 78, 80, 82, 104, 106, 108
pouilly-loché 168
pouilly-vinzelles 168
poulsard 57
pourriture noble 22, 132
premières côtes 52
pressurage 123
primeur (vente en) 138-139
primitivo 20, 55, 70, 86, 88,99, 109,181
di manduria 181
priorato 20, 86, 90, 103, 153
prix 141
prosecco 16, 49, 70, 180
prugnolo gentile 54
puglia 81
puligny-montrachet 77
puligny-montrachet-les-referts 168
quarts-de-chaume 22, 107, 153, 171
quincy 10, 80, 82

R

rancio 133
rare 86
recioto 90, 132, 176
di soave 22, 180
refosco 180
régnié 168
retsina 196
reuilly 80, 82
Rías Baixas 184
ribatejo 48
ribera del duero 20, 55, 71, 90, 103, 153, 160
reserva 106
ribolla 180
ridge 139
rieslaner 192
riesling 12-13, 22, 30, 34, 48-49, 62, 65, 67, 70-71, 78-80, 82-83, 98, 99, 100, 102, 105, 107-109, 114, 128, 143, 153, 160, 173, 190-193, 195, 200-203, 205, 208-209, 212-213
auslese 97
beerenauslese 105, 107
halbtrocken 13
italico 49, 180
kabinett 100, 108, 153
renano 180
spätlese 97, 153
spätlese halbtrocken 108
sylvaner 194
trockenbeerenauslese 63, 105
rioja 14, 19, 55, 70, 83, 90, 103, 183
blanc 14
crianza 109
gran reserva 63, 107, 153
reserva 63, 107
ripasso di Valpolicella 180
rivesaltes 105, 133
rizling 34-35
robola de Céphalonie 196
rolle 49, 173
Romanée-Conti *voir* Domaine-de-La-Romanée-Conti
rondinella 180

rosados 15
rosé de Loire 15
rosé de Provence 15
rosé de Sancerre 15
rosé mateus 56
rosso cónero 89, 179
rosso di montalcino 56, 89, 102
rosso piceno 89
rotgipfler 194
Roumanie 199
roussanne 49, 172
rousseau 139
roussette 49
ruby 25, 187
ruby cabernet 57
rueda 13, 80
ruländer 46, 192
rully 77, 168

S

sablet 86
sagrantino 179
di montefalco 90, 179
passito d'Ombrie 90
saint-amour 168
saint-aubin 141
saint-chinian 20, 86
saint-croix-du-mont 22, 166
saint-émilion 52, 102, 104, 146, 167
saint-estèphe 166
saint-georges 56-57
saint-joseph 19, 44, 88, 103
saint-julien 107, 166
saint-laurent 57
saint-nicolas-de-bourgueil 18, 50
saint-péray 44
saint-romain 141
saint-véran 77, 168
salento 81
salice salentino 57, 86, 88, 109, 181
samling 88 49
samos 79, 197
sancerre 13, 15, 18, 68, 71, 78-80, 82, 84, 102, 104, 106, 108, 141, 161, 171
sang-de-taureau 57
sangiovese 54, 56, 71, 89, 90, 96, 102, 179, 181, 207, 212
sangioveto 54
sankt laurent 194, 199
santa maddalena 180
saperavi 57
sassicaia 139
saumur 16, 78, 171
saumur-champigny 18, 50, 102, 104, 106, 171
saussignac 22
sauternes 22, 69, 71, 80, 94, 103, 104-107, 132, 143, 153, 161
sauvignon 46, 65, 77, 79-80, 91, 98, 109, 112, 164, 175, 181, 199, 201, 204, 206, 210-211, 216
blanc 13, 30, 32-33, 49, 65-66, 70-71, 80, 82-83, 97-99, 100, 102, 104, 106, 108, 152, 168, 179, 184, 194, 200-201, 202-204, 213-214, 216
vert 33, 211
sauvignon-de-touraine 79
sauvignonasse 33, 49, 211
savagnin 33, 49, 175
savennières 13, 67, 78, 80
saveurs 66-67, 70-71
Savoie 175
scheurebe 12, 49, 71, 192
schiava 180
schönburger 195
sciarello 175
screaming eagle 139
sekt 16
sémillon 14, 22, 32, 46, 65, 67, 69, 71, 77, 80-81, 83, 98, 104, 109, 152, 175, 200-203, 208, 211-212
sercial 24, 189
seyval blanc 195
sherry 49, 185, 216
shiraz (*voir aussi* syrah) 16, 20, 40, 54, 70-71, 88, 91, 98, 100, 102-103, 109, 142-143, 153, 200-203, 207
Sicile 181
Slovaquie 199
Slovénie 199
soave 10, 70, 79, 81, 102, 180
classico 176
sols 114-115
somontano 19, 55
spanna 53, 178
spätburgunder 38-39, 85, 108, 192
spätlese 12, 34, 104, 192
spätrot 194
spelt riesling 34
squinzano 57
steen 42, 214
strohwein 22, 132
Suisse 194
sulfurage 73, 128
sultana 200
sylvaner 49, 77, 173, 180, 192, 194
syrah (*voir aussi* shiraz) 15, 18, 20, 26, 40, 64, 70-71, 86, 88, 98, 100, 103, 164, 172-174, 181, 184, 194, 197, 201-202, 207, 208, 211-214

T

tannat 26, 57, 86, 175, 213
tarrango 84
taurasi 181
de Campagnie 56
tavel 15, 51
tchèque (République) 199
température de conservation 154-155
température de service 160-161
tempranillo 55, 89-91, 183-184, 204, 212
teroldego 57
rotaliano 57
terroir 113-114
tibor ga'l 199
tinta barocca 187
tinta cão 187
tinta de toro 55
tinta negra 189
tinta pinheira 188
tinta roriz 55, 187-188
tinto del país 55
tinto fino 55
tire-bouchons 156-158
tocai friuliano 49, 180
tokaji aszú 199
tokay 25, 49, 199, 201, 203
tokay aszú 22, 80, 104, 106
tokay aszú eszencia 22, 80
tokay-pinot-gris 12, 49, 76, 173
tokay szamorodni sec 24
tonneaux 68, 126-128
torgiano 179
toro 20
torrontes 12-13, 49, 71, 76, 83, 153, 212
Toscane 179
touriga franca 187
touriga nacional 57, 187-189, 204
traminer 43, 180, 192, 194
aromatico 12
transport 140
trebbiano 178-181, 200, 213
trocken 10
beerenauslese 22, 104, 132, 192
spätlese 13
trousseau 57
Turquie 197

U à Z

ugni 173
blanc 49, 213
Ukraine 199
ull de llebre 55
Uruguay 213
vacqueyras 86
valdepeñas 19, 55, 90
valpolicella 18, 57, 70, 84, 90, 180
valréas 86
vega sicilia 139, 184
vendanges tardives 43, 132
ventilation 158, 160
verdejo 49, 184
verdelho 14, 24, 49, 70, 81, 100, 109, 189, 201, 203
verdicchio 10, 49, 102
dei castelli di jesi 49, 78, 81, 109
verduzzo 180
vermentino 49, 175, 178-179
vernaccia 49, 179
di san gimignano 49
vernatsch 180
verres 158
vidal 209
vieillissement 128-130, 152
vignobles 112-121
vilmos thummerer 199
vin de pays
des coteaux de l'Ardèche 86
des côtes de Gascogne 77, 79
du Jardin de la France 81
vinification 122-133
vin jaune 24
vin-de-paille 22, 175
vinho verde 10, 79, 161, 186-187
vino nobile di montalcino 179
vino nobile di montepulciano 57
vino santo 179
vins de pays d'Oc 14-15, 20
viognier 12, 14, 47, 49, 68-70, 96, 98, 102, 141, 152, 172, 174, 204, 206, 207, 212-213
viré-clessé 77, 168
viura 48, 83, 184-185
vocabulaire de la dégustation 69
volatilité 73
volnay 85
vosne-romanée 85, 106
vouvray 16, 22, 82, 107
voyage 140
weissburgunder 45, 192
welschriesling 49, 193, 199
xarello 183
xérès 24, 49, 62, 64, 94, 133, 147, 185
amontillado 24, 185
fino 24, 109, 133, 185
manzanilla 24, 71, 109, 133, 160, 185
oloroso 24-25, 185
palo cortado 24
pedro ximénez (PX) 25, 49, 79, 104, 185
xynisteri 197
xynomavro 196
Yecla 184
zibibbo 45
zierfandler 194
zinfandel 20, 54-55, 70-71, 86, 88, 153, 161, 199, 206, 213
white 55
zweigelt 57, 194

remerciements

Remerciements de l'auteur
De nombreuses personnes m'ont fourni, souvent sans le savoir, de précieuses informations : je leur suis reconnaissante, même s'il est impossible de les nommer toutes. Parmi ceux qui ont consacré une part importante de leur temps pour répondre à mes questions, je remercie en particulier : John Boodle, Sarah Chadwick, Nicky Forrest, Peter Forrestal, Sue Glasgow, David Gleave, Anthony Hanson, Catherine Manac'h, Victoria Morrall, Hazel Murphy (et son équipe), Michael Paul, Phil Reedman, Craig Smith, Paul Symington, Katharine Walker, Karen Wise et Natashia Bartlett.
Lucas Hollweg et Robert Johnston, collaborateurs du *Sunday Times*, méritent des remerciements particuliers.
Sharon Lucas, Carole Ash, Derek Coombes, Nicki Lampon, Frank Ritter, Toni Kay, Felicity Bryan et Christopher Davis ont apporté une contribution décisive à la rédaction de mon texte. Je leur en suis reconnaissante.
Margaret Rand et Simon Woods m'ont aidée à rédiger les pages consacrées aux régions viticoles.
Enfin, je tiens à remercier les membres de ma famille, Robin et Poppy, qui furent d'une patience à toute épreuve.

Remerciements des éditeurs
Les éditeurs tiennent à remercier Tracy Miles (conception), Ludo De'Brito et Ian O'Leary (photographies), Eliza Baird (présentation des plats), Amanda Clarke (maquillage), Margaret McCormack (index), ainsi qu'Anne Marbot, le personnel du Château Ausone, le personnel du Château Haut-Brion, Dickon Johnstone et le personnel du Château de Sours, Aimé Guibert, Howard Kaman et le personnel du Mas de Daumas Gassac, François des Ligneris, Fortnum & Mason et Oddbins.

Crédits photographiques

Anthony Blake Photo Library : 30 au centre, 38 au centre à gauche en haut, 40 en haut à gauche, 46 en haut à gauche, 123 en haut à droite, 131 en bas à droite, 198 en bas à droite, 198 à gauche ; J.M.R. Topps 116 au centre, 198 au centre à gauche en bas.
Cephas Picture Library : Jerry Alexander 120 en haut à gauche ; Kevin Argue 132 en haut à droite ; Nigel Blythe 191 en haut à gauche, 217 ; Fernando Briones 28 en bas, 42 en haut à gauche ; Andy Christodolo 118, 140 en haut, 173, 178 en haut à gauche, 194 à gauche, 195 au centre à droite, 196 à gauche, 201 en haut à droite, 202 au centre à gauche, 210 à gauche, 211 en haut à droite, 211 en bas, 212 en bas à droite, 212 à gauche, 213 à gauche ; David Copeman 186 en bas à droite, 189 au centre à gauche ; John Davies 32 en haut à gauche ; Juan Espi 214 à gauche ; Bruce Fleming 140 au centre à gauche ; Kevin Judd 28 en haut à gauche, 35 en bas à droite, 39 en bas à droite, 41 en bas à droite, 45 en bas à gauche, 46 au centre à gauche, 54 en bas à gauche, 56 en bas à gauche, 88 en haut à gauche, 116 au centre à gauche, 128 en haut à gauche, 162 en bas, 204 à gauche, 205 en bas, 209 en bas à droite ; Herbert Lehmann 44 en haut à gauche, 56 en haut à gauche ; Diana Mewes 38 en haut à gauche, 51 au centre à gauche, 55 en haut à gauche, 91 en haut à droite ; Alain Proust 215 en haut à droite, 216 en haut à droite, 216 en bas ; Mick Rock 14 en bas à droite, 15 en haut à gauche, 31 en bas à droite, 33 en bas à droite, 48 en haut à gauche, 48 au centre à gauche en bas, 48 au centre à gauche en haut, 48 en bas à gauche, 51 en haut à gauche, 52 au centre à gauche, 53 en haut à gauche, 54 en bas à droite, 57 en bas à droite, 81 en haut à droite, 83 en haut à droite, 84 en haut à gauche, 87 en bas à droite, 89 en haut à droite, 114 en bas à gauche, 114 en bas au centre, 114 en bas à droite, 115 en haut à droite, 115 en bas à gauche, 115 en bas au centre, 115 en bas à droite, 116 au centre à droite, 120 au centre à gauche, 120 en bas à gauche, 123 au centre à gauche, 125 au centre, 125 au centre à droite, 128 en bas à droite, 132 en bas à droite, 133 en haut à droite, 133 en bas à droite, 134 en haut à gauche, 139 en bas, 151, 155 en haut à droite, 163 en bas, 165 en bas à droite, 168 en haut à gauche, 169 en bas, 169 en haut, 170 en haut à gauche, 170 en bas à gauche, 171 en haut à gauche, 171 en bas, 172 en haut à gauche, 173 en haut à gauche, 175 en haut à gauche, 176 à gauche, 177 en haut à gauche, 177 en haut à droite, 177 en bas, 179 en haut à gauche, 180 en haut à gauche, 180 en bas à gauche, 181 en haut à gauche, 181, 182 au centre à gauche en bas, 182 à gauche, 183 en haut à gauche, 184, 185 en haut à gauche, 185 en bas à gauche, 186 à gauche, 187 en haut à gauche ; 188 au centre à gauche, 188 en bas à droite, 189, 190 à gauche, 191 en haut à droite, 191 en bas, 192 en haut à gauche, 193 en bas à droite, 193 à gauche, 195 au centre à gauche en bas, 195 à gauche, 196 en bas à droite, 196 en bas à gauche en haut, 199 en haut à gauche, 199 en bas à droite, 202 en haut à gauche, 202 en bas, 203 en haut à gauche, 203 en bas à gauche, 206 à gauche, 207 en haut, 208 en haut à gauche, 208 en bas à gauche, 209 à gauche ; Ted Stefanski 43 en haut à gauche ; TOP/Hervé Amiard 154 en bas à droite ; TOP/Tripeon/Jarry 38 en bas à gauche.
Bruce Coleman Ltd : Jens Rydell 36 au centre à gauche en haut.
Corbis Stock Market : Paul Barton 141 en haut à droite ; Rob Lewine 94.
Patrick Eagar Photography : 121 en bas à droite, 124 au centre à droite, 197 en haut à droite, 200 à gauche, 201 en bas, 205 en haut à droite, 215 en bas.
Garden Picture Library : Michael Howes 32 au centre à gauche en bas.
Getty Images : Peter Correz 78 en bas à droite ; Nick Dolding 92 en bas ; Paul Kenward 117 au centre à gauche ; Anthony Marsland 24 en haut à gauche, 26 au centre à gauche, 74 en bas, 80 ; Stefan May 13 en haut à droite, 87 ; Bob Thomas 18 en haut à gauche, 89.
Image Bank : Don Klump 8 en bas, 22 en haut à gauche, 76 en bas à droite ; O. Pinchart 74 en haut à gauche.
Photonica : Aoi Tsutsumi 148 en haut à gauche.
Superstock Ltd : 82, 84 en bas à droite, 92 en haut à gauche.

Pour plus d'informations, consultez www.dkimages.com